続・刑法の判例

■ 総論 ■

松原芳博 編

成文堂

はしがき

　本書は、前著『刑法の判例〔総論〕』『同〔各論〕』（2011年、成文堂）の続編として、前著刊行以後のものを中心に近時の重要判例を厳選し、比較的詳細な解説・論評を加えた解説書である。主として法科大学院や法学部における演習教材や参考書として利用されることを予定しているが、研究者や実務家にも参照していただき、学界・実務界に何らかの貢献ができれば幸いである。前著と併せて利用すれば、ほとんどの重要論点に関する判例を網羅できるのではないかと思う。

　判例を学ぶ意義は、第1に、各裁判例を判例として分析・検討することにある。特に最高裁の判断は、規範的な法命題として機能するから、この法命題を抽出し、その射程を明らかにすることが重要な課題となる。最高裁は、しばしば、この法命題を明示せず、事実から直接結論を導くという体裁をとる。そこから、直感的に常識的な結論を導き出すことが「実務感覚」であるかのような誤解も生じる。しかし、最高裁が法命題の明示を避けるのは、三権分立の制約や想定外の事案に適用される危険に配慮したためであって、その判断の過程で先例や学説との関係を含めた精緻な検討がなされていることは、担当調査官の解説に示されているとおりである。一方、判例の重要性に関する認識が高まるにつれて、判例を批判してはならないという風潮も広まっている。しかし、現在の判例は、過去の判例に変更を加えつつ形成されてきたものであり、将来のさらなる変更にも開かれている。今後の判例法理の継続的な発展・形成のためにも、研究者や実務家の批判精神は不可欠であろう。本書では、判例の客観的な「説明」にとどまらず、各執筆者による「論評」をも展開できるよう各判例の解説の紙幅を多くとることとした。

　判例を学ぶ意義は、第2に、各裁判例を事例として検討し、その適切な解決を探究することにある。現実の事案である裁判例は、法的な問題を抽出し、事案解決のプロセスを追体験するための格好の素材となる。本書では、複数の論点を含んでいる事案については、表題に記された論点以外の論点につい

ても事案解決に必要な限りで言及し、論点相互間の関係とともに、当該事案の解決の筋道を示すよう心掛けた。それゆえ、本書は、演習書として使用することもできるであろう。

　本書の執筆陣は、第一線で活躍されている中堅・若手の研究者である。研究・教育に多忙な中、以上の趣旨を汲んで意欲的な解説を寄稿してくださった。共著者の1人である大関龍一氏（早稲田大学講師〔任期付〕）には、各執筆者との連絡調整、表記・体裁の統一、凡例の作成などにご尽力をいただいた。株式会社成文堂の篠崎雄彦氏は、編者の意図に賛同してくださり、周到な編集行程の策定および編者・執筆者への行き届いた配慮により本書を完成に導いてくださった。これらの方々に、この場を借りて御礼を申し上げたい。

　　2022年9月7日

松　原　芳　博

目　次

凡 例

〔教科書〕

浅田	浅田和茂・刑法総論（第 2 版、2019 年、成文堂）
井田	井田良・講義刑法学・総論（第 2 版、2018 年、有斐閣）
井田・構造	井田良・刑法総論の理論構造（2005 年、成文堂）
伊東	伊東研祐・刑法講義総論（2010 年、日本評論社）
今井ほか	今井猛嘉＝小林憲太郎＝島田聡一郎＝橋爪隆・刑法総論（第 2 版、2012 年、有斐閣）
伊藤ほか	伊藤渉＝小林憲太郎＝島田聡一郎＝橋爪隆『刑法総論』（第 2 版、2012 年、有斐閣）
植松	植松正・刑法概論 I 総論（再訂版、1974 年、勁草書房）
内田（文）	内田文昭・改訂刑法 I（総論）（補正版、1997 年、青林書院）
内田（文）・概要（上）（中）	内田文昭・刑法概要（1995・1999 年、青林書院）
大塚（仁）	大塚仁・刑法概説（総論）（第 4 版、2008 年、有斐閣）
大谷	大谷實・刑法講義総論（新版第 5 版、2019 年、成文堂）
香川	香川達夫・刑法講義（総論）（第 3 版、1995 年、成文堂）
川端	川端博・刑法総論講義（第 3 版、2013 年、成文堂）
小林	小林憲太郎・刑法総論（第 2 版、2020 年、新世社）
小林・理論と実務	小林憲太郎・刑法総論の理論と実務（2018 年、判例時報社）
斎藤	斎藤信治・刑法総論（第 6 版、2008 年、有斐閣）
齋野	齋野彦弥・刑法総論（2007 年、新世社）
佐伯（千）	佐伯千仞・刑法講義（総論）（4 訂版、1981 年、有斐閣）
佐伯（仁）	佐伯仁志・刑法総論の考え方・楽しみ方（2013 年、有斐閣）
佐久間	佐久間修・刑法総論（2009 年、成文堂）
塩見	塩見淳・刑法の道しるべ（2015 年、有斐閣）
鈴木	鈴木茂嗣・刑法総論（第 2 版、2011 年、成文堂）
曽根	曽根威彦・刑法総論（第 4 版、2008 年、弘文堂）
曽根・原論	曽根威彦・刑法原論（2016 年、成文堂）
高橋	高橋則夫・刑法総論（第 4 版、2018 年、成文堂）

団藤	団藤重光・刑法綱要総論（第 3 版、1990 年、創文社）
内藤（上）（中）（下）Ⅰ・Ⅱ	内藤謙・刑法講義総論（1983・1986・1991・2002 年、有斐閣）
中山	中山研一・刑法総論（1982 年、成文堂）
西田（橋爪補訂）	西田典之（橋爪隆補訂）・刑法総論（第 3 版、2019 年、弘文堂）
西原（上）（下）	西原春夫・刑法総論（改訂版（上巻）・改訂準備版（下巻）、1993 年、成文堂）
野村	野村稔・刑法総論（補訂版、1998 年、成文堂）
橋爪	橋爪隆・刑法総論の悩みどころ（2020 年、有斐閣）
橋本	橋本正博・刑法総論（2015 年、新世社）
林（幹）	林幹人・刑法総論（第 2 版、2008 年、東京大学出版会）
林（幹）・判例刑法	林幹人・判例刑法（2011 年、東京大学出版会）
日髙	日髙義博・刑法総論（第 2 版、2022 年、成文堂）
平野Ⅰ・Ⅱ	平野龍一・刑法総論Ⅰ・Ⅱ（1972・1975 年、有斐閣）
平野・諸問題	平野龍一・犯罪論の諸問題（上）（1981 年、有斐閣）
福田	福田平・全訂刑法総論（第 5 版、2011 年、有斐閣）
藤木	藤木英雄・刑法講義総論（1975 年、弘文堂）
堀内	堀内捷三・刑法総論（第 2 版、2004 年、有斐閣）
前田	前田雅英・刑法総論講義（第 7 版、2019 年、東京大学出版会）
町野	町野朔・刑法総論（2019 年、信山社）
松原	松原芳博・刑法総論（第 3 版、2022 年、日本評論社）
松宮	松宮孝明・刑法総論講義（第 5 版補訂版、2018 年、成文堂）
松宮・先端	松宮孝明・先端刑法総論（2019 年、日本評論社）
山口	山口厚・刑法総論（第 3 版、2016 年、有斐閣）
山口・探究	山口厚・問題探究刑法総論（1998 年、有斐閣）
山口・新判例	山口厚・新判例から見た刑法（第 3 版、2015 年、有斐閣）
山中	山中敬一・刑法総論（第 3 版、2015 年、成文堂）

〔参考書〕

| 基本講座（1）〜（4） | 阿部純二＝板倉宏＝内田文昭＝香川達夫＝川端博＝曽根威彦編・刑法基本講座第 1 巻〜第 4 巻（1992〜1994 年、 |

	法学書院）
刑法の判例	松原芳博編・刑法の判例〔総論〕（2011 年、成文堂）
クローズアップ	山口厚編著・クローズアップ刑法総論（2003 年、成文堂）
最前線	山口厚＝井田良＝佐伯仁志・理論刑法学の最前線（2001 年、岩波書店）
最判解	最高裁判所判例解説刑事篇（法曹会）
重点課題	曽根威彦＝松原芳博編・重点課題刑法総論（2008 年、成文堂）
重判解	重要判例解説（有斐閣）
新基本法コンメ	浅田和茂＝井田良編・新基本法コンメンタール刑法（第 2 版、2017 年、日本評論社）
争点	西田典之＝山口厚＝佐伯仁志編・刑法の争点（2007 年、有斐閣）
大コンメ（1）〜（13）	大塚仁＝河上和雄＝中山善房＝古田佑紀編・大コンメンタール刑法第 1 巻〜第 13 巻（第 3 版、2013〜2021 年、青林書院）
注釈	西田典之＝山口厚＝佐伯仁志編・注釈刑法第 1 巻（2010 年、有斐閣）
展開総論Ⅰ・Ⅱ	芝原邦爾＝堀内捷三＝町野朔＝西田典之編・刑法理論の現代的展開総論Ⅰ・Ⅱ（1988・1990 年、日本評論社）
百選 8 版	佐伯仁志＝橋爪隆編・刑法判例百選Ⅰ総論（第 8 版、2020 年、有斐閣）
	※同書の第 7 版以前も、「百選 7 版」といった形で略記。
理論探究①〜⑩	川端博＝浅田和茂＝山口厚＝井田良編・理論刑法学の探究①〜⑩（2008〜2017 年、成文堂）
理論と実務①〜③	佐伯仁志＝高橋則夫＝只木誠＝松宮孝明編・刑事法の理論と実務①〜③（2019〜2021 年、成文堂）
理論入門	高橋則夫＝杉本一敏＝仲道祐樹・理論刑法学入門（2014 年、日本評論社）

〔記念論文集〕

原則として被祝賀者の姓により、「○○古稀」といった形で略記

〔判例集〕

刑集	大審院・最高裁判所刑事判例集
刑録	大審院刑事判決録
裁判集刑	最高裁判所裁判集刑事
高刑集	高等裁判所刑事判例集
判特	高等裁判所刑事判決特報
高刑特	高等裁判所刑事裁判特報
高刑速	高等裁判所刑事裁判速報集
東時	東京高等裁判所刑事判決特報
下刑集	下級裁判所刑事判例集
刑月	刑事裁判月報
一審刑集	第一審刑事裁判例集
新聞	法律新聞

〔定期刊行物〕

刑法	刑法雑誌
刑ジャ	刑事法ジャーナル
現刑	現代刑事法
ジュリ	ジュリスト
曹時	法曹時報
法時	法律時報
法協	法学協会雑誌
法教	法学教室
法セ	法学セミナー
判時	判例時報
判タ	判例タイムズ
論ジュリ	論究ジュリスト

＊その他、大学紀要類を含めた雑誌については法律編集者懇話会の略語を用いる。
＊各章の末尾に①…として掲げた参考文献については、「執筆者の姓①…」という形
　で引用する。

1

因果関係
——三菱自工脱輪事件——

最高裁判所平成 24 年 2 月 8 日第三小法廷決定
平成 21 年（あ）第 359 号 業務上過失致死傷被告事件
刑集 66 巻 4 号 200 頁／判時 2157 号 133 頁／判タ 1373 号 90 頁

滝 谷 英 幸

I 事 案

1 事実関係

　平成 14 年 1 月 10 日、三菱自動車工業（以下「三菱自工」という。）製の大型ト
ラクタに装備されていたハブ（車軸とタイヤホイール等を接合する部品。これが破損
すると脱輪事故が生じるおそれがある。なお、三菱自工は、トラック・バス等の大型車両の
部品として A ハブ・B ハブ・C ハブ・D ハブ・D′ ハブ・E ハブ・F ハブの 7 種類を設計・
開発・製造しており、このトラクタに装備されていたのは D ハブであった。）が走行中に
輪切り破損を起こし、前輪が脱落した。脱落した前輪は付近の歩道上にいた
女性に背後から激突し、同女を死亡させた。また、同女とともにいた 2 名の
児童も、その際の衝撃のため、それぞれ全治 7 日間の傷害を負った（以下「本
件事故」という。）。本件事故につき、三菱自工の従業員である甲・乙がいずれも
業務上過失致死傷罪（刑法 211 条前段）で起訴された。[1]

　本件事故以前にも、三菱自工製のハブの輪切り破損は発生していた。その
概要は以下のとおりである。

---

1)　本件では過失と因果関係の両方が争点となったが、本稿では主に因果関係の点を
　とり上げる。

・平成4年6月21日、トラックの走行中にBハブが輪切り破損を起こし、タイヤホイール等が脱落した。

　三菱自工には「品質保証部門」という部署があり、自社製品に不具合があった場合にはその重要度を判定した上で処理のしかたを決め、社内の関係部署に対応を指示していた。その際、必要に応じてリコール等の改善措置の要否を検討する会議を開催し、その結果を決定権者に報告することになっていた。当時品質保証部門に所属していた乙は、この事件の処理を担当し、これを「最重要」の案件として区分したものの、監督官庁である運輸省（当時）に対しては情報開示をしなかった。ハブの強度に関する調査や対策会議も行われたが、結局、ユーザー側の不適切な整備・使用によってハブが摩耗し、それが原因で破損が生じたという仮説（以下「摩耗原因説」などという。）に従って社内処理がなされるにとどまり、リコール等の改善措置がとられることはなかった。

・その後、後出の中国JRバス事故までの間に、三菱自工製のトラックにつき合計14件のハブの輪切り破損事故が発生した（そのうち7件で、本件事故と同じDハブが装備されていた。）。そのなかには、ハブの摩耗量がごくわずかなケースも含まれていた。

　いずれのケースにおいても、監督官庁への情報開示は行われず、従前どおり摩耗原因説に従った社内処理がなされるのみで、リコール等の改善措置はとられなかった。

・平成11年6月27日、三菱自工製のバスの走行中にDハブが輪切り破損を起こし、タイヤホイール等が脱落する事故が起きた（以下「中国JRバス事故」という。三菱自工製のハブの輪切り破損事例としては16件目）。この事故は運輸省（当時）に発覚し、三菱自工は事故原因の調査・報告を求められた。

　中国JRバス事故の処理を担当した乙（当時、品質保証部門において、トラックのシャシー〔足回り部分〕やバスのボデー・シャシーを専門的に担当する「グループ長」を務めていた。）は、これを「最重要」区分とし、品質保証部門内で会議を開催したものの、とくに突き詰めた調査を行わないまま、摩耗原因説に従った社内処理をすることとした。乙は、中国JRバス事故やそれ以前の事故について甲（当時、品質保証部門のトップである部長の地位にあった。）に報告したが、リコール

等の改善措置の要否を検討する会議の開催を進言することはなかった。また、甲の了解を得た上で、運輸省の担当官に対し、ほかに三菱自工製ハブに関する同種の不具合は発生しておらず多発性はないため特段の措置は不要と判断する旨の報告書を提出した。

・中国JRバス事故の後、本件事故発生までの間も、三菱自工製ハブの輪切り破損は続いていたが（合計23件。なお、中国JRバス事故の後、甲や乙は関係の地位から離れ、別の従業員が担当していたようである。）、いずれについても摩耗原因説に従った社内処理が行われ、リコール等の改善措置はとられなかった。

2　第1審判決（横浜地判平成19年12月13日刑集66巻4号279頁参照）

　Dハブには強度不足の欠陥があったと認定した上、乙については、要旨、中国JRバス事故の時点ですでに不具合が続発しており、Dハブに強度不足の疑いがあるなどの事情を知っていたのであるから、徹底した原因調査を行わせ、なお強度不足の疑いが残る場合には、甲にリコール等の改善措置の手続を進めるよう進言したり運輸省の担当官に正確な報告を行ったりするなどリコール等の改善措置を実施するため必要な措置をとるべきであったにもかかわらず、これを怠り、漫然放置したとして、また、甲については、要旨、中国JRバス事故の時点で、乙から報告を受け、Dハブに強度不足の疑いがあるなどの事情を知っていたのであるから、徹底した原因調査を行わせ、なお強度不足の疑いが残る場合には、リコール等の改善措置の手続を進めたり運輸省の担当官に正確な報告を行ったりするなどリコール等の改善措置を実施するため必要な措置をとるべきであったにもかかわらず、これを怠り、漫然放置したとして、いずれも、リコール等の改善措置に向けた措置をとらなかった点につき過失を認めた。

　さらに、次のように述べ、因果関係を肯定している。

(1)　条件関係ないし結果回避可能性に関して

　「FハブはDハブに比して格段に強度が優っていた」のであり、「もし本件瀬谷事故〔※引用者注：本件事故〕の事故車両のハブがFハブに交換されていれば、交換後のFハブについて疲労破壊による輪切り破損の可能性を仮に

考えるとしても、それは、本件瀬谷事故の時点とは全く異なることになることが明らかである」。

(2) 相当因果関係ないし法的因果関係に関して

ア　中国JRバス事故後の担当者による処理との関係

「中国JRバス事故は、三菱自工製ハブの輪切り破損不具合が運輸省に発覚した最初の事例であり、運輸省からその原因等に関する報告も求められた事案である。この事案について、被告人らが、……摩耗理論〔※引用者注：摩耗原因説〕による処理をあえて行い、リコール等の改善措置を講じなかったことが、瀬谷事故〔※引用者注：本件事故〕に至るまでの同種事案の処理の仕方を決定づける影響を与えたことも、優にうかがうことができる。そうすると、……後発事故の存在が被告人らの過失行為と本件瀬谷事故との間の因果関係の存在に何らかの影響を与える関係にあるものでないことは、明らかといわなければならない（もとより、これは、上記後続事故の処理に当たった担当者に、本件瀬谷事故に関する責任がないという趣旨をいうものではない。[2]）」。

イ　ユーザー側の不適切な使用との関係

「確かに本件事故車両に関するＩ〔※引用者注：本件事故車両の使用者〕の整備、使用の状況等にかなりの問題があったこと自体は否定し難いとはいえ、同人の上記整備、使用等の状況が、弁護人が論難するほどに異常で悪質であったとまでいうのは、当たらないと考えられる。それに加え、車両の製造者としては、ユーザーが本来の整備・走行の基準等を順守している場合のみを想定していれば足りるものではなく、市場の実態として考えられる程度の上記基準等からの逸脱に関しては、相応に想定する必要があると考えられるところ（ちなみに、関係各証拠によると、特にトラックの場合、過積載などの過酷な使用がされることもまれなことではなく、整備の実際としても、必ずしも整備基準等が順守されないこともこれまたまれなことではないようにうかがわれる。）、弁護人の主張が、Ｉの整備や使用等の状況が、そのような想定すら不可能な異常なものであったとまでいう趣旨であるとすると、理由があるとはいい難い」。

2）　この点について本決定では言及されていない。

3 控訴審判決（東京高判平成 21 年 2 月 2 日刑集 66 巻 4 号 371 頁参照）

「本件では、D ハブの輪切り破損原因論を科学的に確定することが重要なのではなく、H バス事故〔※引用者注：中国 JR バス事故〕事案の処理の時点でリコールをすべき程度に強度不足の疑いが客観的にあったか否かに焦点を絞って検討すべきなのである。原判決の手法による D ハブ強度不足原因論は、その目的に照らしていささか過大な認定であるということができる」と述べ、第 1 審判決とは異なり、D ハブに実際に強度不足の欠陥があったという認定まではしなかった。その上で、甲・乙両名につき、第 1 審判決同様リコール等の改善措置に向けた措置を実施しなかった点に過失を認め、下記のように述べて因果関係を肯定した。

(1) 条件関係ないし結果回避可能性に関して

「F ハブによる輪切り破損事故の発生は、F ハブが装備された平成 8 年 6 月以降平成 18 年 10 月までに 1 件生じているのみであることからしても、H バス事故の時点で D ハブをリコールして F ハブを装備しておけば、輪切り破損事故の発生はほぼ回避できたといえる」。

(2) 相当因果関係ないし法的因果関係に関して

「本件 I 事故〔※引用者注：本件事故〕は、リコール等の改善措置を講じることなく、強度不足の疑いのある D ハブを放置したことにより発生した輪切り破損の事故であって、放置しなければ事故は防止できたといえるのであるから、仮に摩耗が認められ、これに関連する車両の使用状況があったとしても、それは問題とはならないし、因果関係に影響を与えるともいえない」。

これに対し、甲・乙両名の弁護人らがそれぞれ上告。

Ⅱ 決定要旨

上告棄却

最高裁は、上告趣意は刑訴法 405 条の上告理由に当たらないとしつつ、職権で以下のように判示した。

　まず、「中国 JR バス事故事案の処理の時点において、同社〔※引用者注：三菱自工〕製ハブの強度不足のおそれが客観的に認められる状況にあったことは明らか」であり、甲・乙両名には、リコール等の改善措置に向けた措置を実施しなかった点で過失がある。

　また、因果関係について、

1　条件関係ないし結果回避可能性に関して

　「D ハブの対策品として開発された F ハブは、D ハブの強度を増大したものであって、F ハブによる輪切り破損事故の発生が、F ハブが装備された平成 8 年 6 月以降平成 18 年 10 月までに 1 件生じているのみであることからすれば、中国 JR バス事故事案の処理の時点において……D ハブにつきリコールを実施するなどの改善措置が講じられ、F ハブが装備されるなどしていれば、本件瀬谷事故車両につき、ハブの輪切り破損事故それ自体を防ぐことができたか、あるいは、輪切り破損事故が起こったとしても、その時期は本件瀬谷事故〔※引用者注：本件事故〕とは異なるものになったといえ、結果回避可能性自体は肯定し得る」。

2　相当因果関係ないし法的因果関係に関して

　まず、「被告人両名に課される注意義務は、……あくまで強度不足に起因する D ハブの輪切り破損事故が更に発生することを防止すべき業務上の注意義務である。D ハブに強度不足があったとはいえず、本件瀬谷事故が D ハブの強度不足に起因するとは認められないというのであれば、本件瀬谷事故は、被告人両名の上記義務違反に基づく危険が現実化したものとはいえないから、被告人両名の上記義務違反と本件瀬谷事故との間の因果関係を認めることはできない」。よって、原判決の因果関係に関する説示は相当でない。

　そして、①破損することが基本的に想定されていないハブの輪切り破損のケースが 10 年弱の間に 40 件（D ハブに限れば 6 年弱の間に 19 件）もあり、そのなかにはハブの摩耗の程度が激しいとはいえないものも含まれていた、②本件事故後の試験では、走行中にかかる応力が D ハブの疲労限応力を大きく

超えているという結果が出た、③本件事故後に三菱ふそう（三菱自工から分社）がリコールを行っており、これはＤハブの強度不足を自認したものといえる、④三菱自工が依拠した摩耗原因説は、Ｄハブの輪切り破損の原因が専らユーザー側の不適切な使用であったといえるほどの合理性・説得性を備えてはいない、⑤本件事故車両について、使用者の整備・使用に問題があったことは否定しがたいが、メーカー側が通常想定すべき市場の実態を超えるほど異常・悪質なものとまではいえない、といった点に鑑みると、「Ｄハブには、設計又は製作の過程で強度不足の欠陥があったと認定でき、本件瀬谷事故も、本件事故車両の使用者側の問題のみによって発生したものではなく、Ｄハブの強度不足に起因して生じたものと認めることができる。そうすると、本件瀬谷事故は、Ｄハブを装備した車両についてリコール等の改善措置の実施のために必要な措置を採らなかった被告人両名の上記義務違反に基づく危険が現実化したものといえるから、両者の間に因果関係を認めることができる」。

　なお、本決定には、田原睦夫裁判官の反対意見が付されている。

Ⅲ　解　説

1　いわゆる「危険の現実化」論

　因果関係（相当因果関係ないし法的因果関係）に関する判例の立場を理解することは必ずしも容易ではない。[3]条件説（的）であると評された時期もあれば、相当因果関係説（なかでも折衷説）をとったようにみえるものもあり、[5]その後、学説サイドから「相当因果関係説の危機」と受け止められたもの[6]も登場した。しかし、少なくとも近時は、「危険の現実化」[7]論と呼ばれる判断枠組みが用い

---

　3)　判例・学説の流れを整理したものとして、島田⑨、松宮⑩など。
　4)　例えば、団藤（初版）122頁は、「判例の中には相当因果関係説らしい口吻のものもないではない」としつつ、「しかし、判例が条件説の立場であることは疑いないようである」としていた。なお、大審院判例について、必ずしも条件説を採用していたとはいえないと分析するのは、大関龍一「刑法上の因果関係論に関する戦前日本の学説と大審院判例（1）（2・完）——因果関係の判断プロセス明確化のために——」早法95巻2号（2020年）197頁以下、95巻4号（2020年）159頁以下。

られているといえる。[8]

　「危険の現実化」論とは、「①実行行為に内在している危険性の内容を明らかにして、②それが現実の因果経過および結果惹起によって実現されていると評価できるかを検証する」[9]というものである。これを前提として、因果関係を肯定し得る場面は、次のように類型化できるとされる。[10]

　1つは、（介在事情ではなく）実行行為そのものが結果発生に大きく寄与している場合である（以下【類型ⅰ】という。いわば「直接」型。前掲大阪南港事件判例がその典型である。）。この場合は、介在事情の性質を問うまでもなく、因果関係を肯定できる。[11]もう1つは、（実行行為そのものではなく）何らかの介在事情が結

---

5)　いわゆる米兵ひき逃げ事件判例（最決昭和42年10月24日刑集21巻8号1116頁）につき、調査官解説は、「その判文を見ると、相当因果関係説の折衷説によったものということができよう」としている（海老原震一「判解」最判解昭和42年度286頁）。

6)　いわゆる大阪南港事件判例（最決平成2年11月20日刑集44巻8号837頁）は、死因となった傷害自体は被告人の行為によって生じていたものの、第三者による故意の暴行という予見困難な介在事情が死期を早めたという、相当因果関係説からは因果関係を認めることが難しいとも思われる事案において、因果関係を肯定した。同判例の調査官解説は、「これまでの通説的な相当因果関係説においては、予見（予測）可能性が相当性判断の実質的基準になるとされているが、具体的影響力（寄与度）という観点からの検討が十分されておらず、右の影響力と予見可能性との関係について十分な説明がされてきたとはいいがたいのではなかろうか」と指摘している（大谷⑦241頁）。

7)　この表現が判文上明示されたのは、いわゆる日航機ニアミス事件判例（最決平成22年10月26日刑集64巻7号1019頁）が最初とされる。

8)　前掲大阪南港事件判例もこれに含まれるが、それ以前からこうした発想は判例のなかに伏在していたものと推察される。例えば、いわゆる柔道整復師事件（最決昭和63年5月11日刑集42巻5号807頁）の調査官解説には、それが顕著に表れている（永井⑥273頁以下）。
　　因果関係に関する判例は「具体的な事例の集積を通じて、いわばモザイク的にその立場を明らかにしていく」ものであり、それを理解するには「単に説示の文言を形式的にとらえるのではなく、前提となった具体的な事実関係に十分留意し、判例が行った実質判断の所在を把握するよう努めていく必要がある」（永井⑥277頁）とされる。「危険の現実化」論は、判例が一貫して行ってきた「実質判断」が事例の集積を経て明確に言語化されたものであるのかもしれない（例えば、相当因果関係説〔折衷説〕をとったとも評される前掲米兵ひき逃げ事件判例も、介在事情の寄与度が大きいことが重視された結果として因果関係が否定されたとみる余地があろう〔永井⑥274頁参照〕。）。

9)　橋爪13頁。なお、「実行行為に内在している危険性」には、さまざまな介在事情と結びついて結果を発生させる可能性も含まれる（後出【類型ⅱ】の場合）。

10)　島田⑨11頁参照。

果発生に大きく寄与している場合である（以下【類型ⅱ】という。いわば「間接」
型[12]）。そのなかで、さらに、実行行為と介在事情の間に一定の結びつき（典型的
には「誘発」といった関係）がある場合（以下【類型ⅱ-1】という。例えば、いわゆる夜
間潜水訓練事件判例〔最決平成 4 年 12 月 17 日刑集 46 巻 9 号 683 頁〕）と、実行行為と
介在事情の間にとくに結びつきはないが、そのような介在事情の存在ないし
発生を想定すべき場合（以下【類型ⅱ-2】という。例えば、いわゆるトランク監禁事件
判例〔最決平成 18 年 3 月 27 日刑集 60 巻 3 号 382 頁〕）がある。

　なお、「危険の現実化」論のもとで因果関係に適切な限定を加えるためには、
どのような種類の「危険」を「実行行為に内在している危険性」として想定
すべきか、という規範的な判断が必要となる。[13][14]

2　本決定について

(1)　本決定の特徴

　「被告人両名の上記義務違反に基づく危険が現実化したものといえるから、
……因果関係を認めることができる」といった判文から明らかであるように、
本決定は、近時の判例の立場に沿い、前掲日航機ニアミス事件判例に続いて、

---

11)　大谷⑦ 240-1 頁。
12)　相当因果関係説が「予見可能性」という形で表現した介在事情の通常性／異常性
という要素は、少なくとも【類型ⅱ】に属する事案においては、「危険の現実化」論
のもとでも考慮されることになる。
13)　学説にいう「規範の保護目的（範囲）」論（たとえ行為者がある規範に違反して許
されない危険を創出し、それによって一定の結果が発生したとしても、その規範が
そうした結果の防止を目的とするものとはいえない場合には、その結果を行為者に
帰属させることはできない、とする考え方。例えば山中 426 頁以下を参照）は、こ
のような問題意識に基づくものである。
14)　例えば、前掲夜間潜水訓練事件判例の調査官解説は、「行為と結果との結び付き
がそれほど強固ではない場合、反面からいうと単なる行為の危険性判断では賄いき
れないような異常かつ結果への影響力が大きい中間事情が介在したような場合」の
例として、「被告人らが受講生を見失った間に、たまたま航路外を無謀航行してい
た船舶に衝突されたとか、鮫に襲われたというような場合などが想定されよう」と
する（井上⑧ 238 頁）。また、前掲トランク監禁事件判例の調査官解説は、「道路上
を自動車で走行中、交通事故に巻き込まれることは、ヘリコプターが路上に墜落し
てくるような場合とは異なり、社会的に『ままあり得る事象』との評価が妥当する
と思われ、この社会的評価を前提として本件監禁行為の危険性を考えると、その危
険性はかなり高度と評価して差し支えないと思われる」という（多和田隆史「判解」
最判解平成 18 年度 233 頁）。

「危険の現実化」論をとったものである。[15] 被告人らがリコール等の改善措置をとらなかったという過失不作為と、そこから独立した介在事情としてのユーザー側の不適切な整備・使用が相まって本件事故が生じたとみれば、前出の【類型ⅱ-2】に分類される一例といえるであろうか。[16] ただ、本決定の特徴は、そうした類型分け論よりも、本件事故という形で実現した危険が「実行行為に内在している」ものといえるのかを厳密に問う姿勢を明らかにしている点に求められよう。[17]

　原判決は、Ｄハブの強度不足を認定することなく、中国JRバス事故の時点で被告人らがリコール等の改善措置をとっていれば本件事故は回避できたとして因果関係を肯定した。そのように考えるなら、仮にＤハブに強度不足の欠陥がなく、例えばもっぱらユーザー側の不適切な整備・使用によって本件事故が起きていたとしても、因果関係を認めることになろう。[18] それは、注意義務の発生根拠である、Ｄハブの強度不足に起因する脱輪事故等の発生のおそれ——すなわち、リコール等の改善措置をとらないという過失不作為に内在する危険性——が現実化したとはいえない場合にも因果関係を肯定するものであり、「危険の現実化」という判断枠組みからは外れるといわざるを得ない（原判決がそれを意図したのかは定かでないが、条件説的な考え方といえよう[19]。）。そのため、本決定は、原判決のこの点に関する判示を「相当でない」と指摘し、Ｄハブに現に強度不足の欠陥があったことを認定した上、[20] それが本件事故という形で現実化したとの評価に基づいて因果関係を認めたのである。

---

15)　矢野⑤ 87 頁。
16)　ユーザー側の整備・使用状況はメーカー側が想定すべき範囲内にとどまっていたのであるから、本件事故は（Ｄハブの強度不足にかかる問題を放置したという）被告人らの過失不作為に内在する危険性がそのまま実現したものである、というとらえ方も可能と思われ、その場合、本件は【類型ⅰ】の一例ということになる（もっとも、どの類型に属するかということ自体がとくに意味をもつわけではない。）。
17)　松宮② 616 頁は、本決定は規範の「『保護目的』ないし『保護範囲』の考え方を、実質的に採用した初の最高裁判例であるといえる」と評する。
18)　矢野⑤ 86 頁参照。
19)　北川③ 149 頁。

(2) 若干の検討

ア 過失の判断と因果関係の判断

　過失犯においては、実際上、過失の判断と因果関係の判断は重なり合うところが大きいとされる。[21]過失犯は「開かれた」構成要件であり故意犯に比べると一般に実行行為の定型性が乏しいこと、また、過失犯の未遂は不可罰であることから、過失の判断を行う際には、結果から遡って因果関係を肯定し得るような形の注意義務違反を措定するという方法が思考経済に適うためであろう。本決定の調査官解説も、「『強度不足に起因する』Ｄハブの輪切り破損事故のさらなる発生を防止すべき注意義務と限定をかけている点は、……因果関係の認定を念頭に置き、注意義務の内容をより明確にしたものといえよう[22]」と分析している。

　もっとも、理論的には、過失の判断と因果関係の判断は区別されよう。

　本件の場合、まず、過失の判断においては、市場に流通しているＤハブ一般について、市場におけるユーザー一般の整備・使用状況等をふまえつつ、備えているべき強度が措定される。そして、Ｄハブ一般につき強度不足のおそれがある場合には、Ｄハブの強度不足から生ずる脱輪等の事故を防止するため、リコール等の改善措置の実施という注意義務が課され、それを怠れば過失が認められる。

---

20)　Ｄハブに強度不足のおそれがあれば、安全性の確認のためメーカー側にリコール等の改善措置を義務づけることは理論的に可能であろう。しかし、「危険の現実化」論を前提とする限り、因果関係の判断においては、Ｄハブが現に強度不足であったという認定が必要になるのである。

　　　なお、樋口④171頁は、「本件における注意義務の基礎にある危険は、強度不足そのものではなく、強度不足のおそれの強さと予測される事故の重大性・多発性である」から、「注意義務の内容を、強度不足に起因する事故の防止に制限することは必然的ではなく、強度不足のおそれを伴う状況における事故の防止も包含してよかった」とした上、そのような形で注意義務を設定すれば、「たとえＤハブ破損の科学的原因が不明であることからＤハブの強度不足を認定できずとも、注意義務違反に基づく危険の現実化を認める余地はあったと思われる」という。しかし、「強度不足のおそれを伴う状況」の存在を根拠として注意義務を課すとすれば、それは、「強度不足に起因する事故」が発生する危険性に着目し、そうした事故を防止する必要があると考えるからであろう。そうだとすると、強度不足が認定できない場合に「危険の現実化」としての因果関係を肯定することはできないのではないだろうか。

21)　井上⑧235頁参照。

22)　矢野⑤77頁。

　他方、因果関係の判断においては、本件事故車両に装備されていたＤハブにおいて現に強度不足の欠陥が存在しており、かつ、それが本件事故を発生させたといえなければならない。そうでなければ「危険の現実化」が認められないからである。そして、そこでは、本件事故車両のユーザーによる整備・使用状況が問われよう。まず、たとえＤハブ一般については強度不足のおそれがあっても、本件事故車両に装備されていたＤハブに強度不足の欠陥がなければ、注意義務を課す根拠となる危険性が結果に実現したとはいえないため、因果関係は否定される。また、仮に本件事故車両に装備されていたＤハブに強度不足の欠陥があっても、本件事故車両のユーザーの整備・使用状況が「異常、悪質」レベルに至っており、たとえ強度不足の欠陥がなくとも同じ形・同じタイミングで破損が生じたのではないか、という合理的な疑いが排除できない場合には、やはり因果関係は否定される。これに対し、本件事故車両に装備されていたＤハブに現に強度不足の欠陥があり、かつ、本件事故車両のユーザーの整備・使用状況が「異常、悪質」レベルに至っていない場合には、因果関係が肯定される（本決定はこのように判断したのであろう。）。

　本件においては、過失の判断と因果関係の判断の性格の違いが比較的分かりやすい形で表れており、本決定もそれをふまえているものと思われる。

　イ　本件事故車両に装備されていたＤハブにおける強度不足の認定

　一般論として、大量に製造される製品のなかには、不具合のある個体と不具合のない個体が混在している可能性がある。そして、製品の不具合（ないしそのおそれ）を理由としてメーカー側にリコール等の改善措置を義務づける場合、実際に事故が起きたときに「危険の現実化」としての因果関係を肯定するためには、まさにその事件で使用された個体につきそうした不具合が存在することを認定しなければならないであろう。

　本決定は、①ハブは「一生もの」であるにもかかわらず同種の事故が続発していた、②本件事故後の試験では走行中にかかる応力がＤハブの疲労限

---

　23)　リコール等の改善措置の実施をもって注意義務の内容とするならば、その履行によって事故は回避できるのであるから、こうした場合であっても条件関係は肯定される。

応力を大きく超えていた、③本件事故後に三菱ふそうがＤハブの強度不足を自認するようなリコールを行っている、④摩耗原因説は、Ｄハブの輪切り破損の原因がもっぱらユーザー側の不適切な整備・使用にあるといえるほどの合理性・説得性を備えていない、⑤本件事故車両のユーザーの整備・使用状況にも不適切な点はあったが、メーカー側が想定すべき範囲を超えた「異常、悪質」なものとまではいえない、という５点を指摘し、「Ｄハブには、設計又は製作の過程で強度不足の欠陥があったと認定でき、本件瀬谷事故も、本件事故車両の使用者側の問題のみによって発生したものではなく、Ｄハブの強度不足に起因して生じたものと認めることができる」とした。このうち、①〜④は、Ｄハブ一般につき強度不足の疑いを抱かせる事情であるが、Ｄハブ全体が均質であり、仮に強度不足であるとすれば（本件事故車両に装備されていたものを含む）すべてのＤハブが強度不足であるはずだ、という認識を前提とするなら、[25]本件事故車両に装備されていたＤハブについて強度不足を認定するための材料となる。これに対して、⑤は本件事故自体に関する事情であり、強度不足が認められた場合に因果関係を判断する際の介在事情となることに加え、本件事故車両に装備されていたＤハブが強度不足であったことを推認させる間接事実的なものとしても位置づけられよう。本決定は、こうした趣旨で①〜⑤を挙げ、結論として本件事故車両に装備されていたＤハブにおける強度不足を認定したものと思われる。

---

24)　本決定においては、過失の判断についても因果関係の判断についても、ハブは「一生もの」、すなわち、ユーザー側が多少不適切な整備・使用をしていても、それが「異常、悪質」のレベルに至らない限り、廃車まで修理も交換も必要のない部品である（べきだ）、という評価が前提とされている。しかし、田原裁判官の反対意見が指摘するように、その根拠が十分に示されているとはいえないように思われる。

25)　仮にこの判断において（⑤だけでは足りず）①〜④が大きな比重をもつならば、Ｄハブ全体の均質性に関する判示が必要であったようにも思われる。この点との関係で、「一般的に言えば、ハブの僅かな摩耗から一挙に破断に至るのが設計上の〔※引用者注：「設計上の」は、「Ｄハブ一般の」と読み替えてよいであろう〕安全強度の不足によるのであれば、三菱自工製のトラックやバスは……常時約20万台が運行に供されているのであるから、同種の事故がもっと多発して然るべきである。しかし、それが……極めて例外的な件数に止まっていることは、当該車両に装備されていたハブの材質不良か、加工不良が疑われ、また当該車両の運転中に、ハブに極めて特殊な応力が負荷されるような事象が生じた場合等が想定される」（圏点は引用者）という、田原裁判官の反対意見による指摘が注目される。

　もっとも、本件を離れて、製品全体の均質性が必ずしも明白でないケースでは、その製品一般の不具合（ないしそのおそれ）を理由にリコール等の改善措置を義務づける形で過失を認めたとしても、当該事案で使用されていた個体に不具合があったと認定することが難しいために、「危険の現実化」としての因果関係を肯定できないことがあり得よう。そうしたケースをも視野に入れたとき、「ユーザーに対して……保守・管理を充分に行い、過酷条件での供用を厳に差し控えるべきことを、また、自動車整備業者に対しては……点検をなすよう適切な情報を提供し、指導をなす」という形で注意義務を措定することも検討すべきであるとする田原裁判官の反対意見は、傾聴に値しよう。

【参考文献】

　本件の主な解説・評釈として

　　①成瀬幸典「判批」刑ジャ 33 号（2012 年）

　　②松宮孝明「判批」立命 343 号（2012 年）

　　③北川佳世子「判批」平成 24 年度重判解

　　④樋口亮介「判批」論ジュリ 6 号（2013 年）

　　⑤矢野直邦「判解」最判解平成 24 年度

　因果関係に関する判例の理解について

　　⑥永井敏雄「判解」最判解昭和 63 年度

　　⑦大谷直人「判解」最判解平成 2 年度

　　⑧井上弘通「判解」最判解平成 4 年度

　　⑨島田聡一郎「相当因果関係・客観的帰属をめぐる判例と学説」法教 387 号（2012 年）

　　⑩松宮・先端

2

先行事情と正当防衛

最高裁判所平成 29 年 4 月 26 日第二小法廷決定
平成 28 年（あ）第 307 号 殺人、器物損壊被告事件
刑集 71 巻 4 号 275 頁／判時 2340 号 118 頁／判タ 1439 号 80 頁

伊 藤 嘉 亮

I 事 案

　被告人 X は、知人である A から、平成 26 年 6 月 2 日午後 4 時 30 分頃、不在中の自宅の玄関扉を消火器でたたかれ、その頃から同月 3 日午前 3 時頃までの間、十数回にわたり電話で怒鳴られたり、仲間とともに攻撃を加えると言われたりするなど、身に覚えのない因縁を付けられ、立腹していた。同日午前 4 時 2 分頃、X は、A からマンションの前に来ているから降りてくるよう電話で呼び出され、包丁にタオルを巻いてズボンの腰部右後ろに差し挟んで、自宅マンション前の路上に赴いた。A がハンマーを持って駆け寄って来たところ、X は、包丁を示すなどの威嚇的行動をとることなく A に近づき、A の攻撃を防ぎながら、殺意をもって A を包丁で 1 回突き刺して殺害した。

　以上の事実につき、第 1 審の大阪地判平成 27 年 9 月 17 日（刑集 71 巻 4 号 306 頁参照）は、「X は、A が武器を使用するなど、X に相当な危険のある攻撃をしてくることを十分に想定の上で本件現場に赴いたと認めることができる。そして、X は、理解できない理由に基づく A の行動や言動に立腹していたことや、本件現場で威嚇的な行動等を一切取ることなく、短時間で極めてスムーズに強い殺意に基づいて A の左胸部付近を狙って力一杯突き刺していることを考えると、X は、本件現場に赴いた時点から、A が武器等で攻撃してきたら、その機会を積極的に利用して、A を包丁で刺すなどしてやろう

という強い加害の意思があったと認められる」とし、正当防衛・過剰防衛の成立を否定した。

　原審の大阪高判平成28年2月10日（刑集71巻4号311頁参照）も、「本件犯行に用いた包丁は殺傷能力のある凶器であるから、これを持ち出したこと自体がXの積極的な加害意思を推認させる事情といえ」、「Aの攻撃を受けてから、わずか5秒程度という短時間でAの胸部を深く突き刺しているのであり、この間、取り出した包丁をAに示すなどの示威行動をとらなかったというXの一連の行動からも、その積極的な加害意思が推認できる」とし、「XのAに対する積極的な加害意思を認めた原判決の認定に、経験則等に照らして不合理な点はない」と判示した。

II　決定要旨

上告棄却

　最高裁は、弁護人の上告趣意は刑訴法405条の上告理由に当たらないとしつつ、正当防衛・過剰防衛の成否について、職権で以下のように判断した。

　「刑法36条は、急迫不正の侵害という緊急状況の下で公的機関による法的保護を求めることが期待できないときに、侵害を排除するための私人による対抗行為を例外的に許容したものである。したがって、行為者が侵害を予期した上で対抗行為に及んだ場合、侵害の急迫性の要件については、侵害を予期していたことから、直ちにこれが失われると解すべきではなく〔中略〕、対抗行為に先行する事情を含めた行為全般の状況に照らして検討すべきである。具体的には、事案に応じ、①行為者と相手方との従前の関係、②予期された侵害の内容、③侵害の予期の程度、④侵害回避の容易性、⑤侵害場所に出向く必要性、⑥侵害場所にとどまる相当性、⑦対抗行為の準備の状況（特に、凶器の準備の有無や準備した凶器の性状等）、⑧実際の侵害行為の内容と予期された侵害との異同、⑨行為者が侵害に臨んだ状況及びその際の意思内容等を考慮し、行為者がその機会を利用し積極的に相手方に対して加害行為をする意思で侵害に臨んだとき〔中略〕など、前記のような刑法36条の趣旨に照ら

し許容されるものとはいえない場合には、侵害の急迫性の要件を充たさない
ものというべきである。」（番号は引用者）

「X は、A の呼出しに応じて現場に赴けば、A から凶器を用いるなどした
暴行を加えられることを十分予期していながら、A の呼出しに応じる必要が
なく、自宅にとどまって警察の援助を受けることが容易であったにもかかわ
らず、包丁を準備した上、A の待つ場所に出向き、A がハンマーで攻撃して
くるや、包丁を示すなどの威嚇的行動を取ることもしないまま A に近づき、
A の左側胸部を強く刺突したものと認められる。このような先行事情を含め
た本件行為全般の状況に照らすと、X の本件行為は、刑法 36 条の趣旨に照
らし許容されるものとは認められず、侵害の急迫性の要件を充たさないもの
というべきである。したがって、本件につき正当防衛及び過剰防衛の成立を
否定した第 1 審判決を是認した原判断は正当である。」

Ⅲ 解 説

1 問題の所在

　第 1 審および原審は、最決昭和 52 年 7 月 21 日（刑集 31 巻 4 号 747 頁＝**判例
1**）により確立した積極的加害意思論に依拠して、正当防衛・過剰防衛の成立
を否定したものと思われる。これに対して、本決定は、被告人（被侵害者）が
侵害を予期したうえで対抗行為に及んだ際の侵害の急迫性については、対抗
行為に先行する事情を含めた行為全般の状況を考慮し、刑法 36 条の趣旨に
照らして許容されるといえるかを検討する、という判断枠組を新たに示して
いる。

　積極的加害意思論をめぐっては、裁判員制度の導入を機に、「主観的要件を
間接事実の積み重ねによって認定するという判断手法は、裁判員にとって理
解しやすいものではな」く、「間接事実が実質的な要件を示しているのであれ
ば、端的にそれを要件化すべきであ」ると指摘されていた[1]。また、「本件のよ
うに侵害の予期がある場合における正当防衛の成否が問題とされる事例にお

いては、積極的加害意思論が判例理論として示されていることから、積極的加害意思論での解決に必ずしも馴染まないと思われる事例でも、積極的加害意思論に引き付けた争点整理が行われたり、『積極的加害意思が認められなければ侵害の急迫性は否定されない』との誤った理解の下で審理が行われたりしているのではないかとの懸念があった」との指摘もある。本決定が積極的加害意思（のみ）に依拠する必要はない判断枠組を提示したのには、こうした理由があるものと考えられる。

　もっとも、本決定は、正当防衛の成否を判断する際の大枠を示したに過ぎない。「種々の考慮要素をどのように総合判断すべきかという点に関する基準はほとんど示されておらず、結局最後は緊急行為性という 36 条の趣旨に全て収斂する構造となっており、判断プロセスがはっきりしないという見方もあり得るし、判断の安定化という観点からも問題を残している」。正当防衛の判断プロセスを透明化し、安定した判断を確立するには、本決定で挙げられた各考慮事情の意義や相互関係を明らかにしておかなければならない。そのためには、刑法 36 条の趣旨と各考慮事情とを結ぶ「中間項（正当防衛の制限原理）」を規範的な視点として示す必要があろう。この点、制限原理を一元的に説明しようとする立場もあるが、正当防衛の成否が問われる事案すべてに当てはまる包括的な視点を提示しただけでは、総合判断の域を出ないままである。事案の性質が多様であることに鑑みれば、事案ごとの特徴を踏まえた類型化を試みるべきではないだろうか。

1)　佐伯仁志「裁判員裁判と刑法の難解概念」曹時 61 巻 8 号（2009 年）21 頁。

2)　中尾⑦ 110 頁。

3)　髙橋直哉「正当防衛状況の判断」法教 453 号（2018 年）13 頁。同旨のものとして、松原芳博「刑事判例を読んでみよう」法教 461 号（2019 年）43 頁以下など。

4)　平成 19 年度司法研究は、裁判員に対して、「正当防衛が認められるような状況にあったか否か」（正当防衛状況性）という大きな判断対象を提示することを提案していた（司法研修所編『難解な法律概念と裁判員裁判』（2009 年）26 頁）が、これも大枠を提示するだけのものであって、判断基準の更なる具体化が求められることになろう。

5)　例えば、木崎峻輔「平成 29 年決定以降の裁判例における侵害の急迫性の意義及び機能」中央学院 33 巻 2 号（2020 年）35 頁は、「相互闘争状況の拡大を生じさせた場合に正当防衛を制限するという価値判断として説明可能である」とする。

6)　佐伯④ 19 頁参照。

　また、本決定をめぐっては、自招侵害に関する最決平成 20 年 5 月 20 日（刑集 62 巻 6 号 1786 頁 = **判例 2**）との関係も問われる。**判例 2** は、正当防衛の成立を否定するにあたり、正当防衛状況（「被告人において何らかの反撃行為に出ることが正当とされる状況」）を否定している。これに対して、本決定が否定したのは急迫性である。それゆえ、これらが内容的に同じなのか否かを検討しておかなければならない。この問題に取り組むには、その前提として、本決定と**判例 2** が正当防衛の成立を否定した根拠を明らかにしておく必要もあろう。

2　裁判例

（1）最高裁判例の概観

　最高裁は、すでに最大判昭和 23 年 7 月 7 日（刑集 2 巻 8 号 793 頁 = **判例 3**）の時点で、対抗行為の瞬間のみを切り取れば正当防衛が成立するように見えても、行為全般の状況を考慮した結果として正当防衛が否定される場合があることを認めていた。

　次いで、最高裁は、最判昭和 46 年 11 月 16 日（刑集 25 巻 8 号 996 頁）において、「刑法 36 条にいう『急迫』とは、法益の侵害が現に存在しているか、または間近に押し迫っていることを意味し、その侵害があらかじめ予期されていたものであるとしても、そのことからただちに急迫性を失うものと解すべきではない」としつつ、**判例 1** において、刑法 36 条が「侵害の急迫性を要件としている趣旨から考えて、単に予期された侵害を避けなかつたというにとどまらず、その機会を利用し積極的に相手に対して加害行為をする意思で侵害に臨んだときは、もはや侵害の急迫性の要件を充たさないものと解するのが相当である」とし、積極的加害意思によって急迫性が否定されるとする判例理論を確立した。

　侵害の予期と急迫性に関する以上の最高裁判例に対して、**判例 2** は、「被告人は、A から攻撃されるに先立ち、A に対して暴行を加えているのであって、A の攻撃は、被告人の暴行に触発された、その直後における近接した場所で

7）　**判例 2** については、岡本昌子「正当防衛——自招侵害——」刑法の判例 55 頁以下参照。

の一連、一体の事態ということができ、被告人は不正の行為により自ら侵害を招いたものといえるから、Aの攻撃が被告人の前記暴行の程度を大きく超えるものでないなどの本件の事実関係の下においては、被告人の本件傷害行為は、被告人において何らかの反撃行為に出ることが正当とされる状況における行為とはいえないというべきである」としており、侵害の予期に言及することなく、正当防衛の成立を否定した。ここでは、①暴行（不正の行為）による自招、②時間的場所的な一連性・一体性、③被告人の当初の暴行と被害者の暴行の緩やかな均衡性という客観的事情が認められる場合には、侵害の予期に言及せずとも、正当防衛が否定される旨が示されている。

　以上の最高裁判例は、**判例3**で示された判断の在り方（行為全般の状況の考慮）を個々の事案ごとに具体化していったものと考えられる[8]。

　従前、被告人が侵害を予期したうえで対抗行為に及んだ事案は、**判例1**の積極的加害意思論に基づき処理されることが多かったが、本決定は、「行為者がその機会を利用し積極的に相手方に対して加害行為をする意思で侵害に臨んだとき〔中略〕など」は急迫性の要件を充たさないと示すことで、積極的加害意思がある事案を急迫性が否定される事案類型の1つに位置づけたといえる。他方で、本決定はあくまでも「行為者が侵害を予期した上で対抗行為に及んだ場合」を念頭に置いた判断であるから、その射程は、侵害の予期がない事案には及ばない。こうした事案は、**判例2**の判断枠組に基づき処理されることになろう。したがって、今後の実務においては、本決定と**判例2**の枠組が併用されるものと思われる[9]。

(2)　近時の下級審裁判例

　本決定の判断枠組に従ったと思われる近時の裁判例として、例えば、前橋地判平成29年9月6日（LLI/DB L07250773）は、被告人Xが被害者Aに対して供述の撤回を執拗に迫ったところ、Xの要求に苛立ったAが殴り掛かろうとしたため、XがナイフでAを数回突き刺して重傷を負わせた事案につき、「本件以前の事情を含めた本件行為全般の状況を踏まえ、常識に従って判

断すると、被告人の本件行為は、急迫不正の侵害という緊急状況の下で公的機関による法的保護を求めることが期待できないときに侵害を排除するための私人による対抗行為を例外的に許容した正当防衛及び過剰防衛（刑法 36 条）の趣旨に照らして許容されるものとはいえない。したがって、本件において侵害の急迫性の要件は充たさず、被告人の本件行為に過剰防衛は成立しない。」としている。もっとも、ここでは「本件侵害行為の機会を利用して積極的に A に対して加害行為をする意思で本件侵害行為に臨んだと認められる」ともされており、その結論の背景には積極的加害意思の存在がある。本決定の登場により、「今後の実務において、積極的加害意思の存否それ自体が重要な争点となることは、基本的には想定しがたい」との分析[10]もあるが、積極的加害意思によって急迫性を否定するのが自然な事案も依然として存在するように思われる[11]。

　仙台地判平成 29 年 9 月 22 日（LEX/DB 25547815）は、「被告人は、被害者の呼出しに応じて被告人方居室を出て、本件駐車場に赴けば、被害者から本件模造刀で切りかかられるなどの暴行が加えられることを十分予期しながら、自室を施錠したり、警察や同僚の援助を求めることなどが容易であったにもかかわらず、本件包丁を準備してこれを携行した上、被害者に続いて自ら本件駐車場に赴き、被害者から本件模造刀を突き出されるや、殺意をもって前記刺突行為に及んだものと認められる。このような本件行為全般の状況に照らすと、被告人の本件行為は、急迫不正の侵害という緊急状況の下で公的機関による法的保護を求めることができないときに、侵害を排除するために私人による対抗行為を例外的に許容するという刑法 36 条の趣旨に照らし許容されるものとは認められず、反撃行為に出ることを正当化するような緊急状況にあったとはいえない。したがって、被告人の本件行為は、侵害の急迫性の要件を充たさないものというべきである。」としている。本決定の判断枠組

---

10)　橋爪⑥ 200 頁。
11)　橋爪自身、「典型的な喧嘩闘争の状況であり、従来の積極的加害意思がストレートに当てはまる事案の処理については、従来の実務と同様に、積極的加害意思を認定して急迫性を否定する判断を示した方が〔中略〕より適切な場合もあるのかもしれない」とする（橋爪⑥ 200 頁）。

に従って判断しているが、本決定と同様に、各事情がどのように評価され、なぜ刑法 36 条の趣旨と矛盾するといえるのかは判然としない。正当防衛の判断プロセスを透明化するには、やはり、刑法 36 条の趣旨に反すると評価する際の規範的視点が積極的加害意思にあったのか、それとも別のところにあったのかを明らかにしたうえで、各考慮事情がそれとどう関係するのかを示すべきだと思われる。

3　正当防衛の制限原理

（1）侵害予期類型と侵害自招類型

　正当防衛の成立が否定される事案の類型化をめぐっては、すでに様々な形で試みられているが、一般的には、まず、**判例 1** や本決定のように侵害の予期を前提にする事案（侵害予期類型）と**判例 2** のように侵害の予期を必ずしも前提にしない事案（侵害自招類型）に区分される[13]。

　侵害予期類型に関して、**判例 1** や本決定は、侵害の「急迫性」を否定することで、正当防衛・過剰防衛の成立を否定している。ここでは、被告人の対抗行為を「緊急行為」として保護する必要はない、との判断が見て取れる。

　これに対して、**判例 2** は、侵害自招類型につき、被告人において何らかの反撃行為に出ることが正当とされる状況ではないとした（正当防衛状況を否定した）だけで、侵害の急迫性には言及していない。この点、急迫性と正当防衛状況は同義に解されるとの主張も見受けられるが[14]、こうした理解は、侵害予期類型と侵害自招類型で正当防衛が否定される根拠を同一に解することを前提にするように思われる。しかし、侵害自招類型で正当防衛が否定される根拠を、「正対不正の関係ともいうべき正当防衛を基礎づける前提を欠いた、不

---

12)　例えば、木崎峻輔「被侵害者の態度に応じた正当防衛状況が問題となる事案の類型化」筑波 72 号（2017 年）77 頁以下、稲垣悠一「正当防衛の制限法理とその判断プロセス」専修ロー 15 号（2019 年）49 頁以下、杉本⑪ 33 頁以下など。

13)　例えば、井田⑧ 10 頁参照。

14)　大塚裕史「侵害の『急迫性』要件の意義と射程——最高裁平成 29 年決定を手掛かりとして」判時 2357・2358 号（2018 年）18 頁、木崎③ 56 頁以下、瀧京太朗「判例における自招防衛の判断枠組みについて」北法 69 巻 4 号（2018 年）173 頁以下など。

正対不正の状況にほかならない」[15]ことに求めるとすると、侵害予期類型とは正当防衛の制限原理を異にすることになろう。すなわち、正当防衛には緊急行為としての側面と権利行為としての側面があるわけだが、侵害予期類型では対抗行為の「緊急行為性」が否定されるのに対し、侵害自招類型においては、正当防衛の前提たる「正対不正の関係」が欠けるために「権利行為性」が否定される、と解されるのである。以上のように、侵害予期類型で否定される「急迫性（緊急行為性）」と侵害自招類型で否定される「正当防衛状況（権利行為性）」は異なる意味に理解できるので、両事案類型は区別して理解しておくべきだろう。[16]

(2) 侵害予期類型内部の類型化

(ⅰ) 利益衝突状況の作出

本決定は、刑法 36 条の趣旨[17]からは許容されない場合として、「行為者がその機会を利用し積極的に相手方に対して加害行為をする意思で侵害に臨んだ」事案（積極的加害意思）以外も想定しうることを示唆している。もっとも、具体的にどういった事案がその趣旨と矛盾するのかは示されていない。そこで、以下では、侵害予期類型としてどういった事案類型がありうるかを検討することにする。[18]

第 1 に、積極的加害意思がある場合である。本決定も積極的加害意思によっ

---

15) 三浦透「判解」最判解平成 20 年度 434 頁。髙山佳奈子「『不正』対『不正』状況の解決」研修 740 号（2010 年）7 頁以下、遠藤邦彦「正当防衛判断の実際――判断の安定化を目指して――」刑法 50 巻 2 号（2011 年）311 頁、松原・前掲注(3)42 頁以下も参照。

16) 詳細については、伊藤嘉亮「正当防衛の制限原理」高橋古稀（上）(2022 年) 440 頁以下参照。

17) 本決定は、刑法 36 条の趣旨を「急迫不正の侵害という緊急状況の下で公的機関による法的保護を求めることが期待できないときに、侵害を排除するための私人による対抗行為を例外的に許容したもの」と判示しているが、本件ではあくまでも急迫性（対抗行為の緊急行為性）の存否が争われたに過ぎないから、ここでいう刑法 36 条の趣旨は、「急迫性を制約する論拠を提供するものにすぎず、刑法 36 条のそれ以外の要件〔中略〕の解釈基準を直ちに導くものではない」（橋爪⑫ 159 頁）。例えば、**判例 2** のような侵害自招類型においては、急迫性以外の事情に基づき正当防衛の成立が否定されると考えられるが、こうした場合には、本決定が示した刑法 36 条の趣旨とは異なる視点が重要になろう。

18) 詳細については、伊藤・前掲注(16)431 頁以下参照。

て急迫性が否定されることは認めているが、問題はその根拠である。積極的加害意思が認められる事例の特徴を考えてみると、被告人は、被害者に危害を加えるという「目的」を実現するために、その「手段」として利益衝突状況を利用しているといえる（それゆえ、以下では「手段・目的型」とする。）。被告人は、現場に自ら出向く、あるいは現場で待ち受けることによって利益衝突状況を（被害者と共に）作出するわけだが、積極的加害意思のような不正な目的の場合、到底、やむを得ずに利益衝突状況に臨んだとはいえないことから、当該状況の発生は被告人の意思に（も）委ねられていたといえる。利益衝突状況を回避する選択肢も十分あり得たにもかかわらず、あえて利益衝突状況に直面し、自らの意思で国家機関による介入・保護を排除したのである。あるいは、国家機関に介入されてしまっては自身の目的を実現できないことから、国家機関による介入・保護を望んで排除しているともいえよう。

　正当防衛権を私人が行使できるのは、あくまでも国家機関による介入・保護がやむを得ない事情で排除されてしまった場合に限られると考えられるが、ここでの被告人は、原則たる国家機関の介入・保護を望んで排除している。それにもかかわらず例外としての正当防衛権に訴えるのは正当防衛という制度を濫用するものであって、その趣旨と矛盾するといえよう。手段・目的型が刑法36条の趣旨と矛盾する理由は、ここにあると考えられる[19]。

　第2は、いわゆる侵害回避義務論が念頭に置く事案類型である。我が国の判例は、「行為者の一番の目的は別の点にあったが、それを実現しようとした場合には、その不随的な結果として相手からの攻撃を受け、自分の法益保全のためには相手の法益侵害が必要不可欠となるような緊急状況に陥る、ということを高度の蓋然性をもって事前に『予期』していた場合（事前認識型）においても、正当防衛を否定してきた[20]」。つまり、被告人がほかの目的を追求したり、あるいは特定の目的を追求するわけではないものの何らかの行為を行ったりする際に、それが「原因」となり、利益衝突状況の発生という「結果」が生じてしまった場合である（以下では、「原因・結果型」とする[21]。）。

19）　荘子邦雄「正当防衛における急迫性と防衛意思」司研62号（1979年）52頁参照。
20）　杉本⑪37頁以下。

　もっとも、被告人の目的が正当なものであり、その追及がやむを得ないといえる場合には、正当防衛の成立を制限すべきではない。その場合は、利益衝突状況に直面せざるを得ないのであって、あえて国家機関による介入・保護を排除したとはいえないからである。他方で、被告人による目的追求に合理性がない場合であれば、そうした目的の追求を制限し、正当防衛権を否定することも一定の範囲で許されるだろう。確かに、原因・結果型における被告人は、手段・目的型のように正当防衛制度を濫用したわけではない。しかし、合理的な理由なく国家機関による介入・保護を排除したことに変わりはないから、手段・目的型と同様に、例外としての正当防衛権に訴えることはできなくなると思われる。

（ⅱ）利益衝突状況の支配（過剰な反撃準備型）

　以上の手段・目的型と原因・結果型は、被告人が利益衝突状況を（被害者と共に）作出したといえることから、急迫性が否定される事案類型であった。しかし、これとは異なる視点から正当防衛の成立が制限されることもあるだろう。利益衝突状況の支配[22]という視点である。

　本決定は、考慮事情として、予期した侵害に対する準備状況や実際の対抗行為の態様を挙げているが、従前の裁判例においても、こうした事情は考慮されていた。例えば、大阪高判昭和56年1月20日（判時1006号112頁）は、「相手からの侵害が避けられないと予想し、これに備えてけん銃を用意したうえ、相手の侵害が現実となつた際にけん銃を発砲してこれに対抗するような場合、〔中略〕準備した兇器を使用して相手の侵害に対抗した行為も、相手

---

21)　例えば、東京高判平成21年10月8日（東時60巻1〜12号142頁）においては、「本件当時被害者や実母の意思に反して強引に実母に面会を求めることに、何ら正当な利益を認めることはでき」ないことが、正当防衛の成立を否定する理由の1つとして指摘されている。他方で、大津地判平成26年7月24日（LEX/DB 25504506）は、正当防衛の成立を肯定するにあたり、被告人が当初の予定通り授業を行っていたことに言及している。その趣旨は、授業の実施が正当な目的に基づくものである以上、たとえそれが利益衝突状況の作出に寄与するものだったとしても、それを理由に正当防衛が否定されることはないとするものだと思われる。

22)　こうした視点を「強力な反撃準備類型」として分析する木崎峻輔「相互闘争状況における正当防衛の処理基準及び類型化の試み（3・完）」筑波82号（2020年）9頁以下も参照。

の侵害の性質、程度などからみて特にこれを正当視すべき例外的な場合を除き、正当防衛の急迫性の要件を欠くものとしてこれを違法と評価するのが相当である」としている。また、大阪高判平成 13 年 1 月 30 日（判時 1745 号 150 頁）も、「本件襲撃は、それのみを客観的に見ると切迫した事態であったけれども、〔中略〕これに対する被告人らの普段からの警護態勢に基づく迎撃行為が、それ自体違法性を帯びたものであったこと〔中略〕などの点に照らすと、本件犯行は、侵害の急迫性の要件を欠き、正当防衛の成立を認めるべき緊急の状況下のものではなかったと解するのが相当である」としている。これらの裁判例においては、正当防衛を否定するにあたり、予期された侵害に対して過剰な準備をしていたことが考慮されているといえよう。

　また、もし本決定における「被告人の行為が防御的態様に留まったような場合には、正当防衛の成立を認める余地が全くないとはいえない」との分析や、「凶器を持参して侵害を予期して現場に赴き予定していた対抗行為をしたとしても、それが抗争拡大方向の攻撃的な対抗行為である場合と抗争縮小方向の防御的な対抗行為である場合とでは、急迫性の判断を異にしてよいのでなかろうか」との指摘もある。本決定も急迫性を否定するにあたり、「包丁を示すなどの威嚇的行動を取ることもしないまま A に近づき、A の左側胸部を強く刺突した」ことを考慮している。実際の対抗行為の態様を考慮することには学説からの批判もあるが、我が国の実務においてはこうした傾向が一般化しているといえそうである。

　以上のように、対抗行為の準備状況や実際の態様を考慮して正当防衛を否定するとしても、こうした事情によって「急迫性」が否定される理由は定かではない。そこで、被告人が過剰な反撃準備を整えることで利益衝突状況との関係にどのような変化が生じるのかを考えてみる。通常の緊急状況の場合、つまり被告人が侵害を予期していない場合、被告人にとっては不意打ちの事

---

23)　中尾⑦ 116 頁。
24)　遠藤⑩ 119 頁。
25)　例えば、小林① 144 頁は、「不正の侵害が時間的に切迫した段階においては、すでに侵害者と被侵害者の利益状況に関する法的な決着がついているはずであって、そのあとの事情がこれをひっくり返すことはありえない」とする。

態であって、その後の流れをコントロールすることはできない。侵害を予期していたとしても、十分な反撃準備が整えられていないのであれば、やはり利益衝突状況をコントロールすることは難しい。これに対して、被告人が侵害を予期し、それを鎮圧・圧倒できるだけの手段をあらかじめ用意していたのであれば、その後の流れは被告人によって主導的にコントロールされうることになる。そして、その後の流れが被告人の掌中にあったといえる場合には、もはや被告人にとっては「緊急状況」でなかったと評価する余地もあるのではないだろうか。

　なお、利益衝突状況を支配しうるだけの「お膳立て」が整えられていたというには、十分な手段を用意しただけでなく、鎮圧・圧倒しうる積極的な方法でそれを行使する予定であったことも必要になる。防御的な防衛（受動的な対応）にとどめる予定であった場合には、利益衝突状況の主導権は依然として被害者側にあったことになろう。もっとも、こうした事情を直接認定することは容易でないため、実際の対抗行為の態様から推認するほかない。実務において、実際の対抗行為の態様がどのように考慮されているのかは明らかでないが、少なくともこれらの間接事実として考慮することは妥当だと思われる。

（3）考慮事情の分析

（i）分析視角

　本決定は、侵害予期類型における考慮事情として、①行為者と相手方との従前の関係[26]、②予期された侵害の内容、③侵害の予期の程度、④侵害回避の容易性、⑤侵害場所に出向く必要性、⑥侵害場所にとどまる相当性、⑦対抗行為の準備の状況（特に、凶器の準備の有無や準備した凶器の性状等）、⑧実際の侵害行為の内容と予期された侵害との異同、⑨行為者が侵害に臨んだ状況及びその際の意思内容などを挙げている。もっとも、これらの事情すべてを常に考慮する必要はなく、それぞれの事情の意義を事案に応じて個別に考えてい

26）　これは、予期された侵害の内容、侵害の予期の程度、侵害に臨んだ際の意思内容（積極的な加害意思の有無）などを推認させる事情になると考えられる（中尾⑦ 114頁参照）。

くほかないだろう。[27]

　しかし、たとえそうだとしても、正当防衛が否定される事案類型ごとに一定の傾向はあると思われる。前述のように、侵害予期類型といっても、正当防衛を否定する際の規範的視点は複数考えられるため、正当防衛の判断プロセスを透明化するには、事案類型ごとに各事情の意義を分析しておくべきだろう。

（ii）侵害の予期（②・③・⑧）

　まず、手段・目的型（積極的加害意思）の場合、侵害の予期は、被告人が利益衝突状況を利用しようと考える契機の1つに過ぎない。したがって、ここでは、侵害の予期がさほど高度ではなかったとしても、急迫性は否定されうる。[28] 同様に、予期された侵害がどのような内容だったとしても、また、予期された侵害と実際の侵害が内容的に異なっていたとしても、急迫性を否定する余地はあると思われる。

　他方で、その他の事案類型で急迫性を否定するには、手段・目的型よりも高度な予期が求められよう。原因・結果型においては、結果的に利益衝突状況を作出してしまったことの合理性が問われるわけだが、侵害の予期は、合理性を判断する際の資料の1つになる。侵害の予期が漠然としたものであればあるほど、利益衝突状況の作出は無視してよいリスクと評価されやすいので、侵害場所に出向いたり、とどまったりする「対抗理由」が些細なものでも急迫性を認めうる。[29] これに対して、侵害の予期が高度であればあるほど、対抗理由としてもそれ相応のものが要求されることになろう。また、被害者による侵害が生命・身体に対する危険性の高いものと予期される場合、被告人がこれを排除するには、同様に致死的な防衛手段を行使せざるを得ない場合が多いと思われる。致死的な防衛手段に至りうる利益衝突状況は、事前に

---

27)　中尾⑦ 113 頁参照。

28)　杉本⑪ 39 頁以下参照。「『侵害の予期』の程度が低いと認められる場合には、これと相関的に考えて、急迫性を否定するためにはより強い『積極的加害意思』が認められなければならない」とする安廣文夫「判解」最判解昭和 60 年度 151 頁以下も参照。

29)　杉本⑪ 40 頁。

回避するべきとの要請が相対的に高まるので、急迫性が認められるのはきわ
めて重大な対抗理由が認められる場合に限られるだろう。[30)31)]

　過剰な反撃準備型の場合、利益衝突状況の主導権を握るには被害者からの
侵害に合わせて対抗行為の準備を整える必要があるため、侵害をある程度具
体的に予期していなければならない。[32)] また、予期したものとは異なる侵害に
直面した場合、とりわけ予期したものより危険な侵害に直面してしまった場
合、物理的にも心理的にも利益衝突状況の主導権を握るのは難しくなるので、
急迫性は肯定されやすくなると思われる。

（iii）　侵害の回避（④・⑤・⑥）

　侵害の回避が容易であり、現場に出向く必要性やとどまる相当性に乏しい
にもかかわらず、利益衝突状況にあえて直面したことが、積極的加害意思を
推認させることはあるだろう。また、あえて利益衝突状況に臨んでいること
から、十分な準備がすでに整えられていたことが推認されることもあろう。

---

30)　橋爪⑨ 248 頁。また、原因・結果型においては、侵害の予期の「時点」も問題に
　　なろう（橋爪⑫ 175 頁参照）。致命的な防衛行為とそれ以外の防衛行為を区別して
　　扱うべきとする主張として、佐伯④ 22 頁を参照。

31)　例えば、被告人が被害者らの所属する暴力団組織を軽んじ、「こっちに来い」とい
　　う趣旨の発言をして、被害者らが被告人方に来る事態を招いたところ、被害者らが
　　被告人宅に来襲し、被告人および実弟に暴行を加えたため、準備しておいたシース
　　ナイフで被害者を刺殺したという事案につき、原審である千葉地判平成 26 年 10 月
　　22 日（LLI/DB L06950517）は、予期の「程度としては、確実と認識していたとまで
　　は認められず、来るかもしれないし来ないかもしれないといった程度にとどまる」
　　との認定を前提に、過剰防衛の成立を認めている。これに対して、東京高判平成 27
　　年 6 月 5 日（判時 2297 号 137 頁）は、「被告人としては、暴力団員である被害者ら
　　がこれに応じて被告人方に来て暴力を加えてくる可能性が高いと認識していたと
　　推認できる」としたうえで、急迫性を否定している。本件は、電話での口論から突
　　発的に生じたものであり、手段・目的型というよりは、原因・結果型に該当する事
　　案である。そうすると、侵害の急迫性を否定するには、高度な予期が要求されると
　　考えられる。侵害の予期の程度をめぐる認定の違いが千葉地裁と東京高裁の結論を
　　分けたものといえよう。

32)　東京地判平成 8 年 3 月 12 日（判時 1599 号 149 頁）は、犯行前日に被害者 A と喧
　　嘩した被告人が A による報復を不安に思い、護身用の包丁を携帯して外出したと
　　ころ、A から包丁で切り掛かられたため、包丁で A を刺殺した事案につき、正当防
　　衛を肯定している。本件では、「被告人は、そもそも A と遭遇することをでき得る
　　限り避けようとしていたものであって、その意味では、本件は、侵害の予期の程度
　　が相当少なくなっていた」とあるように、被告人側の主観的な心構えが十分ではな
　　かったといえる。

もっとも、これらの事情は、とくに原因・結果型で重要な意義を有するものである。正が不正に譲歩する必要はないという原則を踏まえつつ、予期の内容・程度だけでなく、上記④・⑤・⑥を考慮しながら、利益衝突状況に直面するという選択肢の合理性を判断することになる。[33]

（iv）準備状況と実際の対抗行為（⑦・⑨）

予期された侵害に対して過剰な反撃準備を整えていたことによって、積極的加害意思が推認されることはあるだろう。[34] また、危険性の高い侵害を高度に予期していたことを推認させるものでもある。[35] このように、手段・目的型および原因・結果型において、対抗行為の準備状況がその他の事情の間接事実として考慮されることはありうると思われる。これに対して、過剰な反撃準備型においては、この事情が直接考慮されることになる。前述のように、利益衝突状況を支配できるだけの「お膳立て」があらかじめ整えられていた場合にも、急迫性は否定されうる。

また、過剰な反撃準備型においては、準備した凶器の性状などだけでなく、それらをどう使用し、どのような対抗行為に及ぶ予定であったのかも重要になる。したがって、たとえ法が禁止する態様で包丁やけん銃を準備していたとしても、それらをもっぱら示威・威嚇のためだけに用いる予定であった場合には、急迫性を肯定する余地はあるだろう。[36] もっとも、こうした事情は、前述のように、実際の対抗行為の態様を間接事実として考慮しながら推認するほかない。本決定が「〔Ｘが〕包丁を示すなどの威嚇的行動を取ることもしないまま Ａ に近づき、Ａ の左側胸部を強く刺突した」ことをどう評価したのかは定かでないが、その趣旨をこのように理解することも可能ではないだろうか。

---

33) 合理性（対抗理由の正当性）については、杉本⑪40頁参照。
34) 安廣・前掲注(28)150頁参照。
35) 橋爪⑨253頁。
36) 中尾⑦116頁参照。

4　本決定の検討

　本決定は、「先行事情を含めた本件行為全般の状況に照らすと、Xの本件行為は、刑法36条の趣旨に照らし許容されるものとは認められず、侵害の急迫性の要件を充たさない」としているが、その結論に至る過程は明らかでない。

　他方で、第1審および原審が積極的加害意思論に依拠しているのは明らかである。もっとも、本件については、Xらの間に従来から対立したりする関係はなかったこと、XはAから呼び出されたから現場に赴いたのであって、自発的にAに危害を加えようとしたものではないこと、および機先を制してAを刺突したわけではないことからすると、積極的加害意思を認定するには躊躇する一面があるとの指摘もある。[37]本決定の登場により、急迫性を否定するのに、必ずしも積極的加害意思に依拠する必要はなくなったわけだから、手段・目的型の射程は、被告人が利益衝突状況を利用しようとしていたことが明白な事案に限定されることになろう。そうすると、確かに、本件は、別の事案類型に属するものとして処理するのが妥当であるように思われる。

　この点、Aからの侵害を十分に予期していたこと、およびAの呼出しに応じる必要はなかったことに着目すると、利益衝突状況を作出してしまったことに合理的理由は見出せないから、本件は、原因・結果型に属する事案ということになろう。[38]また、Xが包丁を準備し、威嚇ではなく刺突のためだけに包丁を使用したことからは、Aからの侵害を鎮圧・圧倒できるだけの準備があらかじめ整えられていたといえるので、過剰な反撃準備型にも該当することになる。[39]合理的な理由なく利益衝突状況を（Aと共に）作出したことに加え、利益衝突状況の主導権を握りうるだけの準備がなされていた以上、侵害の急

---

37)　波床② 152頁。
38)　本決定が「自宅にとどまって警察の援助を受けることが容易であった」こと（待受け型の事情）に言及した理由については、橋爪⑨ 251頁参照。
39)　各事案類型は相互に排斥し合うものではないから、利益衝突状況の作出型と支配型が重複する本件のような事案も、あるいは侵害予期類型と侵害自招類型が重複する事案もあるだろう。

迫性は否定されるので、本決定の結論は支持できよう。

　本決定で示された各考慮事情の意義を分析するには、事案の類型化がその前提として不可欠となる。そこで、本稿では、正当防衛が否定される事案を類型化し、それぞれごとの規範的視点を析出しようと試みてきたわけだが、これら以外の事案類型の存在を否定するものではない。今後の裁判例の動向にも注視しながら、更なる精緻化を試み続けなければならないと思われる。

【参考文献】

本件の解説・評釈として
　①小林憲太郎「自招侵害論の行方——平成 29 年決定は何がしたかったのか」判時 2336 号（2017 年）
　②波床昌則「判批」刑ジャ 54 号（2017 年）
　③木崎峻輔「判批」筑波 74 号（2018 年）
　④佐伯仁志「正当防衛の新判例について」判時 2357・2358 号（2018 年）
　⑤坂下陽輔「判批」判評 711 号（判時 2362 号）（2018 年）
　⑥橋爪隆「判批」論ジュリ 29 号（2019 年）
　⑦中尾佳久「判解」最判解平成 29 年度

正当防衛について
　⑧井田良「正当防衛をめぐる議論の現状——対抗行為に先行する事情と正当防衛状況」刑弁 96 号（2018 年）
　⑨橋爪隆「侵害の急迫性の判断について」日高古稀（上）
　⑩遠藤邦彦「正当防衛判断の実践——平成 29 年決定を踏まえて——」理論と実務①
　⑪杉本一敏「自招侵害のメタ理論的考察」刑ジャ 62 号（2019 年）
　⑫橋爪隆「正当防衛論の課題」理論と実務①

3

一連の行為と過剰防衛

最高裁判所平成 21 年 2 月 24 日第一小法廷決定
平成 20 年（あ）第 2102 号 傷害被告事件
刑集 63 巻 2 号 1 頁／判時 2035 号 160 頁／判タ 1290 号 135 頁

小 池 直 希

I 事 案

　別件の覚醒剤取締法違反の罪で起訴され、拘置所に勾留されていた被告人 X は、同拘置所内の居室において、被害者である同室の男性 A と言い争いになった。A が X に向けて折り畳み机を押し倒してきた（急迫不正の侵害）ことから、X はその反撃として同机を押し返した（第 1 暴行）。その際、A の左手に同机があたり、A は加療約 3 週間を要する傷害を負った。その後、同机に当たって押し倒され、反撃や抵抗が困難な状態になった A に対し、その顔面を数回殴打した（第 2 暴行）。なお、原審の認定によれば、X による第 2 暴行がなければ、A は間もなく態勢を立て直して再度の攻撃に及ぶことも客観的に可能であったから、第 2 暴行の時点においても、A の急迫不正の侵害は継続していた。

　第 1 審（大阪地判平成 20 年 6 月 16 日刑集 63 巻 2 号 8 頁参照）は、急迫不正の侵害の不存在および防衛の意思の欠如を理由として、第 1 暴行と第 2 暴行のいずれについても正当防衛および過剰防衛の成立を否定した。

　これに対して、原審（大阪高判平成 20 年 10 月 14 日刑集 63 巻 2 号 15 頁参照）は、急迫不正の侵害および防衛の意思を認定したうえで、以下のように判示して、過剰防衛としての傷害罪の成立を認めた。「第 1 暴行と第 2 暴行は、A による急迫不正の侵害に対し、時間的・場所的に接着してなされた一連一体の行

為であるから、正当防衛に当たるか過剰防衛に当たるかについては全体として判断すべきであって、それぞれ分断して評価すべきではない。そうすると、本件各暴行は、全体として防衛のためにやむを得ない程度を超えたものであったといわざるを得ないから、これを1個の過剰防衛行為として評価すべきである。」

弁護人は、違法性のない第1暴行から生じた傷害結果について刑責を問われるいわれはない旨主張し、上告した。

II　決定要旨

上告棄却

「前記事実関係の下では、被告人が被害者に対して加えた暴行は、急迫不正の侵害に対する一連一体のものであり、同一の防衛の意思に基づく1個の行為と認めることができるから、全体的に考察して1個の過剰防衛としての傷害罪の成立を認めるのが相当であり、所論指摘の点は、有利な情状として考慮すれば足りるというべきである。」

III　解　説

1　用語法の整理と問題の所在

(1)　過剰防衛に関する3つの類型と2つの用語法

刑法36条2項は、過剰防衛を「防衛の程度を超えた行為」と規定するが、講学上、過剰防衛はそのなかでさらに「量的過剰」と「質的過剰」という2つの類型に分類される。ところが、「量的過剰」「質的過剰」という概念には、それぞれ、論者によって異なる定義が与えられている[1]。

このうち多数説によれば、量的過剰とは、「攻撃者がすでに侵害をやめたの

---

1)　以下の用語法とそれぞれの用語法を採用する論者については、松原⑫146-7頁参照。

に反撃を続けた場合（➡後掲〔**類型①**〕）」をいい、質的過剰とは、「急迫不正の侵害が存在する場合に、防衛行為が必要性・相当性の程度を超えて強い反撃を加えた場合（➡後掲〔**類型②**〕〔**類型③**〕）」をいう（**用語法A**）。すなわち、**用語法A**は、「問題となる反撃行為時点で急迫不正の侵害が継続しているか否か」によって、量的過剰と質的過剰を区別するものである。

　他方、有力説によれば、量的過剰とは、「当初は反撃が相当性の範囲内にあったが、同様の反撃を継続するうち、やがて反撃が量的に過剰になった場合（➡後掲〔**類型①**〕〔**類型②**〕）」をいい、質的過剰とは、「反撃が当初から質的に過剰だった場合（➡後掲〔**類型③**〕）」をいう（**用語法B**）。すなわち、**用語法B**は、「一時的に相当な防衛行為だったことがあるか否か」によって、量的過剰と質的過剰を区別するものである。

　用語法Aと**用語法B**という2つの用語法が存在しているのは、過剰防衛には本来3つの類型があるにもかかわらず、それを2つの概念のなかに収めようとしたことに起因する。これを表にすれば、下記のようになる。

〔類型①〕	当初は正当防衛であったが、急迫不正の侵害終了後にも反撃を継続した場合* （例）正当防衛により相手がすでに気絶しているのに、心理的に動揺して反撃を継続した場合	用語法Aの量的過剰	用語法Bの量的過剰
〔類型②〕	当初は正当防衛であったが、その後、急迫不正の侵害が継続しているなかで、反撃の相当性を逸脱した場合 （例）本件事案	用語法Aの質的過剰	
〔類型③〕	当初の反撃手段がすでに防衛行為の相当性を欠く場合 （例）素手の相手に対して銃で応戦した場合		用語法Bの質的過剰

＊〔類型①〕のみを指す場合には、「狭義の量的過剰」「時間的過剰」「事後的過剰」「外延的過剰」などと呼ばれることがある。

　本件事案は、原審の認定を前提とすれば、第2暴行の時点においてもAの急迫不正の侵害はなお継続していることから、〔**類型②**〕に該当する。

(2) 用語法に応じた量的過剰の問題関心

両用語法で量的過剰の定義が異なることに応じて、その問題関心も異なって
くる[2]。

まず、**用語法 A** のいう量的過剰の問題関心（〔**類型①**〕に固有の問題関心）は、不正の侵害なき第 2 行為を過剰防衛に編入できるか、という点にある。〔**類型②**〕に該当する本件事案では、この点は問題とならない。

これに対して、**用語法 B** のいう量的過剰の問題関心（〔**類型①**〕〔**類型②**〕に共通の問題関心）は、単独で取り出せば正当防衛となるはずの第 1 行為を、第 2 行為とあわせて考察することで過剰防衛という違法行為に編入することは許されるか、という点にある。たとえば、最判平成 9 年 6 月 16 日（刑集 51 巻 5 号 435 頁＝**判例 1**）は、A によって襲われた被告人が、A を鉄パイプで殴打し（第 1 行為）、その後階段の踊り場から A を転落させた（第 2 行為）が、第 2 行為の時点で A による急迫不正の侵害が継続していたという〔**類型②**〕に該当する事案で、「被告人の同人に対する暴行のうち、その片足を持ち上げて約 4 メートル下のコンクリート道路上に転落させた行為は、一歩間違えば同人の死亡の結果すら発生しかねない危険なものであったことに照らすと、鉄パイプで同人の頭部を一回殴打した行為を含む被告人の一連の暴行は、全体として防衛のためにやむを得ない程度を超えたものであったといわざるを得ない」（圏点引用者）と判示しており、単独で取り出せば正当防衛となるはずの第 1 行為も含めて違法評価の対象としている。

(3) 本件における問題の所在

本件では、第 1 行為によって傷害結果が発生していることから、第 1 行為の違法行為への編入の可否は成立罪名にまで影響するため、**判例 1** と比べて後者の問題関心がより先鋭化した形で問われることとなる[3]。

仮に第 1 行為と第 2 行為が分断して評価されるならば、第 1 行為およびそこから生じた傷害結果は正当防衛として処罰対象から除外され、第 2 行為のみが過剰防衛による暴行罪として処罰対象となる。

---

2) 松原⑫ 147 頁参照。

　しかし、本決定は、こうした構成を採らず、第1行為と第2行為を一体的に評価し、ひとつの過剰防衛とみることで、第1行為およびそこから生じた傷害結果を（過剰防衛という）違法行為に編入し、過剰防衛による傷害罪の成立を認めた。

　本決定のような構成を採る場合、それだけみれば正当防衛となりうる第1行為を過剰防衛という違法行為に編入し、第1行為から生じた傷害結果を行為者に帰属することは許されるのか（**論点1**）、第1行為と第2行為を一体的に評価する余地があるとして、その基準はどのようなものか（**論点2**）という点が問題となりうる。**論点2**に関しては、本決定の前年に出た最決平成20年6月25日（刑集62巻6号1859頁＝**判例2**）では、第1行為と第2行為が分断的に評価されたこともあり、両決定の整合性も問題となる。[4]

　以下では、まず、**論点1**に関連して、防衛行為の一体的評価／分断的評価を導く論理について検討する。

2　一体的評価の論理と課題

(1)　一体的評価の論理①：事前固定アプローチ

　一体的評価を支える論理としては、違法性段階で問題となる防衛行為の一体性の単位は、それ以前の段階において既に固定されており、違法性段階で行為の単位を変動させることは許されないという論拠が示されている。

　まず、社会的にひとつのエピソードとして存在する事態については、構成要件該当性判断より前の段階で行為の一体性が固定されていると説明されることがある。[5]

---

3)　後者の問題関心がもっとも先鋭化するのは、第1行為によって致死結果まで生じた場合である。この場合、一体的評価によれば傷害致死罪（3年以上の懲役）、分断的評価によれば暴行罪（2年以下の懲役もしくは30万円以下の罰金または拘留もしくは科料）が成立することになり、法定刑が重なり合わないため、（36条2項による免除にふさわしい事案を除き）量刑による調整すらできないことになる。本決定の「有利な情状として考慮すれば足りる」との判示は、致死結果までは生じなかった事案であるからこそ可能であったといえる。

4)　同決定については、刑法の判例75頁以下〔井上宜裕〕参照。

5)　永井敏雄「量的過剰防衛」龍岡資晃編『現代裁判法大系㉚』（1999年）134頁以下。

　しかし、法的観点を捨象した「社会的エピソード」による行為把握は、刑法上意味をなさない。例えば、「被害者を続けざまに５発殴った」という事態を考えてみると、通常は、１個の暴行罪として処理できる（一体的評価）が、１発殴ることには同意していたという場合には、最初の１発については同意があったが、残りの４発については同意がなかったと処理される（分断的評価）ことになろう。ここでは、「同意」という法的フィルターが一体性評価にとって決定的である。

　また、構成要件段階で１個の行為として把握されたら、その後、違法性段階で分断することはできないとする見解もある。この見解は、犯罪論体系とは「１個の行為につき」構成要件該当性・違法性・有責性を判断するものであるから、その入り口である構成要件段階での行為の一体性評価が、その後の判断を拘束するとみるものである。

　しかし、形式的・類型的判断である構成要件該当性判断と、個別具体的な判断によって刑の減軽・阻却効果をもたらす違法性・責任判断とでは、法的な視座が異なるから、構成要件段階でいったん一体と評価された行為が、違法性・責任段階では分断されるということはありうる（さらにいえば、同じ違法性段階であっても、論点ごとに一体性判断が異なるということもありうる。）。

（2）　一体的評価の論理②：重い結果の立証

　他方、立証の観点から分断的評価の欠陥を指摘することで、一体的評価を志向する見解もある。分断的評価によると、第１行為と第２行為のいずれから重い結果が生じたか立証できない場合には、「疑わしきは被告人の利益に」の原則に従い、重い結果は正当化される第１行為から生じたものとみなされることになる。そうすると、重い結果を帰属させることができず、妥当性を

---

6)　滝谷⑧191頁以下。

7)　照沼⑪58頁は、「論者によれば『法的評価を離れた自然的観察』とされる作業のプロセスが、実は犯罪の成否の検討という紛れもない『法的評価』の枠内において行われている」と指摘する。

8)　松田②9-10頁。

9)　滝谷⑧204頁以下、仲道⑨229-30頁、吉川友規「『一連の行為』と過剰防衛」同法66巻2号（2014年）246頁、松原⑫151頁、高橋則夫『規範論と理論刑法学』（2021年）57頁以下など。

欠くというのである[10]。

　しかし、適法な行為から結果が生じた可能性があるなら、それが帰属できないのは何ら不当なことではない[11]。重い結果が帰属できるのは一体的評価の「帰結」であって、「論拠」とはなりえない[12]。

(3) 一体的評価の課題：行為者への不利な作用

　第1行為と第2行為を一体的に評価するということは、〔類型①〕では、単独で取り出せば純然たる犯罪行為である第2行為を過剰防衛に編入する点で行為者に有利にも作用するが、本件のような〔類型②〕では、単独で取り出せば正当防衛となるはずの第1行為を過剰防衛という違法行為に編入する点（さらに第1行為から生じた結果も負責される点）で、もっぱら行為者に不利に作用する。

　一体的評価を強調する見解も、それが行為者に不利に作用する点を捉えて、量刑のレベルでは配慮する余地を認める[13]。本決定もまた、「有利な情状として考慮すれば足りる」と判示しているところである。

　しかし、仮に第1行為から致死結果が発生した場合には、量刑で対応することはできない[14]。そこで、本決定の調査官は、本決定の射程は第1行為から死の結果が発生した事例には及ばないとする[15]が、一体的評価には、そのように射程を限定する論理は内在していない[16]。また、本件のように傷害にとどまる場合にも、（暴行から傷害に格上げされるという）罪名のスティグマ付与は問題視されるべきであろう[17]。

　そもそも、一体的評価に拠る場合には、「前段の行為のみによって結果が生じたのか否か、また、その結果がいかなるものであるかにかかわらず、前段

---

10)　松田②10頁。成瀬④（二・完）64頁、深町⑤119-20頁、遠藤⑩153頁も参照。
11)　橋爪120頁以下、松原⑫152頁など。
12)　佐伯（仁）173頁参照。
13)　松田②14頁、山崎学「防衛行為の一体性に関する諸問題」池田・前田退職11頁以下など。
14)　前掲注(3)参照。
15)　松田②11頁。
16)　深町⑤122頁、小林・理論と実務256頁。
17)　山口①81頁、松原⑫152頁参照。

の行為と後段の行為を一体的に評価すべき実体が備わっている限り、前段の行為をも違法と評価することを前提に刑責を問うべき」であり、第1行為から傷害結果が生じていたとしても、量刑上配慮する必要はないと解するのが一貫した帰結ではないだろうか。一体的評価により、ひとつの違法行為という評価を与えた以上、そのうちどこから傷害結果が生じたのかは、問題とならないはずである。

3　分断的評価の論理と課題

（1）分断的評価の論理：遡及批判

　分断的評価を支える論理としては、本件のような事例で仮に第1行為と第2行為を一体的に評価すると、それ自体としては正当防衛の要件を具備している第1行為を事後的・遡及的に違法とすることとなり、個別行為責任の原則に反し不当であるとする論拠が示されている（以下、「遡及批判」という。）。

　しかし、「第1行為はそれ自体として正当防衛の要件を具備している」という論理は、「第1行為」という概念を用いている点ですでに分断的評価を前提としており、遡及批判は結論の先取りのきらいがある。一体的評価という手法を採る場合、一度正当防衛とされたものを事後的に違法行為へと変更するプロセスを踏むわけではなく、ひとつの防衛行為に「過剰防衛」という評価を与えているにすぎない。よって、遡及批判は決定的論拠とはなりえず、「常に分断せよ」ということにはならない（し、そのようなことは不可能である。）。

　分断的評価の主張者は、［防衛行為の特定➡適法／違法評価］というプロセスではなく、時系列に沿って1コマ1コマ正当防衛かどうか判断しているのかもしれないが、以下の理由から、そのような理解は困難である。

（2）分断的評価の課題：無限の細分化

　分断的評価という手法に対しては、それをつきつめると、防衛行為が際限

---

18)　滝谷英幸「刑法におけるいわゆる『一連の行為』論」早稲田大学博士論文（2018年）82頁。

19)　橋田③ 234頁、刑法の判例 81頁〔井上宜裕〕、佐伯（仁）175頁、松原⑫ 151頁以下など。

20)　仲道⑨ 229頁、滝谷・前掲注(18)70頁。

なく細分化され、常識的には一体的な行為により結果が生じたといえる場合でも「疑わしきは被告人の利益に」の原則によって結果帰属ができなくなってしまいかねないとの懸念が示されている（以下、「無限の細分化」という。）。[21]

本件について分断的評価を支持する論者も、例えば「間断なく3発殴った」という場合に、1発目は正当防衛／それ以降は過剰防衛というような、極端な行為の分断はしない。[22] そうだとすると、「すべて分断せよ」と主張するのはおよそ不可能であり、本件において分断的評価を採るにせよ、なんらかの一体性基準は必要となる。その限りで、分断的評価の主張者にも遡及批判が妥当することになる。時系列に沿ってコマ送りすれば正当防衛となるはずの部分を違法とすることになるし、そこだけ取り出せば分断したほうが被告人に有利であるにもかかわらず一体的に評価することになるからである。

なお、「間断なく3発殴ったうち1発目のみ正当防衛」「ナイフで10cm刺したうち最初の3cmまでは正当防衛」というような行為の分断が不当に感じられるのは、結果帰属ができなくなるからというよりも、後の相当性を逸脱した行為と連続したごく短時間の防衛行為だけを切り取って第1行為に権利行為性を付与しても、適法のまま防衛行為を終える余地がないからであるように思われる。

4　行為の一体性判断の基準

(1)　本稿の視座

ここまでの検討をまとめると、次のことがいえる。

第1に、違法性段階以前に行為の単位が固定されてしまうということはない。前法的に、あるいは構成要件段階でひとつの行為とされていたものが、違法性段階で防衛行為性という見地から分断されるということはありうる。第1行為と第2行為を一体的に評価するとしても、それはあくまで防衛行為の観点からなされるべきである。

---

21)　深町⑤120頁、遠藤⑩158頁以下、滝谷・前掲注(18)70頁など。
22)　佐伯（仁）174頁、髙橋（直）⑦56頁以下、照沼⑪50頁、松原⑫151頁などを参照。

　第 2 に、行為を無限に細分化し、コマ送りして正当防衛を判断するという
こともできない。分断的評価を志向する見解にあっても、無限の細分化には
歯止めをかける必要があり、行為を一体的に評価する場合はある。

　このように、複数の防衛行為のうち一部が過剰と評価される場面では、一
体的評価と分断的評価のうちいずれか一方の手法を貫徹することはできない
から、一体的評価と分断的評価の対立は相対的なものにすぎない[23]。そうする
と、検討を要するのは、どのような観点から一体的評価と分断的評価を切り
替えるべきか、すなわち、行為の一体性判断の基準である（**論点 2**）。

(2) 判例の基準

　判例は、量的過剰における行為の一体性判断の基準として、[a] 急迫不正
の侵害の継続性や [b] 第 1 行為と第 2 行為の時間的・場所的連続性、[c] 防
衛の意思の連続性などを持ち出す[24]。

　このうち、[a] については、決定的な要素とはいえないように思われる[25]。
なぜなら、最判昭和 34 年 2 月 5 日（刑集 13 巻 1 号 1 頁 = **判例 3**）を筆頭に、判例
も〔**類型①**〕において侵害終了後の行為も含めて過剰防衛の成立を認めてい
るからである[26]。〔**類型①**〕を一体的に評価することがありうる以上、急迫不正
の侵害が継続していないこと自体は直ちに分断的評価を帰結しない。

　逆に、[b] については、それが認められても分断されることがあり、これ
も決定的要素とはいえない。例えば、**判例 2** は、「両暴行は、時間的、場所的
には連続しているものの、甲による侵害の継続性及び被告人の防衛の意思の
有無という点で、明らかに性質を異にし」ているとして、[b] を認めつつ分
断的に評価する。

　そして、判例においてもっとも重視されている基準は、[c] であると思わ
れる[27]。ここでいう防衛の意思は、〔**類型①**〕も射程に入れているはずであるか

23）　滝谷・前掲注(18)74 頁参照。
24）　判例における行為の一体性判断に関する詳細な分析として、成瀬④（一）16 頁以
　　下・成瀬④（二・完）49 頁以下。
25）　小林・理論と実務 253 頁、橋爪 115 頁、松原⑫ 156 頁参照。
26）　これに対して、〔類型①〕の場合、第 2 行為につき違法減少がみられないことを理
　　由に過剰防衛の成立を否定するものとして、橋田③ 229-30 頁、日高 243 頁など。
27）　成瀬④（二・完）53 頁、山口 143 頁など。

ら、本来の「防衛の意思」とは異なり、侵害の終了を認識しているだけで欠
落するものではなく、当初の防衛行為と主観面で一定の連続性があれば足り
るという趣旨であると解される（以下、この意味での防衛の意思を「広義の防衛の意
思」という。）。[28]

　本決定と**判例2**とで一体性判断の結論を異にするのも、[c]の観点による
ものであろう。すなわち、**判例2**の事案では、第1行為と第2行為の間で広
義の防衛の意思が断絶しているのに対して、本件では、「同一の防衛の意思に
基づく」と判示されているように、第1行為と第2行為の間で広義の防衛の
意思に断絶はない。この点に着目すれば、本決定と**判例2**とを整合的に理解
することは可能である。[29]

(3)　一体性判断の要件としての「防衛事象的性格」の継続

　では、判例の挙げる基準を理論的に裏付けることはできるであろうか。

　学説上、[c] 広義の防衛の意思の連続性については、第2行為に防衛事象
的性格を認めるために必要であると説明される。[30] また、[b] 第1行為と第2
行為の時間的・場所的連続性についても、一体性判断の十分条件ではないが
必要条件ではあり、その限りで重要な基準であるとされている。[31] 過剰防衛も
不完全とはいえ防衛行為であるがゆえに減免効果を享受するものであるか
ら、一体的評価のためには「防衛事象的性格」が継続していることは不可欠
であり、[32] [b][c]は一体的評価のための必須の要件であるといえよう。本件
でも、[b] 第1行為と第2行為は時間的・場所的に連続しており、[c] 広義
の防衛の意思も連続しているから、第2行為においても防衛事象的性格はな
お継続しており、一体的評価のための素地は整っている。

(4)　なお残る分断の可能性

　しかし、仮に [b][c] の要件を満たし、「一連の防衛事象」とは評価でき
たとしても、そのことから直ちに第1行為と第2行為を「一連の防衛行為」

---

28)　橋爪116頁、安田⑬105頁など参照。
29)　小林・理論と実務252-3頁参照。
30)　仲道⑨231頁、照沼⑪61頁、安田⑬105頁など参照。
31)　橋爪117頁。山口144頁も参照。
32)　佐伯（仁）170頁・175頁。

と評価すべきことまで帰結するわけではない。[33]

　学説においては、以下のような理論構成によって、[b][c]が認められる場合にもなお、分断の余地を認める見解が主張されている。

(a) 行為者に有利に作用する概念としての「量的過剰」

　まず、量的過剰とは余勢に駆られて追撃行為を継続してしまった点に鑑みて行為者に刑の減免の可能性を与えるための概念であったにもかかわらず、一体的評価によってかえって被告人に不利益をもたらすという事態はその趣旨に反するから、一連の防衛事象と評価できる場合であっても、一体的評価が行為者に不利に作用する場合には、なお第1行為と第2行為は分断すべきであるとする見解がある。[34]論者は、本決定についても、分断的に評価し、第2行為に限って暴行罪の過剰防衛を認めるべきであるとする。[35]

　この見解に対しては、行為者の利益になるか否かで区別するのは便宜的であるという批判や、[36][類型①]の場合には一体的評価と分断的評価のいずれが有利か一義的には決まらないという批判が向けられている。[37]

　しかし、少なくとも本件のような[類型②]に関していえば、一体的評価が分断的評価に比して行為者に不利に作用することは明らかであり、一体的評価が量的過剰概念の本来の趣旨に反するという指摘は、一定の説得力を持つように思われる。

(b) 任意の中断可能性に着目する見解

　また、過剰防衛を3つの場面に分類して検討する見解もある。

　まず、[1]最初から重い結果が生じることを認識して複数の行為を行う場合には、「仮に1個1個の段打行為を取り出してみれば反撃手段として相当と見る余地があるとしても、それは最終的に過剰な結果を生じさせるための手段として行われているものであるから、」一体的に評価すべきだという。[38]

---

33) 髙橋（直）⑦50頁以下、橋爪122頁以下参照。
34) 橋爪118-9頁。
35) 橋爪122-3頁。
36) 佐伯（仁）175頁。
37) 松原⑫158-9頁。滝谷・前掲注(18)75頁も参照。
38) 髙橋（直）⑦57頁。

次に、［2］重い結果の発生を認識・予見してはいないが、一連の行為が密着しているため、事実上、各行為間に任意に中断の生ずる可能性が最初から乏しい場合には、「行為を抑制することが困難な状態にあるためいつ過剰な結果が生じてもおかしくないという意味で最初から行き過ぎた法益侵害が生ずる危険性のある行為を行っている³⁹⁾」から、一体的に評価すべきだという。

他方、［3］各行為間に任意に中断する可能性があった場合には、「行為の意思決定は実質的に2個あると見られるし、反撃行為を継続した主たる要因は侵害者側の方にある⁴⁰⁾」から、防衛行為者側を不利に扱うべきではなく、分断して評価すべきだという。

この見解の示す基準は、以下のような理由から、正当防衛規定の趣旨に適うものであるように思われる。

防衛者が複数の行為によって侵害を排除しようとする場合、刻一刻と変化する不正の侵害の態様に応じて相当な反撃行為を行った場合に限って、正当防衛として正当化されることになる。裏を返せば、防衛行為者には、各々の行為につき相当な範囲にとどめて反撃する義務（過剰防衛禁止義務）がある⁴¹⁾。しかし、［1］［2］の場合には、防衛行為が相当性の範囲内に収まることは当初から予定されておらず、防衛者は過剰防衛禁止義務の履行を放棄している。そのような行為のうち一部を単独で取り出して正当防衛権を付与する必要はないし、むしろ、過剰結果の発生を抑止するためには、両行為を一体的に評価し第1行為の時点から「（過剰防衛という）違法行為である」と評価することで、相当性の範囲から逸脱しないように動機づけるべきであろう⁴²⁾。このような理解からは、［1］［2］の場合には、「それだけを切り取ってみれば正当防衛の要件を充たすことになる部分をも含め、その全体が過剰防衛として違法と評価される⁴³⁾」ことになる。

すでにみたように、分断的評価を志向する論者にあっても、行為を無限に

---

39)　髙橋（直）⑦57頁。
40)　髙橋（直）⑦58頁。
41)　日和田⑥63-4頁。
42)　日和田⑥65頁。滝谷・前掲注(18)72頁以下も参照。
43)　滝谷・前掲注(18)73頁。

細分化して正当防衛の判断をするわけではなく、どこかで分断に歯止めをかけて一体的評価をせざるを得ない。[1][2]の場合をその歯止めとして機能させることは、上記のように、根拠のあることであるように思われる。

これに対して、[3]は、第1行為と第2行為に場面の転換が見られる場合であり、両行為間に任意に中断する可能性があるから、一体的に評価する必然性は失われる。すなわち、第1行為時点では、過剰防衛禁止義務の履行可能性が存在していることから、それだけを単独で取り出して権利行為性を付与する法的意義が認められる。このような場合には、両行為は分断して評価されるべきであるように思われる。[44]

これを本件についてあてはめてみると、机を押し返す行為（第1行為）と殴打行為（第2行為）とでは、攻撃方法も変化しているうえ、Aの態勢にも変化が生じているから、第1行為と第2行為の間には任意の中断の可能性が認められ、本件事案は[3]に該当するといえよう。そうすると、本決定とは異なり、本件事案では、第1行為と第2行為を分断して評価し、第1行為は傷害結果も含めて正当化され、第2行為のみが過剰防衛による暴行罪として処断すべきであったように思われる。[45]

5　その後の裁判例の動向

横浜地判平成26年6月2日（判時2301号141頁＝**判例4**）は、相当性の範囲内にある第1暴行と相当性を逸脱した第2暴行のいずれから死の結果が生じたか不明な事案で、両暴行を一連の暴行として把握し、過剰防衛による傷害致死罪の成立を認めた。そのうえで、正当防衛の範囲内であった第1行為から死の結果が生じた可能性があったことを、量刑上有利な情状としている。[46]　第

---

44)　もっとも、〔**類型①**〕では、第1行為と第2行為を分断する場合、不正の侵害なき第2行為を過剰防衛とすることの可否について、さらなる対立が存在する。過剰防衛肯定説として、松原⑫159頁以下、安田⑬106頁など。否定説として、橋爪119頁など。

45)　日和田⑥66頁、橋爪123頁も参照。

46)　これに対して、控訴審である東京高判平成27年7月15日（判時2301号137頁）は、第2行為も相当性の範囲内にあるとして、全体につき正当防衛の成立を肯定した。

1 行為から死の結果が生じた可能性があった場合でも一体的に評価した点で、本決定よりもさらに一歩踏み込んだ判断である。

　また、徳島地判平成 30 年 11 月 15 日（LEX/DB 25564008＝**判例 5**）は、〔**類型②**〕に当たる事実を認定したうえで、「第 3 行為は過剰な防衛行為であるところ、第 1 ないし第 3 行為は、B による侵害行為に対し、時間的・場所的に接着してなされた、同一の防衛の意思に基づく一連一体の行為と認められるから、これを全体として判断し、1 個の過剰防衛としての傷害罪の成立を認めるのが相当である（最高裁第一小法廷平成 21 年 2 月 24 日決定・刑集 63 巻 2 号 1 頁参照）」と判示しており、[47] 本決定がその後の裁判例における一体性評価の指針となっていることが窺われる。

【参考文献】

　本件の解説・評釈として
　　①山口厚「判批」刑ジャ 18 号（2009 年）
　　②松田俊哉「判解」最判解平成 21 年度

　量的過剰について
　　③橋田久「外延的過剰防衛」産法 32 巻 2・3 号（1998 年）
　　④成瀬幸典「量的過剰に関する一考察（一）（二・完）」法学 74 巻 1 号（2010 年）、75 巻 6 号（2011 年）
　　⑤深町晋也「『一連の行為』論について」立教ロー 3 号（2010 年）
　　⑥日和田哲史「防衛行為の一体性について」上法 55 巻 2 号（2011 年）
　　⑦髙橋直哉「複数の反撃行為と過剰防衛の成否」駿河台 26 巻 2 号（2013 年）
　　⑧滝谷英幸「量的過剰とその周辺問題」早研 145 号（2013 年）
　　⑨仲道祐樹『行為概念の再定位』（2013 年）
　　⑩遠藤邦彦「量的過剰防衛」池田修＝杉田宗久編『新実例刑法［総論］』（2014 年）
　　⑪照沼亮介「過剰防衛と『行為の一体性』について」理論探究⑦
　　⑫松原芳博『行為主義と刑法理論』（2020 年）
　　⑬安田拓人「過剰防衛（量的過剰〔事後的過剰〕）」法教 496 号（2022 年）

　47）　これに対して、控訴審である高松高判令和元年 6 月 18 日（LEX/DB 25564009）は、第 3 行為についても防衛行為としての相当性が認められるなどとして、全体につき正当防衛の成立を肯定した。

4

錯誤における符合の限界

東京高等裁判所平成 25 年 8 月 28 日判決
平成 24 年（う）第 2255 号 覚せい剤取締法違反、関税法違反（認定罪名　関税
法違反）被告事件
高刑集 66 巻 3 号 13 頁／判タ 1407 号 228 頁

大 庭 沙 織

I　事案の概要

　被告人は、外国の空港から覚醒剤599.5 g が隠し入れられたボストンバッグを持って同空港発成田空港行きの航空機に搭乗し、成田空港に到着後、関税法が輸入してはならない貨物とする前記覚醒剤を携帯しているにもかかわらず、その事実を申告しないまま旅具検査場を通過して輸入しようとし、税関職員に前記覚醒剤を発見されたため、これを遂げることができなかったが、被告人においては、前記ボストンバッグの隠匿物はダイヤモンドの原石であると誤信していた。

　被告人は、覚醒剤取締法違反および関税法違反の罪で起訴された。第 1 審（千葉地判平成 24 年 11 月 5 日判タ 1396 号 377 頁）は、被告人が隠匿物を、輸入が規制されているダイヤモンド原石であると誤信していた可能性を排斥できず、覚醒剤輸入罪の故意があるとの証明はないから覚醒剤輸入罪は成立しないとし、関税法違反の点については、最決昭和 54 年 3 月 27 日（刑集 33 巻 2 号 140 頁＝**判例 1**）を引用しつつ、輸入してはならない貨物である覚醒剤を輸入する

---

1)　なお、当時の法令では「覚せい剤」とされていたが、本稿では、現在の法令用語に合わせ、引用部分を除き、法令名、罪名を含めて覚醒剤と表記する。
2)　審理経過について中井淳一「判批」刑弁 76 号（2013 年）125 頁以下。

罪（以下、「禁制品輸入罪」）（関税109条3項・1項・69条の11第1項1号）の構成要件と、ダイヤモンド原石を無許可で輸入する罪（以下、「無許可輸入罪」）（関税111条3項・1項1号・67条）の構成要件の重なり合いを認め、軽い後者の罪の未遂罪（関税111条1項・3号）の成立を肯定し、懲役10月を言い渡した。これに対して弁護人は、訴訟手続の法令違反と量刑不当のほか、①無許可輸入罪と禁制品輸入罪で構成要件の重なり合いは認められない、②**判例1**は、覚醒剤と麻薬という「類似する貨物の密輸入行為を処罰の対象とする限度」において例外的に構成要件の重なり合いを認めたものであり、対象物の物理的な形状や性質、その輸入にかかる社会的意義が異なる本件には適用できないと主張し、控訴した。

Ⅱ　判　旨

　控訴棄却。

　①について。「そもそも関税法は、関税の確定、納付、徴収及び還付と並んで、貨物の輸出及び輸入についての税関手続の適正な処理を図るための法律であり（1条）、税法であると同時に、貨物の輸出入に関する通関法としての性格を有するものであって、このような通関法としての輸出入の適正な管理を図るため、貨物の輸出入について、一般に通関手続の履行を義務づけている（67条）。そして、同法111条は、貨物の無許可での輸出入を処罰する規定であって、密輸出入犯に対する原則的規定であり、109条は、弁護人が指摘するとおり、本来、社会公共の秩序、衛生、風俗、信用その他の公益の侵害の防衛を目的とするものではあるが、これが関税法中に規定されたのは、公益の侵害の防衛という目的を達成するためには、公益を侵害する物品の輸入を禁止することが特に重要であり、かつ、その調査処分を、輸出入にかかる貨物について直接にその取締りの任にあたる税関職員に行わせるのが最も適当

---

3)　現在の関税法69条の11の見出しは「輸入してはならない貨物」となっているが、本稿では冗長さを避けるため、「輸入してはならない貨物」を、かつての関税定率法21条で用いられていた「禁制品」という語で表すこととする。

であると考えられたことによるものである。すなわち、111 条と 109 条は、いずれも関税法の目的の一つである貨物の輸出入についての通関手続の適正な処理を図るための規定であって、111 条が無許可での輸出入を禁止する密輸出入犯に対する原則的規定であり、109 条は、特に取締りの必要性が高い禁制品の密輸入につきその責任非難の強さに鑑み、特にこれを重く処罰することとした規定であると解することができる。また、確かに、111 条は、無許可の輸出入行為を処罰の対象としており、109 条は、許可の有無にかかわらず、禁制品の輸入行為を処罰の対象としている点で、対象となる行為の内容が異なるようにも見えるものの、禁制品の輸入が許可されることは通常あり得ないから、共に通関手続を履行しないでする貨物の密輸入行為を対象とする限度において犯罪構成要件が重なり合うものということができる。……そして、禁制品も輸入の対象物となるときは貨物であることに変わりがない。以上からすると、111 条の無許可輸入罪と 109 条の禁制品輸入罪とは、ともに通関手続を履行しないでした貨物の密輸入行為を処罰の対象とする限度において、犯罪構成要件が重なり合っているものと解することができる。」

②について。**判例 1** は、「関税法上は、覚せい剤を無許可で輸入する行為も禁制品である麻薬を輸入する行為も、貨物の内容が覚せい剤であるか麻薬であるかの差異にかかわらず、通関手続を履行しないでする貨物の密輸入行為を処罰の対象とする限度において犯罪構成要件が重なり合っていると判断したものであって、『類似する』とは必ずしも貨物の内容が類似していることを意味するものではなく、単に貨物の密輸入行為が類似していることを示したにすぎないものと解するのが相当である。そうすると、貨物に隠匿された内容物が、いずれも身体に有害な違法薬物であるか否か、物理的な形状が類似しているか否か、それを輸入することの社会的意義の同一性などといった事情は、ともに貨物の密輸犯取締規定である 111 条と 109 条の犯罪構成要件の重なり合いの判断に直接影響するものではない。」

III 解 説

1 問題の所在

本件では、無許可輸入罪の故意で禁制品輸入罪を実現したという抽象的事実の錯誤が問題となる。本判決以前にも無許可輸入罪の故意で禁制品輸入罪を実現したケースはあったが、いずれも**判例1**のように麻薬と覚醒剤という類似の薬物間の錯誤の事案であり、麻薬輸入罪と覚醒剤輸入罪の符合を前提に関税法上の禁制品輸入罪と無許可輸入罪の符合が認められていた。これに対して本件では、ダイヤモンドと覚醒剤という性質が全く異なる物質間の錯誤が問題となった点に特徴があり、**判例1**の射程が本件に及ぶかが争点となった。

判例1は、当時は無許可輸入罪の対象であった覚醒剤を輸入する意思で禁制品である麻薬を輸入した事案であり、麻薬輸入罪と覚醒剤輸入罪の取締目的および取締方式の共通性や麻薬と覚醒剤の薬理作用や外観の類似性から、両罪の構成要件の実質的な重なり合いを認めて、実現された麻薬輸入罪の成立を肯定するとともに、無許可輸入罪と禁制品輸入罪についても、両罪は「ともに通関手続を履行しないでした類似する貨物の密輸入行為を処罰の対象とする限度において、その犯罪構成要件は重なり合っている」として無許可輸入罪の成立を認めた。本件弁護人が主張したように、**判例1**の「類似する」はその直後の「貨物」にかかり、麻薬と覚醒剤の類似性を前提に符合を認めたようにも読めるが、本判決は貨物の密輸入行為の類似性を指すとし、貨物の内容の相違は両罪の符合を否定しないとした。

しかし、無許可輸入罪と禁制品輸入罪の間に符合を認めうるかについては争いがあり、両罪の趣旨や行為態様の共通性を検討する必要がある。そして、

---

4) 覚醒剤（覚醒剤原料を含む）は、平成元年の関税定率法の一部改正（平成元年3月31日法律第13号）により大麻とともに輸入禁制品に加えられるまで、輸入禁制品に当たらず、無許可輸入罪の対象であった。現在は関税法69条の11第1項1号に「輸入してはならない貨物」として規定されている。

両罪の構成要件的符合を認めるとしても、故意論の観点から、ダイヤモンド原石輸入の故意しかない者に対して、それとは社会的に見て大きく異なる覚醒剤輸入という実現事実について故意責任を問いうるか疑問の余地がある。

2　抽象的事実の錯誤における符合の基準

(1)　形式的符合

　抽象的符合説[5]は、異なる構成要件間の錯誤であっても、およそ犯罪を行う意思で犯罪を実現した以上故意は阻却されないとする。しかし、これは、故意の対象は構成要件該当事実であるという故意の構成要件関連性を否定し、「犯罪ごとの違法の質的な相違を一切否定する」ものであって妥当でない[6]。故意犯に対する法的非難は、実現した犯罪の「不法内容を主観的に認識した上で行為に出たという事実によって基礎付けられる[7]」から、その不法内容である構成要件該当事実の認識が必要である。そこで、通説は故意の構成要件関連性を要求し、認識した犯罪と実現した犯罪との間に構成要件的符合が認められる場合に故意犯の成立を認めている。

　犯罪間にどのような関係があれば符合が認められるかが問題であるが[8]、一方の構成要件が他方の構成要件に包摂される関係にある場合や、基本的構成要件と加重減軽関係にある場合のように、条文相互の関係で形式的な重なり合いが認められる場合に符合が認められることについて争いはない[9]。

　包摂関係にあるものとして、暴行罪・傷害罪と殺人罪（最判昭和25年10月10日刑集4巻10号1965頁）、暴行罪・脅迫罪と強盗罪・恐喝罪（大判大正元年11月28日刑録18輯1445頁）、窃盗罪と強盗罪（最判昭和25年7月11日刑集4巻7号1261頁）が挙げられ、加重減軽関係にあるものとして、殺人罪と〔旧〕尊属殺人罪（大阪高判昭和30年12月1日高刑特2巻22号1196頁）、同意殺人罪と殺人罪（東京高判

5)　牧野英一『日本刑法 上巻 總論〔増補版〕』231頁以下、宮本英脩『刑法大綱』（1935年）166-7頁、草野豹一郎『刑法要論』（1956年）93頁以下。
6)　井田⑥103頁。
7)　橋爪159頁。
8)　符合の限界について詳細に検討した近時の論稿として、小池⑦85頁以下。
9)　長井長信「判批」百選8版89頁、橋爪161-2頁参照。

昭和 33 年 1 月 23 日高刑特 5 巻 1 号 21 頁）、単純横領罪と業務上横領罪が挙げられる。

(2) 実質的符合

故意の構成要件関連性を厳格に解する形式的構成要件符合説は、上記のような形式的符合が認められる場合に限って符合を認める[10]。これに対して、通説は、構成要件は条文それ自体ではなく、「条文の構造や文言それ自体が構成要件の符合を否定する決定的な理由にはなり得ない[11]」ことから、形式的符合が認められる場合に限らず、構成要件が実質的に重なり合っているといえる場合にも符合を認める。判例も、虚偽公文書作成罪と公文書偽造罪（最判昭和 23 年 10 月 23 日刑集 2 巻 11 号 1386 頁）、麻薬輸入罪と覚醒剤輸入罪（**判例 1**）、麻薬所持罪と覚醒剤所持罪（最決昭和 61 年 6 月 9 日刑集 40 巻 4 号 269 頁）との間で符合を認めている。

実質的符合の基準については、法益の共通性を基準とする見解や、法益の共通性と行為態様の共通性を基準とする見解があるが、各犯罪の法益や行為態様の理解の相違によっても結論が異なってくる。例えば、死体遺棄罪と殺人罪・遺棄罪[12]や、窃盗罪と詐欺罪[13]の間に符合が認められるか争いがある。

3 無許可輸入罪と禁制品輸入罪の符合

(1) 本判決および肯定説

本判決およびこれを支持する見解は、無許可輸入罪が基本類型であり、禁制品輸入罪は貨物が禁制品の場合を特に重く処罰する加重類型であると解さ

---

10) 松宮 193 頁以下、浅田 333 頁等。ただし、同説は、「見せかけの構成要件要素」の理論によって、一見排他関係にあるように見える犯罪の構成要件間にも符合を認め、例えば、占有離脱物横領罪の「占有を離れた」は窃盗罪との限界を設定する要素であって非構成要件要素であるとし、両罪は占有離脱物横領罪の限度で重なり合うとする。

11) 橋爪 162 頁。

12) 符合を否定する見解が支配的であるが、符合を肯定する見解として藪中悠「人の生死に関する錯誤と刑法 38 条 2 項」法時 91 巻 4 号（2019 年）93 頁以下など。

13) 名古屋地判平成 20 年 12 月 18 日（公刊物未登載）は符合を肯定した（森田昌稔「判批」研修 761 号（2011 年）82 頁以下参照）。キャッシュカードすり替え型の特殊詐欺の事案でも、共犯者の錯誤が問題になりうる。

れるから、両罪の間には形式的符合が認められるとする[14]。その根拠としては、まず、両罪が通関手続きを回避する行為を処罰する趣旨である点で共通していることが挙げられる[15]。無許可輸入罪の趣旨は、税関が貨物の輸出入に関する諸法令の規定による許可、承認等の確認を行う通関手続を回避する行為を処罰することにある[16]。通関手続は、輸出入をコントロールすることで「諸法令による輸出入規制の実効性を確保する」ものであるが、「諸法令上の規制」の目的[17]と無許可輸入罪の処罰根拠との間に「直接の関係はな」い[18]。これに対して、禁制品輸入罪の趣旨は、社会公共の秩序、衛生、風俗、信用その他の公益の侵害を防衛することにあるとされているが[19]、輸出入禁止の根拠がそれぞれ異なる貨物を客体とする禁制品輸入罪が関税法に規定されているのは「これらの貨物の輸入を禁止することが一般的に特に重要であり、かつ、一般輸出入貨物について現物に即して直接にその輸出入の取締りの任にあたる税関職員をして調査処分せしめることが最も適当であるため[20]」ということから、上記侵害の防衛という目的を達成するために「貨物の流入を通関線によって阻止[21]」することにあり、処罰根拠は無許可輸入罪と共通であると解すべきであるとする。

　さらに、禁制品については輸入の申告をして許可を得て輸入することは「理屈上あり得ず[22]」、禁制品輸入は常に通関手続を履行しない貨物の輸入である

14)　佐藤①157頁、前田③31頁。ただし、西田（橋爪補訂）251頁は、本判決は実質的符合を認めたものであると解する。両罪の関係について最判昭和54年5月10日（刑集33巻4号275頁）の戸田弘裁判官補足意見、岡次郎「判解」最判解昭和54年度44頁も参照。

15)　佐藤①156頁、長井②156頁、樋笠⑤379頁、橋爪169頁注(68)。

16)　大蔵省関税研究会編『関税法規精解（上)』（1992年）568頁以下参照。

17)　例えば、ダイヤモンド原石の輸出入が規制されているのは、ダイヤモンドの不正取引が世界各地の紛争の資金源になっているためである（経済産業省「ダイヤモンド原石の輸入について」（https://www.meti.go.jp/policy/external_economy/trade_control/01_seido/03_law/download_yunyu/20190701_tsutatsu_2-2_daia-mondo.pdf：2021年12月28日最終閲覧）参照）。

18)　佐藤①156頁。

19)　大蔵省関税研究会・前掲注(16)834頁。

20)　大蔵省関税研究会・前掲注(16)834頁。

21)　佐藤①156頁。

22)　佐藤①156頁。

から、両罪は「『通関手続を回避した貨物の輸入』という限度で重なり合っている」と解される。[23]

(2) 否定説

これに対して本判決を批判する見解は、まず、無許可輸入罪の実行行為は、「許可を受けない」という不作為であるのに対し、禁制品輸入罪の実行行為は「輸入する」という作為であることから、形式的な重なり合いは認められないとする。[24]

さらに、無許可輸入罪の保護法益と禁制品輸入罪の保護法益は異なるから、保護法益の共通性の範囲内で故意の実質的符合を認める立場を前提としつつ、両罪の符合を否定する見解もある。[25] この見解は、無許可輸入罪は通関手続の回避を処罰するものであって「通関手続の適正な処理」[26]を保護法益とするのに対して、禁制品輸入罪は「社会公共の秩序、衛生、風俗、信用その他の公益の侵害」の防衛を目的とするものであって、「社会公共の秩序、衛生、風俗、信用その他の公益」を保護法益とすることから、両罪の保護法益との共通性は認められないと説くのである。[27]

4 検 討

(1) 無許可輸入罪と禁制品輸入罪の関係

以上見てきたように、肯定説と否定説の対立点は、禁制品輸入罪の保護法益および両罪の行為態様の理解にある。

禁制品輸入罪の保護法益については、関税法 69 条の 11 が、禁制品輸入罪の客体として全く異なる性質の物を列挙しており、客体間の相違およびそれらの輸入による実質的な害の相違は、禁制品輸入罪においては重視されてい

---

23) 佐藤① 157 頁。樋笠⑤ 378 頁も同旨。
24) 金子④ 70-1 頁。高橋則夫「犯罪論における『構成要件の重なり合い』の規範的・機能的分析」西田献呈 6 頁は、無許可輸入罪の実行行為は「許可を受けないという不作為と輸入するという作為との複合形態」であり、その「『不作為と作為』を切り離すことはできない」として、禁制品輸入罪の実行行為との共通性を否定する。
25) 高橋・前掲注(24)7 頁。
26) 高橋・前掲注(24)7 頁。
27) 高橋・前掲注(24)7 頁。

ないように思われる。やはり、肯定説のように、税関職員に検査を行わせて禁制品の輸入を水際で阻止するという点が本罪においては重要であり、その処罰根拠は無許可輸入罪と同様に通関手続の回避にあると理解するのが妥当であろう。否定説のように禁制品輸入罪の処罰根拠を「社会公共の秩序、衛生、風俗、信用その他の公益の侵害」そのものと理解すると、その物の輸入による実害を直接的に処罰根拠とする諸法令上の輸入罪（例えば麻薬輸入罪や覚醒剤輸入罪）も禁制品輸入罪とともに成立しうることの説明が困難となる。

　また、否定説が無許可輸入罪の保護法益と禁制品輸入罪の保護法益とは異なるとするのは、禁制品輸入罪についてはその刑事犯的性格を重視するから[28]であるが、そうするならば無許可輸入罪についてもその刑事犯的性格や規制の趣旨を重視するのが一貫しているはずである。確かに、無許可輸入罪の趣旨は本来、「関税行政上の秩序を維持し、関税の徴収を確保し、かつ、貿易統計上の正確を確保するところにあ」り、「一種の秩序犯を処罰する規定であった」が、戦後、「密輸出入犯が、その性質において一般刑事犯的傾向を帯び、……罰則は強化され[29]」たのであるから、無許可輸入罪も刑事犯的性格を有するのである。また、無許可輸入罪の客体にも様々な物が含まれ、それらの輸入は禁制品の輸入と同様、実質的には、「社会公共の秩序、衛生、風俗、信用その他の公益の侵害」をもたらすといえよう。このように考えれば、仮に、禁制品輸入罪の刑事犯的性格を重視する立場をとっても、やはり禁制品輸入罪と無許可輸入罪の趣旨および保護法益の共通性を肯定するという結論に至るように思われる。

　否定説は、無許可輸入罪と禁制品輸入罪とは行為態様の点でも重なり合わないとするが、禁制品を輸入するためには通関手続を回避しなければならないのであって、その「輸入行為」の中には「通関手続の不履行[30]」という不作為が含まれていると見ることができよう。

---

28)　金子④ 70 頁。
29)　大蔵省関税研究会・前掲注(16)850 頁。
30)　橋爪 169 頁注(68)。

（2）符合の限界

　以上検討してきたように、無許可輸入罪の構成要件と禁制品輸入罪の構成要件とは重なり合うと解するのが妥当であり、抽象的事実の錯誤の問題を構成要件の解釈の問題であるとしてきた従来の議論によるならば、本件において故意は阻却されないことになろう。

　しかし、抽象的事実の錯誤が故意犯の成否に関わる問題である以上[31]、行為者に故意責任を負わせることが妥当か、また、故意とは何かという主観的な側面からも検討する必要がある[32]。抽象的事実の錯誤において、罪質符合説が法律の「非専門家である犯人の意思」[33]を、規範的符合説が、「行為規範違反が認められるための素人的認識」[34]を問題とする点は妥当であるといえよう。もっとも、これらの見解は、構成要件該当事実の認識を不要とする点で批判されている。確かに、犯罪の故意があるとして主観的責任を問うためには、法が犯罪として処罰することを予定している構成要件に該当する事実の認識が必要であると解すべきである。しかし、その一方で、故意が行為者の実際の心理状態であり、行為者が自己の行為の侵害性を認識しつつ行為をすることを自ら選択し、規範を突破した点に故意犯に対する強い非難が向けられることに鑑みると、法の専門家ではない一般人である行為者の視点から見た行為の意味もまた重要ではないだろうか。

　無許可輸入罪と禁制品輸入罪では、法的に重要なのは「輸入が規制されている物」「輸入が禁止されている物」という属性であって、客体それぞれの物質の実質的な性質ではない。しかし、法的な視点を持たない行為者にとっては、自己の行為の意味として「ダイヤモンド原石の密輸入」という事実が重

31）　抽象的事実の錯誤において符合が問題となっている犯罪間に符合が認められるかどうかは、それらの罪の故意としてどのような認識を要求するかという故意そのものの理解にとっても重要な意義を有する。覚醒剤取締違反の罪における覚醒剤の認識は「覚せい剤を含む身体に有害で違法な薬物類」の認識で足りるとした最決平成2年2月9日（判時1341号157頁）は、覚醒剤輸入罪と麻薬輸入罪の符合を肯定した**判例1**と整合性を有すると評価されている（山口厚「判批」百選3版83頁、井田良「判批」判時1367号（1991年）216頁参照）。
32）　一原亜貴子「抽象的事実の錯誤—薬物所持事件—」刑法の判例117頁。
33）　西原春夫「刑法における錯誤の理論〔総論〕」法セ329号（1982年）18頁。
34）　井田⑥108-9頁。

要なのであり、客体の物質的な性質は行為の意味を判断する重要な要素となるはずである。行為者が認識しうる自己の行為の侵害性とは、ダイヤモンド原石を密輸入することによって不当な経済的利益を得る（あるいは、依頼主に得させる）ことであって、「覚醒剤の密輸入」から想起される保健衛生上の危害ではない。行為者にとっては、両行為の侵害性は質的に全く異なるものであろう。本件において、覚醒剤輸入行為について軽い無許可輸入罪とはいえ故意犯の成立を認めるならば、覚醒剤輸入行為について「わざとやった」として故意責任を負わせることになるが、それは行為者にとって「納得可能なもの」[35]ではないのではないか。行為者が、実は自身が認識した物とは全く異なる物を輸入していたならば、「その物を輸入するという行為に出ることを行為者自ら選択し、それをしてはならないという規範を突破した」という評価はおよそ納得可能性を欠くものであり、故意責任を問うべきではないように思われる。[36]

　行為者の納得可能性を考慮するといっても、あらゆるケースにおいて一般人の感覚のみを基準にして符合を判断すべきだということではない。行為の社会的意味の違いがもたらす行為者の意識に働きかける性質の違いに、法的観点からも意義が認められる錯誤に限るべきであろう。その限界を画する一般的な基準を具体的に示すことは難しい課題であるが、無許可輸入罪と禁制品輸入罪の目的は、通関手続の機能や両罪の趣旨に鑑みれば両罪の保護法益に直接還元しえないとしても、究極的には、輸入規制物品や禁制品の密輸入によってもたらされる実害を防ぐところにあるから、その物の輸入がもたらす実質的な害の内容や社会的意義、それらが由来するその物の性質は法的観

---

35)　「刑罰は、被害者や国民一般のみならず、現実に刑罰を科される行為者にとっても納得可能なものでなければならない」（松原 11 頁）。故意責任を認め、故意犯として重く処罰するにも行為者の納得可能性が必要である。

36)　なお、錯誤の事案ではないが、千葉地判令和 3 年 4 月 13 日（LEX/DB25569244）は、「本件スポーツバッグの中に、税関検査等で見つからないようにして日本に持ち込まなければならない何らかの物品が入っているかもしれないとの認識」で無許可輸入未遂罪の故意を肯定した。このような認識があれば「何らかの侵害性の認識」があったといえるであろうが、侵害性の認識としてはあまりに漠然としており、この程度の認識で故意責任を認めることに納得可能性があるかは疑問である。

点からも意義があると思われる。

　ただし、このように考えるならば、輸入する物についての錯誤が無許可輸入罪と禁制品輸入罪とにまたがる場合だけでなく、それぞれの犯罪の同一構成要件内における錯誤の場合であっても、認識した貨物と実際に輸入した貨物との性質が全く異なるときには故意を阻却するという結論をとるべきことになるであろう。もっとも、このような問題が生じるのは、無許可輸入罪や禁制品輸入罪のように、行為の実質的な侵害の質に相違をもたらすような全く性質の異なる客体を同一条文内で包括的に規定しているような例外的な犯罪の場合に限られよう。[37]

【参考文献】
　本件の解説・評釈として
　　①佐藤拓磨「判批」刑ジャ40号（2014年）
　　②長井長信「判批」平成26年度重判解
　　③前田雅英「判批」捜研766号（2014年）
　　④金子博「判批」近法63巻1号（2015年）
　　⑤樋笠尭士「判批」新報122巻3＝4号（2015年）

　抽象的事実の錯誤について
　　⑥井田・構造
　　⑦小池直希「故意の認識対象と符合の限界（2・完）―構成要件の故意規制機能を手がかりに―」早法96巻1号（2020年）

---

37)　なお、**判例1**のように無許可輸入罪に当たる覚醒剤を輸入する意思で禁制品輸入罪に当たる麻薬を輸入したという場合は、覚醒剤と麻薬はともに保健衛生上の危害をもたらすものであって、一般人が認識する害としても共通性が認められるから、故意を阻却せずに軽い無許可輸入罪の成立を肯定した**判例1**の判断は支持できる。

5

被害者の同意と錯誤
──自殺ごっこ事件──

札幌高等裁判所平成 25 年 7 月 11 日判決
平成 25 年（う）第 19 号 傷害致死（原審認定罪名刑法 202 条後段）被告事件
高刑速（平 25）号 253 頁

天 田 　 悠

I 　 事 　 案

　A は、X に対し、自身の頸部を絞めつけたうえで、顔面を浴槽の水のなか
に沈めるよう嘱託した。A は、嘱託した行為によって自らが死亡することを
認識し、死んでも構わないと考えていた。X は、A からの嘱託を殺害ではな
く傷害の嘱託であると理解し、A が死亡することはないとの認識のもと、同
人に対し、その頸部を 2 回にわたり、合計約 2 分半、バスローブの帯で絞め
つけたうえ、浴槽の水中にその顔面を沈める暴行（以下「本件行為」とする。）を
加え、よって A を窒息死させた。

　なお、本件行為に及ぶ 3 か月ほど前に、A は、X に対し、自分はモデルで
あり、芸能事務所の副社長であると偽って X にモデルにならないかなどと
スカウトした。X はこれを信じ込み、モデルになろうと考えるようになった。
A は、X がモデルになるにあたり、ある海外の会社が X のモデルデビューを
妨害しようとしているなどと嘘を告げ、その会社の妨害を排除するためには、
X と A が心中して死亡したと思わせる必要があるから、その偽装心中（A 曰
く「自殺ごっこ」）の様子を撮影しようと提案した。その際、A が実際に気絶す
るくらいのことをしなければならないが、スタッフによる救命態勢が整って
いるので、生命に危険が及ぶ事態が生じればすぐに助けが入って救命措置を

講じる手はずになっているなどと嘘を述べた。Xは、これらの嘘も信用して本件行為に及んだ。

　以上の事実につき、原判決（札幌地判平成24年12月14日判タ1390号368頁）は、以下のように判示してXに嘱託殺人罪（202条後段）の成立を認め、懲役1年2月（執行猶予3年）を言い渡した。

　「人から、その人を殺害する嘱託を受けて、その人を殺害したときには、行為者には嘱託殺人罪が成立し、その法定刑は6月以上7年以下の懲役又は禁錮である。同じく、人から、その人を殺害する嘱託を受けて、しかし、暴行または傷害の故意で、その人に対して暴行を加え、結果としてその人を死亡させた場合（以下、このような事例を『嘱託傷害致死類型』と呼ぶ。）は、一見すると、行為者に傷害致死罪が成立するようにも思える。しかし、そのように解すると、傷害致死罪の法定刑は3年以上の有期懲役であるから、殺意がない場合の方が、殺意がある場合よりも、かえって重い法定刑を前提として処罰されることになる。嘱託傷害致死類型についてのみ酌量減軽をしても、処断刑は1年6月以上10年以下であるから、なお、殺意がない場合の方が殺意ある場合よりも処断刑が重いという不合理は解消されない。」

　「そもそも、傷害致死罪を定める刑法205条は、その法定刑に照らすと、被害者が自らの殺害行為を嘱託した場合を想定していない」。すなわち、「205条は、『被害者が自らの殺害行為を嘱託していないこと』を書かれざる構成要件要素としている」。「そして、嘱託傷害致死類型は、文理上、刑法202条後段が定める『人をその嘱託を受け…殺した』場合に該当するから、同条が適用される。『殺した』との文言は、日常用例に照らし、殺意がない場合をも含みうる」。「結局、嘱託傷害致死類型には、傷害致死罪は適用されず、刑法202条後段のみが適用される」。「本件についてみると、……Xは、重い傷害致死罪の故意で、客観的には軽い刑法202条後段の罪に該当する事実を実現したのであるから」、「本件に適用されるべき罰条は、軽い刑法202条後段のみである」。

　Xが、スタッフによる救命態勢が整っていたと誤信した点につき、「被害者が死の結果をもたらす行為を嘱託した場合に違法性が阻却されるか否か

は、単に嘱託が存在するという事実だけでなく、嘱託した行為の生命侵害の危険性の程度、被害者が行為者を行為に及ばせた経緯など諸般の事情を照らし合せて決すべきものである。加えて、違法性阻却事由の錯誤が問題となる場合には、上記諸般の事情の存否については、誤信した事実を含め、行為者の認識に従って判断する必要がある。」本件についてみると、Xには、「本件行為は、……救命態勢が必要となるほどの、一歩間違えればAの生命を脅かす可能性がある危険性の高い行為であるという認識があったと認められる」から、「違法性阻却事由の錯誤による故意の阻却は認められない。」

　これに対し、検察官・Xの双方が、事実誤認・法令適用の誤り等を理由として控訴した。

II　判　旨

破棄自判

　札幌高裁は、原判決を破棄し、次のように判示してXに傷害致死罪（205条）の成立を認め、懲役2年（執行猶予4年）を言い渡した。

　「刑法は、『第26章　殺人の罪』に殺人罪と並んで嘱託殺人罪を規定し、同じ『人を殺した』との文言を用いており、他方、傷害致死罪については、『第27章　傷害の罪』の中に規定し、『人を死亡させた』との文言を用いているのであって、このような各規定の体系的位置や文言……からみても、刑法202条後段の『人を殺した』との文言は、同法199条と同じく、殺意のない場合を含まないと解すべき」である。

　「本件行為も含めて、被害者による殺害行為の嘱託が存在する場合に、暴行又は傷害の故意で嘱託された行為に及び被害者を死亡させたという行為類型が傷害致死罪に含まれると解したとしても、当該事案の情状に鑑み酌量減軽をして当該行為の違法性及び責任の程度に見合った適正妥当な刑を導くことができるのであり、傷害致死罪について酌量減軽をしても処断刑の下限を懲役1年6月までしか下げることができないことが原因で、嘱託傷害致死類型のうち、嘱託殺人罪に該当する行為と比較して違法性及び責任の程度が明ら

かに軽い行為を、より重い刑で処罰せざるを得なくなるといった処断刑の不
合理があるとはいえない。」

Ⅲ　解　説

1　問題の所在

　本件は、Aから、その頸部を締めつけたうえで、顔面を水中に沈めるよう
嘱託されたXが、Aが死ぬことはないとの認識で嘱託された行為を実行し
たところ、予想に反しAが死亡した事案である。原判決は、嘱託殺人罪（202
条後段。以下、承諾殺人罪とあわせて論じるときは「同意殺人罪」とする。）の成立を認
めたが、本判決は原判決を破棄し、傷害致死罪（205条）の成立を認めた。本[1]
件の特徴は、被害者に死ぬことへの同意がある一方で、行為者には死の認識・
認容が欠けていた点にある。

　本件では、まず、①同意の効果を認めるために、被害者が同意しているこ
とを行為者が認識していることを要するか、②同意傷害はどの範囲で可罰性
が認められるかが前提問題となる。そのうえで、③本件行為に適用される罰
条は何かが問題となる。この③は、法定刑の不均衡の問題を背景とする。最
後に、④原判決の争点整理からは、Xが傷害（致死）罪の故意で、客観的には
同意殺人罪に該当する事実を実現した点をどのように評価するか、も問題と
なる。

2　同意の認識の要否（問題①）

　同意が被害者に存在するのに、行為者がその同意を認識していなかった場
合をどう考えるか。これは、「同意の認識の要否」と呼ばれる問題である。
　この問題を扱う下級審判例として、同意殺人に関する大阪高判平成10年7
月16日（判時1647号156頁＝**判例1**）がある。この判決は、風俗店に勤務してい

---

1)　最決平成27年1月21日（LEX/DB25506125、三代川邦夫「判批」学習院大学大
　学院法学論集23号（2016年）9頁参照）も、本判決の判断を是認している。

た被告人が、被虐趣味をもつ被害者に気に入られ、その指名により被害者宅に度々派遣され、同人の求めに応じて下腹部を手拳で殴打するプレイを行っていたところ、これに飽き足らない被害者から、現金800万円と引き換えに下腹部をナイフで刺してくれるよう執拗に依頼され、結局これを引き受け、被害者の下腹部をナイフで1回突き刺し殺害した事案に関する判決である。大阪高裁は、行為者は死の結果に関する同意の認識を欠いているが、客観的に真意に基づいて死の結果に関する同意が存在する以上、たとえ行為者がこれを認識していなかったとしても同意殺人罪が成立する、と判示した。

　同意殺人罪における同意の認識をめぐっては、学説上、ⓐ同意殺人罪説、[2] ⓑ殺人未遂罪説、[3] ⓒ殺人既遂罪説 [4] が主張されている。ただし、各見解が立脚する理論的立場や理由づけは、一様ではない。同意殺人罪が殺人罪に比べて軽い根拠が、被殺者の同意による違法減少にあるとすれば、同意が客観的に存在する以上、行為者がそれを認識していなくても違法減少は認められるであろう。このように解するのであれば、同意殺人罪の成立は肯定される。[5] この議論は、同意一般の認識の要否にも及ぼすことが可能であろう。

　もっとも、このような理解からは、**判例1** の立場が、防衛の意思必要説に立つ判例（最判昭和50年11月28日刑集29巻10号983頁等）と整合するかには疑問の余地もあろう。[6] しかし、個々の正当化事由の本質を考慮することで、主観的正当化要素の要否を決定するという立場 [7] からは、防衛の意思をめぐる議論にこだわらず、行為者の側で同意の存在を認識している必要はないと解することができよう。かかる理解からは、同意の認識の要否との関連では、同

---

2)　内藤（中）595頁、大塚仁『刑法概説（各論）〔第三版増補版〕』（2005年）22-3頁、曽根威彦『刑法各論〔第5版〕』（2012年）15頁等。

3)　平野Ⅱ250-1頁、中森喜彦『刑法各論〈第4版〉』（2015年）12頁、井田良『講義刑法学・各論〔第2版〕』（2020年）40頁等。

4)　内田（文）165頁注(6)。

5)　佐伯仁志「判批」平成10年度重判解153頁。

6)　嘉門⑩133頁。安田拓人ほか『ひとりで学ぶ刑法』（2015年）139頁〔島田聡一郎〕も参照。

7)　深町晋也「主観的正当化要素について」刑法44巻3号（2005年）21頁。詳細は、同「主観的正当化要素としての同意の認識の要否」岡法51巻4号（2002年）77頁以下参照。

意殺人罪の成立可能性は排除されない。

3　同意傷害の可罰性 （問題②）

次に、傷害罪における同意にどこまで違法性阻却の効果を認めるか、という問題も生じる。

この問題に関する判例として、最決昭和 55 年 11 月 13 日（刑集 34 巻 6 号 396 頁＝**判例 2**）がある。本件で最高裁は、「単に承諾が存在するという事実だけでなく、右承諾を得た動機、目的、身体傷害の手段、方法、損傷の部位、程度など諸般の事情を照らし合わせて決すべき」であると判示した。本判決も、**判例 2** の枠組みを踏襲している。

同意傷害の可罰性に関する学説は、行為無価値論からのアプローチと結果無価値論からのアプローチとに大別できる[8]。前者では、「当該行為は社会的に相当か否か」が基準となり、被害者の同意を判断の一要素とし、そのほかの諸事情（行為の目的・手段・方法・態様等）も取り込みながら判断を行うことになる（社会的相当性説）。**判例 2** は、この立場と親和的といえる。後者には、生命に危険の及ぶ傷害と重大な傷害を可罰的とする見解（重大な傷害説）、生命に危険の及ぶ傷害のみを可罰的とする見解（生命危険説）、同意傷害は現行法上すべて不可罰とする見解（不可罰説）が含まれる。

以上のうち、どの見解を支持するかは検討を要するが、少なくとも本件との関係では、不可罰説以外からは、本件行為の違法性を阻却することは困難であろう。

4　適用される罰条 （問題③）

(1)　問題の所在・再論

原判決が本件行為に 202 条を適用したのに対し、本判決は、205 条を適用している。たしかに、生命に危険の及ぶ同意傷害に関し、**判例 2** に従って傷

---

8)　佐藤陽子「被害者の同意」刑法の判例 45 頁以下が引用する文献を参照。詳細は、塩谷毅『被害者の承諾と自己答責性』（2004 年）126 頁以下、佐藤陽子『被害者の承諾』（2011 年）266 頁以下等参照。

害罪の成立を認めるのであれば、そこから死亡結果が発生すれば、傷害致死罪の成立を認めるのが自然なようにも思える。しかし、傷害致死罪の成立を認めると、殺害への同意がある事案で、殺意があるときは同意殺人罪（202条：6月以上7年以下の懲役）が成立するのに対し、殺意がないときは傷害致死罪（205条：3年以上の有期懲役）が成立することになり、殺意があるときよりも法定刑が逆に重くなってしまう。そこで、こうした逆転現象にどのように対処するかが問題となる。

(2) 202条を適用する見解 （原判決）

上記現象を回避するため、原判決は、「嘱託傷害致死類型」を措定したうえで、嘱託殺人罪の成立を肯定した。[9] この見解は、205条の解釈と202条の解釈という2段階の構成をとる。原判決によると、205条は、嘱託傷害致死類型を含んでおらず、「被害者が自らの殺害行為を嘱託していないこと」が同条の書かれざる構成要件要素である。そのうえで、原判決は次のようにいう。嘱託傷害致死類型は、202条が定める「人をその嘱託を受け……殺した」場合に該当し、同条が適用される。「殺した」という文言は、殺意がない場合をも含みうる。それゆえ、本件のような嘱託傷害致死類型には202条を適用すべきである、と。

しかし、多くの学説はこの見解に批判的である。[10] たしかに、刑法は殺意の有無で文言を区別しているのだから（199条の文言は「殺した」であり、205条の文言は「死亡させた」である。）、202条の「殺した」という文言も、殺意のある場合を含むと解すべきであろう。「殺した」という文言に殺意のない場合をも含ませることは、やはり無理がある。加えて、202条が199条の特別規定であるとすれば、199条と同じように「殺した」という文言を解釈しなければならないだろう。原判決の文言解釈は、他の条文への波及効果が大きく、被告人に有利な解釈とはいえ、罪刑法定主義の見地からみて問題がある。

---

9) この見解を支持するのは、若尾⑦106頁である。
10) 丸山雅夫『刑法の論点と解釈』（2014年）160頁以下、前田③39頁、安達④164頁、三代川・前掲注(1)16頁等。久木元伸「判批」研修786（2013年）23頁も参照。これに対し、嘉門⑥160頁は、「絶対に否定されるべきとまではいえない」とする。

(3)　205 条を適用する見解（本判決）

本判決は、原判決の解釈には無理があり、202 条の「体系的位置や文言に反する」として、205 条の適用を認めている[11]。傷害への同意がある事案で、一定の場合に傷害罪の成立を認めるのが、**判例 2** の立場である。こうした立場からは、「205 条（傷害致死罪）は嘱託傷害致死類型をも含む」と解するのが自然な理解である。そのため、大阪家決平成 23 年 6 月 3 日（刑弁 71 号 98 頁）[12]と同様、本件行為には、205 条を適用するしかない。

そこで、本件行為に傷害致死罪の成立を認めたうえで、その処断刑につき、同意殺人罪との不均衡を可能な限り回避することが考えられる。以下、上限の問題と下限の問題に分けて検討する。

まず、上限の差に関しては、そもそも不合理とはいえないとの指摘がある[13]。すなわち、205 条は、被害者の殺害への嘱託・同意がある場合とない場合を含む規定であり、202 条は、殺害への嘱託・同意がある場合のみを含む規定であると解すれば、同意のない場合を含む分、205 条の方が法定刑の上限が重い。そのため、上限の差が生じることは不合理でないという。加えて、学説では、202 条が予定する 7 年の懲役を上限に、傷害致死罪を適用し、これを超えて処断しえない形で制限をかけるという解決[14]も示されている。

次に、下限の差であるが、本判決は以下の理由から、傷害致死罪を適用しても適正な刑を科すことができるとする。すなわち、傷害致死罪は、酌量減軽をしても処断刑の下限を懲役 1 年 6 月までしか下げられない。一方、同意殺人罪の法定刑の下限は、懲役または禁錮 6 月である。しかし過去、被告人を宥恕すべき事案ですら、懲役 1 年 6 月を下回る量刑がなされた事例はない。例えば、実兄にくり返し殺害を依頼されやむなく殺害に及んだ事例で、被告人は懲役 3 年ないし 4 年の実刑に処せられている。介護疲れ殺人のような動

---

11)　この見解を支持するのは、門田⑤ 113 頁、菅沼② 434 頁、田中⑨ 99 頁等である。

12)　ただし、刑事裁判の量刑と異なり、少年審判の保護処分決定は、基本的に法定刑・処断刑の枠にとらわれる必要がないという（斉藤豊治「判批」刑弁 71 号（2012 年）101 頁）。

13)　田中優輝「判批」セレクト 2013［I］31 頁。

14)　門田⑤ 113 頁、小林 155 頁、井田・前掲注(3)41 頁等。東京高判平成 11 年 3 月 12 日（判タ 999 号 297 頁）も参照。

機や経緯に相当酌むべき事情がある事案ですら、執行猶予付きとはいえ、被告人は懲役2年6月ないし3年の刑に処せられている。少なくとも、懲役1年6月を下回る量刑がなされることは、例外的といえる。翻って本件で、被告人をとくに宥恕すべき事情は認められないため、本件行為を傷害致死罪で処罰しても不都合は生じない、と。

　学説には、本判決の解決を支持する見解もある。これによると、202条は死亡結果への寄与が少ない犯罪類型（自殺教唆・幇助）もあわせて規定しているため、法定刑が低い。それゆえ、形式的な不均衡だけをみて、原判決のように無理のある解釈を行う方が問題だという。[15]一方、本判決の解決には、不均衡の可能性を残す点で救済策として問題があるとの批判や、下限の不均衡は量刑では解消できないとの批判[16]も向けられている。

（4）204条を適用する見解

　学説には、本件行為には傷害罪が成立するにとどまるとの見解[17]もある。この見解の目的意識は、被害者が殺害に同意している以上、行為者に致死の責任まで負わせるべきでない、という点にある。

　例えば、ある見解は、傷害致死を、故意による傷害の部分と過失による致死の部分とに分解したうえで、次のようにいう。まず、故意傷害に同意があった場合は、**判例2**を前提とする限り、被害者の同意による違法性阻却は困難である。そのため、故意による傷害の部分には、傷害罪の成立を認めるほかない。次に、過失致死（傷）に同意があった場合は、故意犯と同様、過失犯にも同意の効果に対する制約は及ぶとの理解もありうるが、この場合は、故意犯と異なり、過失犯に同意の効果に対する制約は及ばないと解すべきである。このような理解からは、被害者の同意により過失致死（傷）罪は成立しない。それゆえ、本件行為には傷害罪が成立するにとどまる、と。[18]

　この見解は、殺人・傷害が故意に行われる場合と過失により行われる場合

---

15)　田中⑨93-4頁。
16)　嘉門⑥162頁等。深町⑧159頁も参照。
17)　林①5頁。松原263頁注(43)も参照。神元隆賢「判批」北園50巻2号（2014年）168頁は、本件を、AがXを「道具」として利用し自殺を実現した事案とみる。
18)　以上につき、林①4-5頁参照。

では、生命・身体への尊重要求に抵触する態様が異なるとの前提から、故意による傷害・殺人には同意の効果に対する制約を認める一方、過失による傷害・殺人には同意の効果に対する制約を認めない。被害者が自己の法益を危険にさらす自由も、自己決定権の一表現として尊重されるというのである[19]。

　もっとも、この見解に対しては、故意の傷害行為が有する具体的危険が現実化したものである以上、傷害致死を（故意による）傷害の部分と（過失による）致死の部分に分断したうえで、後者だけを正当化できるか否かが疑問視されている[20]。加えて、生命に対する強い保護を要請している現行法の立場からすると、故意の場合であれ過失の場合であれ、同意の効果に対する制約は及ぶのではないか、という疑問が払拭できない。そうである以上、たとえ被害者の同意があろうとも、（過失による）致死の部分を正当化することは難しいであろう。

(5)　不可罰とする見解

　以上に対し、本件行為に 202 条、204 条、205 条は適用できず、不可罰になるとの見解も考えられる。現に、原判決の弁護人はそのように主張していた。この主張の出発点は、同意傷害不可罰説（前掲 3 参照）であると思われる。すなわち、殺人罪の例外規定として同意殺人罪があり、これと同じ理を 205 条に及ぼせば、傷害致死罪の例外規定として同意傷害致死罪を規定すべきことになる。しかし、同意傷害致死罪は現行法上存在しないため、素直に考えれば何の犯罪も成立しない。

　この見解には、たしかに、理論的に傾聴に値するものが含まれている。しかし、現行法の生命尊重という観点からすると、本件のような生命に直接関わるような傷害の違法性を否定することは困難であろう。そうすると、本件行為には、傷害致死罪の成立を認めざるをえないように思われる。

---

19)　田中優輝「被害者の同意に基づく行為の可罰性」刑法 59 巻 2 号（2020 年）13 頁。詳細は、同「被害者による危険の引受けについて（5・完）」論叢 174 巻 5 号（2014 年）102 頁参照。

20)　田中⑨ 90 頁。

5　抽象的事実の錯誤（問題④）

　本件では、客観的には嘱託殺人罪の構成要件が充足されているにもかかわらず、主観的には殺意がないとして傷害致死罪が成立している。この点をとらえて、原判決は、本件を「抽象的事実の錯誤」の事案として整理している。[21]

　原判決は、傷害致死罪（205条）と嘱託傷害致死罪（202条）の重なり合いを認め、軽い202条の適用を肯定した。この処理は、嘱託傷害致死類型（202条）の解釈（前掲4（2）参照）を前提に、重い傷害（致死）罪の故意で、客観的には軽い202条の罪に該当する事実を実現したとして、後者の罪の成立を肯定したものである。これに対し、本判決は、錯誤の点に触れていない。ある学説によると、本件は、そもそも202条の罪が成立しえない事案のため、原判決が指摘した「抽象的事実の錯誤」の問題は生じない。仮に抽象的事実の錯誤を問題にするとしても、「構成要件の実質的な重なり合い」を基準とする判例・通説の立場を前提とする以上、傷害致死罪と同意殺人罪は、殺意を除いた傷害致死罪の限度でしか重なり合わない。結局、錯誤論を適用しても、205条の罪の成立を認めるしかないという。[22]

　もっとも、「202条と205条の構成要件が実質的に重なり合う」というのは、必ずしも自明のことではないように思われる。たしかに、傷害（致死）罪と殺人罪の場合（最決昭和54年4月13日刑集33巻3号179頁等）、傷害（致死）罪の限度で両罪は重なり合うし、殺人罪と同意殺人罪の場合（大判明治43年4月28日刑録16輯760頁等）、被害者の意思に反しない同意殺人罪の限度で両罪は重なり合う。しかし、傷害（致死）罪と同意殺人罪（本件）の場合、生命法益に関わる点では同意殺人罪の方が重く、被害者の意思に反する点では傷害（致死）罪の方が重い。学説には、（同意の体系的地位の点は度外視して）〈傷害（致死）罪＝被害者の同意のない類型＋同意のある類型〉と解したうえで、同意殺人罪と傷害

21)　高橋則夫＝十河太朗編『新・判例ハンドブック刑法総論』（2016年）61頁〔深町晋也〕等。これに対し、錯誤論の適用に消極的なのは、川瀬雅彦「判批」研修784号（2013年）86頁等である。

22)　菅沼②434-5頁、438頁注(12)。匿名解説・判タ1390号369頁も参照。

（致死）罪が、同意のある類型に限って、傷害（致死）の範囲で重なり合うとして傷害（致死）罪を適用する見解もある。[23]

【参考文献】

本判決の解説・評釈として

①林幹人「嘱託による傷害致死」判時 2228 号（2014 年）

②菅沼真也子「判批」新報 121 巻 5 ＝ 6 号（2014 年）

③前田雅英「判批」捜研 768 号（2015 年）〔同『刑事法判例の最前線』（2019 年）所収〕

④安達光治「判批」平成 26 年度重判解

原判決の解説・評釈として

⑤門田重人「判批」法セ 706 号（2013 年）

⑥嘉門優「判批」速報判例解説 vol. 14（2014 年）

⑦若尾岳志「判批」刑ジャ 39 号（2014 年）

本件を素材とした解説・論文として

⑧深町晋也「演習」法教 420 号（2015 年）

⑨田中優輝「同意傷害致死の擬律と法定刑の不均衡」広法 39 巻 3 号（2016 年）

⑩嘉門優「演習」法教 493 号（2021 年）

---

23)　田中⑨ 84 頁。安田ほか・前掲注(6)131 頁〔和田俊憲〕も参照。不法・責任符合説からは、同意殺人罪の成立を認める余地があるとするのは、匿名解説・前掲注(22) 369 頁、嘉門⑥ 162 頁注(2)である〔法益符合説も同様だという。〕。これに対し、田中⑨ 84 頁注(15)。

6

過失犯における注意義務の存否・内容
——福知山線脱線事故——

最高裁判所平成 29 年 6 月 12 日第二小法廷決定
平成 27 年（あ）第 741 号 業務上過失致死傷被告事件
刑集 71 巻 5 号 315 頁／判時 2402 号 101 頁／判タ 1457 号 57 頁

大 関 龍 一

I 事 案

1 事実関係の概要

2005 年 4 月 25 日、西日本旅客鉄道株式会社（JR 西日本）福知山線の快速列車を運転していた運転士が適切な制動措置をとらないまま、同列車が転覆限界速度を超える時速約 115 km で曲線（以下「本件曲線」という。）に進入し、脱線転覆するなどして、乗客 106 名が死亡し、493 名が負傷する事故が発生した（以下「本件事故」という。）。

本件事故当時、本件曲線には速度照査機能を備えた自動列車停止装置（ATS）が整備されていなかった。ATS は、線路上に設置された地上子と車両に装備された車上子の間で、進路前方の信号現示や速度制限箇所などの情報をやり取りし、運転室内に警報ベルを鳴らして運転士に注意を喚起したり、自動的にブレーキを作動させたりする保安装置である。ATS は、1962 年の列車事故を契機に、信号冒進を防止するため、全国的に整備され、その後、列車の速度を照査し、一定の速度を超過すれば自動的に列車の運行をブレーキ制御する速度照査機能を付加するなどした改良型 ATS が開発され、1987 年以降、順次整備されてきた。速度照査機能を備えた ATS は、信号冒進のみ

ならず、曲線等での速度超過の防止に用いることが可能であり、本件事故後に改正された国土交通省令及びその解釈基準等（以下「新省令等」という。）では、転覆危険率を指標として、駅間最高速度で進入した場合に転覆のおそれのある曲線にかかる ATS 等を整備すべきこととされたが、本件事故以前の法令上は、ATS に速度照査機能を備えることも、曲線への ATS 整備も義務づけられてはいなかった。また、本件事故以前に曲線に ATS を自主的に整備していた鉄道事業者は、JR では JR 西日本を含む 3 社、私鉄では 113 社中 13 社に止まっており、大半の鉄道事業者は、曲線に ATS を整備していなかった。JR 西日本の職掌上、保安設備である ATS の整備計画は、鉄道本部安全対策室が所管し、鉄道本部長が統括することとされていた。鉄道本部では、改良型 ATS の整備を線区単位で順次進めてきており、福知山線についても本件曲線を対象に含めて整備が進められていたものの、本件事故当時はまだ完成しておらず、実際に供用が開始されたのは本件事故の約 2 か月後の 2005 年 6 月であった。本件曲線の転覆危険率は、駅間最高速度で曲線に進入したときに曲線外側に転覆するおそれがあるとされる数値であり、新省令等によれば、本件曲線も速度照査機能を備えた ATS を設置すべき対象に当たる。

　本件事故について、神戸地検は JR 西日本の歴代社長 3 名（A、B、C）を不起訴処分としたが、検察審査会の強制起訴議決により歴代社長 3 名は指定弁護士から業務上過失致死傷罪で強制起訴された。

2　公訴事実の要旨

　最高裁によれば、指定弁護士による本件公訴事実の要旨は、以下に引用するとおりである。

　「(1)　被告人 A は平成 4〔1992〕年 6 月から平成 9〔1997〕年 3 月までの間、被告人 B は平成 9〔1997〕年 4 月から平成 15〔2003〕年 4 月までの間、被告人 C は平成 15〔2003〕年 4 月から平成 18〔2006〕年 2 月までの間、それぞれ……JR 西日本……の代表取締役社長として会社の業務執行を統括し、運転事故の防止についても経営会議等を通じて必要な指示を与えるとともに、社内に設置された総合安全対策委員会委員長として、運転事故対策についての基本方針

や特に重大な事故の対策に関する審議を主導して鉄道の運行に関する安全体制を確立し、重大事故を防止するための対策を講ずるよう指揮すべき業務に従事していた。

　(2) JR西日本では、東西線開業に向けて、福知山線から東西線への乗り入れを円滑にする等の目的で、福知山線と東海道線を立体交差とするなどの尼崎駅構内の配線変更を行い、これに付帯して、㋐福知山線上り線路の右方に湾曲する……本件曲線……の半径を600mから304mにし、その制限時速が従前の95kmから70kmに変更される線形変更工事（以下「本件工事」という。）を施工した（平成8〔1996〕年12月完成、平成9〔1997〕年3月運行開始）。㋑本件工事により、通勤時間帯の快速列車の本件曲線における転覆限界速度は時速105kmから110km程度に低減し、本件曲線手前の直線部分の制限時速120kmを下回るに至った。加えて、㋒前記運行開始に伴うダイヤ改正により、1日当たりの快速列車の本数が大幅に増加し、運転士が定刻運転のため本件曲線の手前まで制限時速120km又はこれに近い速度で走行する可能性が高まっていたので、運転士が何らかの原因で適切な制動措置をとらないままこのような速度で列車を本件曲線に進入させた場合には、脱線転覆する危険性が差し迫っていた。

　(3) 被告人らは、以上の各事情に加え、㋓JR西日本では半径450m未満の曲線に……ATS……を整備しており、本件工事によって本件曲線の半径がこれを大幅に下回ったことや、㋔過去に他社の曲線において速度超過による脱線転覆事故が複数発生していたこと等を認識し、又は容易に認識することができたから、運転士が適切な制動措置をとらないまま本件曲線に進入することにより、本件曲線において列車の脱線転覆事故が発生する危険性を予見できた。

　(4) したがって、被告人Aは本件工事及び前記ダイヤ改正の実施に当たり、被告人Bは平成9〔1997〕年4月の社長就任後速やかに、被告人Cは自ら福知山線にATSを整備する工事計画を決定した平成15〔2003〕年9月29日の経営会議又は遅くとも同年12月以降に行われたダイヤ改正の際、それぞれ、JR西日本においてATS整備の主管部門を統括する鉄道本部長に対し、

ATS を本件曲線に整備するよう（被告人 C は ATS を本件曲線に優先的に整備する
よう）指示すべき業務上の注意義務があったのに、被告人らはいずれもこれ
を怠り、本件曲線に ATS を整備しないまま、列車の運行の用に供した。

　(5)　その結果、平成 17〔2005〕年 4 月 25 日午前 9 時 18 分頃、福知山線の快
速列車を運転していた運転士が適切な制動措置をとらないまま、転覆限界速
度を超える時速約 115 km で同列車を本件曲線に進入させた際、ATS により
あらかじめ自動的に同列車を減速させることができず、同列車を脱線転覆さ
せるなどして、同列車の乗客 106 名を死亡させ、493 名を負傷させた……。」
〔〔 〕内、下線、波線、㋐〜㋕筆者〕

3　審理経過

　第 1 審（神戸地判平成 25 年 9 月 27 日刑集 71 巻 5 号 381 頁参照）は、被告人ら 3 名
が、曲線が数多くある中、本件曲線において速度超過による列車脱線転覆事
故が発生する危険性を具体的に予見できたとは認められないとして、被告人
らの過失を否定し、無罪を言い渡した。指定弁護士が控訴したが、第 2 審（大
阪高判平成 27 年 3 月 27 日判時 2292 号 112 頁）も第 1 審の判断を是認し、控訴を棄
却した。これに対し、指定弁護士が上告し、上告趣意において、「事故に至る
因果経過において第三者による原因行為が介在する場合に関し、第三者によ
る当該原因行為の詳細については具体的な予見は必要とされず、本件におい
ても、『運転士がひとたび大幅な速度超過をすれば』という程度の認識であれ
ばよい」旨が主張された。なお、神戸地検は、本件事故について、本件工事
当時の鉄道本部長を業務上過失致死傷罪で起訴したが、神戸地判平成 24 年 1
月 11 日（裁判所 HP）は無罪を言い渡し、検察官が控訴せず確定した。

II　決定要旨

上告棄却

「(1)　本件公訴事実は、JR 西日本の歴代社長である被告人らにおいて、
ATS 整備の主管部門を統括する鉄道本部長に対し、ATS を本件曲線に整備

するよう指示すべき業務上の注意義務があったのに、これを怠ったというものであり、被告人らにおいて、運転士が適切な制動措置をとらないまま本件曲線に進入することにより、本件曲線において列車の脱線転覆事故が発生する危険性を予見できたことを前提とするものである。

　しかしながら、Ⓐ本件事故以前の法令上、ATS に速度照査機能を備えることも、曲線に ATS を整備することも義務付けられておらず、大半の鉄道事業者は曲線に ATS を整備していなかった上、Ⓑ後に新省令等で示された転覆危険率を用いて脱線転覆の危険性を判別し、ATS の整備箇所を選別する方法は、本件事故以前において、JR 西日本はもとより、国内の他の鉄道事業者でも採用されていなかった。また、ⒸJR 西日本の職掌上、曲線への ATS 整備は、線路の安全対策に関する事項を所管する鉄道本部長の判断に委ねられており、被告人ら代表取締役においてかかる判断の前提となる個別の曲線の危険性に関する情報に接する機会は乏しかった。ⒹJR 西日本の組織内において、本件曲線における脱線転覆事故発生の危険性が他の曲線におけるそれよりも高いと認識されていた事情もうかがわれない。したがって、被告人らが、管内に 2000 か所以上も存在する同種曲線の中から、特に本件曲線を脱線転覆事故発生の危険性が高い曲線として認識できたとは認められない。

　(2)　なお、指定弁護士は、本件曲線において列車の脱線転覆事故が発生する危険性の認識に関し、『運転士がひとたび大幅な速度超過をすれば脱線転覆事故が発生する』という程度の認識があれば足りる旨主張するが、前記のとおり、ⓐ本件事故以前の法令上、ATS に速度照査機能を備えることも、曲線に ATS を整備することも義務付けられておらず、ⓑ大半の鉄道事業者は曲線に ATS を整備していなかったこと等の本件事実関係の下では、上記の程度の認識をもって、本件公訴事実に係る注意義務の発生根拠とすることはできない。

　(3)　以上によれば、JR 西日本の歴代社長である被告人らにおいて、鉄道本部長に対し ATS を本件曲線に整備するよう指示すべき業務上の注意義務があったということはできない。」（下線、Ⓐ～Ⓓ、ⓐⓑ筆者）

　なお、本決定には、小貫芳信裁判官の補足意見がある。

Ⅲ 解 説

1 問題の所在

本件事故は、運転士が速度超過のまま本件曲線に列車を進入させたことを直接の原因として発生したものである。もっとも、本件曲線の転覆危険率は、駅間最高速度で進入したときに転覆のおそれがある数値であり、本件曲線は、本件事故後に改正された新省令等によれば、速度照査機能を備えたATSの設置対象となる曲線であった。そこで、本件では、JR西日本の歴代社長である被告人らが本件曲線へのATS整備の指示を怠った点について過失不作為犯の責任が問われ、いわゆる管理・監督過失[1]が問題となった。

過失犯の構造をめぐっては、結果の発生を予見するよう意思を緊張させるべき注意を欠いた内心の心理状態に過失犯の本質を求める旧過失論と、社会生活上要求される基準から逸脱した行為によって結果が発生したことに過失犯の本質を求める新過失論が対置されてきた[2]。もっとも、現在では、旧過失論の立場からも実行行為の内容として実質的危険性を要求する[3]のが一般的であり、過失犯の実行行為性を限定しようとする点では新過失論と変わりがないため、両説の違いは、予見可能性を過失犯の責任を基礎づける独立の要件として位置づけるか、結果回避義務を導くための前提要件として位置づけるかという点に集約される[4]。したがって、判例の検討にあたっては、抽象的な枠組みよりも、当該事実関係のもとで問題となる実質的な要件、およびその

---

1) 久禮① 169 頁は、「①『列車脱線転覆事故を防止する保安装置としての ATS を本件曲線に整備する義務の違反』という管理過失と、②『社長である被告人らが配下の鉄道本部長に対して ATS を本件曲線に整備するよう指示すべき義務の違反』という監督過失が重畳的に問われている」とする。
2) 注釈 542 頁〔上嶌一高〕。
3) 平野 I 193 頁、橋爪 204 頁、山口 248 頁、松原 305 頁など。このような立場は「修正旧過失論」と呼ばれることもある。
4) ただし、予見可能性の位置づけとの関係で、旧過失論からは高度で具体的な予見可能性が要求される傾向が強いのに対し、新過失論からは、結果回避を義務づける程度の予見可能性が認められれば十分であるとして、その程度が抽象化される傾向があると指摘されている（橋爪隆「過失犯 (1)」警論 70 巻 2 号 (2017 年) 140 頁）。

具体的な認定のあり方にこそ目を向ける必要がある。とくに、本件のように過失不作為犯が問われた場合、過失構造論にかかわらず、作為義務（注意義務）およびその違反の認定の成否、具体的には、誰が、どのような根拠から、どのような義務を負うかという点が決定的な重要性を有することになる。

本件公訴事実は、被告人らは「ATS 整備の主管部門を統括する鉄道本部長に対し、ATS を本件曲線に整備するよう（被告人 C は ATS を本件曲線に優先的に整備するよう）指示すべき注意義務」を怠ったというものであり、このような注意義務の存否が裁判で争われた。この注意義務を導くための法律構成としては、次の 2 つが考えられる。1 つは、JR 西日本管内の同種曲線のなかでも、とくに本件曲線には列車の脱線転覆事故が発生する具体的な危険があるから、被告人らにはまさに本件曲線への ATS 整備を指示すべき注意義務があるというものである（構成①＝本件曲線に特化された危険に着目した注意義務）。もう 1 つは、本件曲線と同種の曲線には等しく列車の大幅な速度超過による脱線転覆事故発生の危険があるから、被告人らには同種曲線すべてに ATS を整備する一環として本件曲線への ATS 整備を指示すべき注意義務があるというものである（構成②＝曲線一般の危険に着目した注意義務）。本決定もこの 2 つの構成がありうることを前提に、それぞれの構成に沿って注意義務の存否を検討しているから、以下ではこの 2 つに分けて検討を加える。

2　構成①：本件曲線に特化された危険に着目した注意義務の存否

(1)　構成①による場合の判断のポイント

本件公訴事実は、運転士が適切な制動措置をとらないまま本件曲線手前の直線部分の制限時速に近い速度で「列車を本件曲線に進入させた場合に」脱線転覆する危険性が差し迫っていたこと、被告人らが「本件曲線において列車の脱線転覆事故が発生する」危険性を予見できたことを前提に、被告人らに本件曲線への ATS 整備を指示すべき注意義務があったとするから、構成①に沿った主張を展開しているとみることができる。構成①によって過失犯

---

5)　古川伸彦「判批」刑法の判例 147 頁参照。
6)　樋口⑩（1）13 頁参照。

の成立を認めるためには、本件曲線に特化された脱線転覆事故発生の危険性が客観的に存在し、かつ被告人らがそれを予見可能であったことが裁判所によって認定されなければならない。

（2）　本件事故時点における本件曲線の客観的危険性

　まず、本件公訴事実は客観的な危険性を基礎づける事情として⑦〜⑨を挙げているが、これらの事情が存在すること自体は第1審において認定されている[8]。また、本件曲線では、転覆危険率（駅間の最高速度で曲線に進入しようとしたと仮定した場合の曲線外側への転覆のおそれを係数化したものであり、危険率1以上で転覆する。）が、本件工事に伴い1.33に高まっていたとされる[9]。したがって、本件工事が完成しダイヤが改正されてから本件事故が発生するまでの間、本件曲線には、ほかの曲線と比較して、速度超過による脱線転覆事故が発生する危険性が高い状況が客観的には存在していたといえる。そして、第1審の認定によれば、本件曲線の手前に速度照査機能を備えたATSを設置していれば本件事故を防ぐことができ、しかも、それは技術的にも金額的にも容易であったというから[10]、本件曲線に特化された危険性を防止するために、本件曲線へのATS整備の指示を内容とする注意義務を措定することが考えられることになる。

（3）　予見可能性の存否

　次に、予見可能性について、本件公訴事実は、被告人らが、⑦〜⑨に加え、⑨および⑨の事情を認識し、または容易に認識することができたとして、「本件曲線において列車の脱線転覆事故が発生する危険性を予見できた」とする。これに対し、最高裁は、決定要旨（1）において、「被告人らが、管内に2000か所以上も存在する同種曲線の中から、特に本件曲線を脱線転覆事故発生の危険性が高い曲線として認識できたとは認められない」として、予見可能性を否定し、構成①による過失犯成立を認めなかった[11]。

　7）　本決定の小貫補足意見、久禮①185頁参照。
　8）　刑集71巻5号393頁、396頁。
　9）　刑集71巻5号393頁。
　10）　刑集71巻5号411頁。

図1　本件曲線に特化された危険性の予見可能性

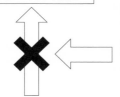

本件曲線において列車の
脱線転覆事故が発生する
危険性の予見可能性

Ⓐ法令上曲線に ATS を整備する義務づけなし・
　大半の鉄道事業者も曲線に ATS 整備せず
Ⓑ転覆危険率を用いて ATS の整備箇所を選別
　する方法は採用されず
Ⓒ職掌上 ATS 整備は鉄道本部長に委ねられ、被
　告人らが個別の曲線情報に接する機会乏しい
ⒹJR 西日本の組織内で、本件曲線の危険性が他
　の曲線よりも高いとの認識なし

㋐本件工事→本件曲線の半径縮減・制限時速低減
㋑本件工事→本件曲線の転覆限界速度低減・手前の直線
　部分の制限時速を下回る
㋒ダイヤ改正→快速列車の本数大幅増加・本件曲線手前
　まで制限時速で走行する可能性高まる
㋓JR 西日本では半径 450 m 未満の曲線に ATS 整備・本
　件工事により本件曲線の半径がこれを大幅に下回る
㋔過去に他社の曲線において速度超過による脱線事故

被告人らが
認識または
認識可能

　最高裁は、被告人らの㋐～㋔の各事情に関する認識または認識可能性に言及することなく、Ⓐ～Ⓓの各事情を挙げることで本件曲線に特化された危険の認識可能性を否定している。これは、小貫補足意見も指摘するように、仮に被告人らが㋐～㋔の各事情を認識していたとしても、本件では上記危険の認識可能性には結びつかないことを示す趣旨であると思われる（図1参照）。

　Ⓐ～Ⓓの各事情の位置づけについては、次のように整理することができる。まず、㋐～㋒の認識があれば、本件曲線において列車が転覆限界速度を超える速度で進入する危険が高まったとの認識につながりそうである。しかも、㋓本件曲線は半径 450 m 未満という JR 西日本の ATS 整備基準に該当する

---

11)　なお、本決定は、「危険性」を予見可能性の対象としているようにも読めるが（樋口⑩ (1) 11 頁以下参照）、小貫補足意見の指摘するとおり、「脱線転覆事故発生の危険性の認識があれば、それによる乗客等の死傷の結果についても当然予見可能といえる」から、本決定は、「危険性」が予見可能であれば「結果」の予見可能性は不要とする趣旨まで含むものとは言い切れないだろう（久禮① 185 頁、谷井⑧ 156-7 頁参照）。

ことになるから、㋔過去に他社の曲線で速度超過による事故が発生していた[12]ことの認識と併せれば、本件曲線においては速度超過による脱線転覆事故発生の危険が他の曲線と比べて高まっていたとの認識につながりそうである。

しかし、Ⓐの事情によれば、本件曲線の危険が高まったと認識したからといって、本件曲線にATSを整備しなければ列車の脱線転覆事故が生じる現実的危険があるとの認識にはつながらないことになる[13]。ATSは元々信号冒進を防止する目的で整備されたものであるから、速度照査機能を備えたATSは曲線等での速度超過の防止に用いることが可能であったとしても、当時の法令や鉄道事業者のATS整備状況を踏まえれば、ATSの未整備が脱線転覆事故に直結すると認識することは困難であったといえよう。また、たとえ㋐の認識があったとしても、Ⓑの事情によれば、当時のATS整備基準が個別の曲線における脱線転覆事故の危険とは無関係に設定されていた以上、ATSの未整備が脱線転覆事故発生に直結すると認識することはやはり困難である。そして、半径300m以下の曲線はJR西日本管内に2000か所以上存在するというのであるから、そのなかでもとくに本件曲線が危険であると認識するためには、被告人らが本件曲線の危険性に関する特別な認識を有していることが必要となる[14]が、Ⓒの事情によれば、そもそも被告人らにそのような特別な認識があったとはおよそいえないだろう。

なお、最高裁は、ⒹJR西日本の組織内において、本件曲線の危険性が高いと認識されていた事情がないことも指摘しているが、これは、指定弁護士の上告趣意が、「一定の契機の下で社会通念上情報収集が要請され、かつ容易に収集できる具体的事実……も予見可能性判断の基準となる[15]」と主張するのに

---

12) ただし、第1審の認定によれば、過去の曲線での速度超過に起因する列車脱線事故は極めて少なく、証拠上明らかなものは6件にすぎず、そのうち5件は下り勾配区間内の半径350m以下の曲線での事故であり、「曲線での脱線防止対策をとるよりも下り勾配での速度超過防止対策をとることが有効」（刑集71巻5号416頁）であったというから、㋔の認識があっても、本件曲線において速度超過による脱線転覆事故が発生する危険の認識に直ちにはつながらないだろう。
13) 久禮① 187頁参照。
14) 古川⑤ 289頁参照。
15) 刑集71巻5号349頁。

対応したものとされる[16]。指定弁護士の主張は、被告人らには情報収集義務が
あり、情報収集措置により把握できた事実を基礎とすれば、本件曲線に特化
された危険性を認識できたというものである。情報収集義務の肯否について
は学説上争いがあるうえ[17]、本件では情報収集の契機があるかも疑わしいが、
Ⓓの事情は、このことを措いて、仮に被告人らに情報収集義務を課したとし
ても、情報収集を尽くしたところで本件曲線の危険性の認識につながらない
ことを示している[18]。

（4）注意義務の主体

　ところで、過失不作為犯の事案では、どのような注意義務を負うかという
義務内容の問題のほか、誰が注意義務を負うかという義務主体の問題も生じ
る。これは、故意不作為犯において作為義務の主体が問題となるのと同様で
ある。本件では、注意義務の主体は争点化されず、裁判所も、この問題に踏
み込まずとも無罪の結論を導くことができる事案であったためか、明示的な
判断を示していない。もっとも、理論的には、過失不作為犯の成立を認める
うえで注意義務の主体を特定する作業が必要である。

　本件のように企業活動から死傷事故が生じた場合、誰を注意義務の主体と
するかの判断にあたって、法人レベルで注意義務を基礎づけたうえで、法人
内の個人のレベルで別途注意義務を基礎づけるという段階的思考を用いるこ
とが有効な場合があるとされる[19]。本件を段階的思考に沿って検討すると、JR
西日本という法人レベルでは、本件工事およびダイヤ改正に伴う㋐～㋒の事

16）　久禮①188頁参照。

17）　情報収集義務を肯定する立場は、抽象的な危険事情の認識がある場合に情報収集
　　義務が課され、当該情報収集義務の履行によって具体的な予見可能性に到達しえた
　　場合に具体的な措置が義務づけられるとする（山本紘之「予見可能性における『可
　　能性』判断」刑法55巻2号（2016年）258頁以下、樋口⑨232頁参照）。ただし、こ
　　の立場も情報収集義務の違反そのものを根拠に過失犯を認めるわけではなく、指定
　　弁護士も情報収集義務それ自体を訴因に掲げているわけではない（刑集71巻5号
　　426頁参照）。情報収集義務を肯定することに対する批判として、山口247頁など。

18）　久禮①188頁参照。齊藤⑥161頁は、本件工事の担当者や現場の運転士でさえ、
　　本件曲線での脱線転覆事故発生の危険性がほかの曲線でのそれより高いと思って
　　いなかったのであるから、本件曲線に着目する端緒すら存在しなかったと評価す
　　る。なお、松宮④183頁は、Ⓓ本件曲線の危険性の認識が可能であった者は誰もい
　　ないと判断している以上、Ⓒの説示は不要であったとする。

情の作出により、本件曲線で脱線転覆事故が発生する危険を創出したこと、本件曲線に ATS を整備する権限があるのは JR 西日本だけであることから、容易に注意義務の帰属主体性を基礎づけることができるだろう。しかし、個人レベルでは、社長が個別の曲線の危険に対応すべき立場にあったかは疑問の余地がある。確かに、第 1 審の認定によれば、社長は経営会議を組織するほか、総合安全対策委員会委員長として、運転事故対策等に関することを審議する立場にあったとされる[20]が、運転事故の防止に関することなど安全に係る事項を所管するのは鉄道本部安全対策室であり[21]、控訴審が指摘するように、「JR 西日本のような大規模な会社組織等においては、……経営幹部等が構成する会議等にあっては、……技術性、専門性の高い事項などを中心に、所管部署等の検討判断に委ねられることで十分かつ相当と考えられるような問題は取り上げられず、あるいは簡潔にしか取り上げられないことは……自然なものであるし、実際上も無理からぬところがある[22]」とすれば、社長が個別の曲線の危険性に関する情報に接していたなどの特段の事情のない限り、社長を注意義務の主体として特定すること自体が妥当でないように思われる[23]。

3　構成②：曲線一般の危険に着目した注意義務の存否

(1)　構成②による場合の判断のポイント

　構成①が、本件曲線に特化された脱線転覆事故の危険性を問題とするのに対し、構成②は、およそ（本件曲線と同種の）曲線においては大幅な速度超過による脱線転覆事故発生のおそれがあるという抽象的な危険性を問題とする。このような抽象的な危険は列車の進入が予定された曲線には当然存在する

---

19)　樋口⑨ 248 頁参照。段階的思考を採用したとみられる判例として、例えば、最決平成 20 年 3 月 3 日（刑集 62 巻 4 号 567 頁＝薬害エイズ厚生省ルート事件）、最決平成 24 年 2 月 8 日（刑集 66 巻 4 号 200 頁＝三菱自工タイヤ脱落事件）。

20)　刑集 71 巻 5 号 408 頁。

21)　刑集 71 巻 5 号 409 頁。

22)　刑集 71 巻 5 号 444 頁。

23)　古川⑤ 291 頁参照。その意味では、神戸地検が当初、鉄道本部長のみを業務上過失致死傷罪で起訴し、歴代社長らを不起訴処分としたことにも理由があったといえよう。

し、被告人らもこれを認識できたといえる。本件公訴事実それ自体はこのような危険に着目して注意義務を措定しているわけではないが、指定弁護士の上告趣意が「運転士がひとたび大幅な速度超過をすれば」という程度の認識があればよいとするのは、構成②を前提とした主張とみることもできる。構成②については、この程度の予見可能性をもって過失犯の成立を認めてよいかという点が問題となる。

(2) 予見可能性の程度

具体的な予見可能性を過失犯成立の独立の要件とする立場（具体的予見可能性説）を前提に、条件つきの予見可能性では結果に対する予見可能性を保障しえず、予見可能性の要件を充足しないとする見解がある。この見解によれ[24]ば、「ひとたび大幅な速度超過をすれば」という程度の認識では不十分であり、構成②は採用しえないことになる。本件の控訴審も、「過失犯成立に必要な結果についての予見可能性は、責任主義の考え方にかんがみれば、相応に具体的なものである必要があ」り、「一般的、抽象的な蓋然性をもって結果発生を認識できることで足りるものとは直ちに解し難い」としたうえで、本件では[25]具体的予見可能性の立証がないとして過失犯の成立を否定している。

これに対し、具体的予見可能性説を前提としつつ、結果発生の危険が既知のものであれば、結果発生の可能性が低いものであっても予見可能性は否定されないとする見解がある。この見解によれば、速度超過による曲線での脱[26]線転覆事故発生の危険は既知のものであるから、そのような事故が発生する可能性は低いとしても予見可能性を否定できないだろう。

また、新過失論を前提に、予見可能性の有無・程度は結果回避義務との相関関係で検討されるのであり、具体的予見可能性は必ずしも必要ではないとする見解（危惧感説・抽象的予見可能性説）がある。小貫補足意見も、「どの程度[27]の予見可能性があれば過失が認められるかは、個々の具体的な事実関係に応

---

24) 松原 325 頁、松宮 227 頁など。
25) 刑集 71 巻 5 号 437 頁。
26) 佐伯仁志「予見可能性をめぐる諸問題」刑法 34 巻 1 号（1995 年）115-6 頁。
27) 井田 226 頁、高橋 222 頁。危惧感説に対する批判として、大塚裕史「鉄道事故と企業幹部の管理・監督責任」曽根＝田口古稀（上）647-8 頁など。

じ、問われている注意義務ないし結果回避義務との関係で相対的に判断されるべきものであろう」として、予見可能性の相対性を認めている。この見解からは、予見可能性の程度が低いというだけでは過失犯の成立は否定されず、低い程度の予見可能性に相応した結果回避義務を課すことができるかが問題の核心となる[28]。

　従来の判例をみても、大規模火災事故における管理・監督過失の判例では、「いったん火災が起これば、発見の遅れ、初期消火の失敗等により本格的な火災に発展し、建物の構造、避難経路等に不案内の宿泊客等に死傷の危険の及ぶおそれがあることを容易に予見できた」という程度の予見可能性をもって、防火設備設置や防火管理体制確立の義務に違反したことを理由とする過失犯の成立が認められている[29]（これは「いったん公式」と呼ばれることがある。）。本決定も、決定要旨（2）において、被告人らに「運転士がひとたび大幅な速度超過をすれば脱線転覆事故が発生する」という程度の認識があることを前提としつつ、この程度の認識をもって、「本件公訴事実に係る注意義務の発生根拠とすること」ができるか否かについて判断していることからすれば、事例によってはこの程度の予見可能性でも注意義務が肯定される余地があることを認めていると評価できるだろう[30]。

---

28)　久禮①194頁は、「裁判実務においては、……どの程度の予見可能性があれば過失が認められるかは、個々の具体的な事実関係や問われている注意義務ないし結果回避義務との関係に応じた相対的な判断にならざるを得ない」として、「ある程度抽象化された予見可能性の存在によって過失が肯定される場合もあれば、否定される場合もあり得る」とする。本決定後の裁判例においても、予見可能性の相対性を前提とした説示がしばしばみられ、例えば、東京地判令和元年9月19日（判時2431・2432号5頁＝東電福島第一原発事故）は、予見可能性の程度について、「個々の具体的な事実関係に応じ、問われている結果回避義務との関係で相対的に、言い換えれば、問題となっている結果回避措置を刑罰をもって法的に義務付けるのに相応しい予見可能性として、どのようなものを必要と考えるべきかという観点から、判断するのが相当である」と判示する。なお、東電福島第一原発事故判決に対する学説および実務からの評価については、判時2431・2432号（2020年）および刑ジャ64号（2020年）の特集参照。

29)　最決平成2年11月16日（刑集44巻8号744頁＝川治プリンスホテル事件）、最決平成5年11月25日（刑集47巻9号242頁＝ホテルニュージャパン事件）。

30)　本決定は予見可能性と結果回避義務の相関性を前提としていると評価するものとして、井田226頁（注）31、北川②117頁、安田③151頁、岡部⑦9頁など。

(3) 大規模火災事故における管理・監督過失との比較

　それでは、本件において構成②による過失犯の成立が否定された理論的根拠はどこに求められるであろうか。ここでは、「いったん」公式をもって過失犯の成立が肯定されている大規模火災事故における管理・監督過失の事案との比較が重要である。

　本件と大規模火災事故の違いは、被告人に課される負担の大きさに求められる。すなわち、大規模火災事故では当該建物限りの対応が問題となるにすぎないのに対し、本件では本件曲線と同種の曲線すべてに対応する必要があり、しかもその数は 2000 か所以上に達するのであるから、時間的・金額的な負担の大きさの点で両者には著しい違いがある。小貫補足意見は、「そのように数多くの曲線に同時に ATS を整備するよう刑罰をもって強制することは、……過大な義務を課すものであって相当でない」と指摘しており、負担の適正さという理論的視点が示されている。この負担の適正さは、注意義務の内容として一定の措置履行を求めるうえで、当該措置履行による負担の程度が過大にならないようにするために要請される要件であって、当該危険との関係でどの程度の負担を課してよいかの問題として、「許された危険」の問題に位置づけることができる。したがって、その判断にあたっては、想定される危険と当該措置を課すことによる不利益の衡量が必要である。とくに鉄

---

31)　安田③ 151 頁参照。松宮④ 183 頁は、建物の存続期間あるいはその建物をホテルやデパート等の人が出入りする施設として使用している全期間について火災発生の危険が問題となる大規模火災事故と比べて、本件は結果を予見すべき時間のスパンがはるかに短いという相違点も指摘する。

32)　樋口⑩ (1) 14 頁は、本決定に先行する最決平成 28 年 5 月 25 日（刑集 70 巻 5 号117 頁＝渋谷温泉施設爆発事件）において、「危険防止措置から生じる負担の程度の適正さという視点が示された」と評価したうえで、本決定も同様の視点に立脚しているとみることは不当ではないとする。なお、渋谷温泉施設爆発事件決定は、注意義務を導くにあたって、「水抜きバルブに係る指示変更とそれに伴う水抜き作業の意義や必要性について、施工部門に対して的確かつ容易に伝達することができ、それによって上記爆発の危険の発生を回避することができた」という措置の容易性および危険の回避可能性を挙げている。

33)　危険との比例性という見地から義務内容の確定基準を具体化するものとして、樋口⑨ 218 頁以下。小林憲太郎『刑法各論の理論と実務』（2021 年）564 頁は、決定要旨(2)の内容について、許された危険の見地から無罪の結論を導くための論証を行っていると評価する。

道事業のような社会的有用性がある活動を制約する場合には、鉄道事業者の
負担のほか、鉄道利用の制限による社会的負担も一定の限度で考慮すること
になろう。このように考えると、本件において、構成②による過失犯の成立
が否定された実質的根拠も負担の適正さを欠く点に求められる。すなわち、
曲線での速度超過による脱線転覆事故の危険の程度は相当に低いにもかかわ
らず、その危険を防止するために曲線すべてに ATS を整備する義務がある
とすれば、鉄道事業者に時間的にも金額的にも莫大な負担がかかるうえ、
ATS 整備までの間は鉄道利用が制限されるという多大な社会的負担も生じ
るため、負担の適正さを欠くのである。[34]

　ところで、本決定は、決定要旨 (2) において、ⓐ法令およびⓑ鉄道事業者
の実態を考慮要素に挙げているが、これらは負担の適正さの判断にあたって
参照される事項と位置づけることができる。危険の程度と負担の程度を衡量
するにあたっては、当時の社会がどの程度のリスクを許容していたかという
視点が重要になるが、このことはⓐ法令やⓑ事業者の実態から読み取れる場
合がある。本件においては、ⓐ法令上曲線への ATS 整備の義務がなく、ⓑ大
半の鉄道事業者も整備していなかったという事情は、鉄道の運行にあたって、
曲線での速度超過による脱線転覆事故という万一の危険は許容されていたこ
とを示す事情ということができるだろう。[35]

---

34)　小林憲太郎「近時の判例から見た過失不真正不作為犯の理論」日髙古稀（上）66
　　頁、安田③ 151 頁参照。また、北川② 117 頁は、「当時の水準では、本件曲線におい
　　て ATS が未整備のまま列車を運行させることは『許された危険』に当たる」と評
　　価する。なお、許された危険の発想がみられる裁判例として、東京地判平成 13 年 3
　　月 28 日（判時 1763 号 17 頁＝薬害エイズ帝京大学病院事件）。
35)　なお、ⓐ法令上の義務の存在も負担の適正さを判断するにあたっての参考資料に
　　すぎないから、法令上の義務が存在してもそれが直ちに刑法上の注意義務を基礎づ
　　けることにはならないし、逆に、明確な法令上の義務が存在せずとも注意義務が肯
　　定されることはありうる。現に、最決平成 2 年 11 月 29 日（刑集 44 巻 8 号 871 頁＝
　　千日デパート事件）は、「閉店後の『千日デパート』内で火災が発生した場合、……
　　容易にそれが拡大するおそれがあったから、……火災の拡大を防止するため、法令
　　上の規定の有無を問わず、可能な限り種々の措置を講ずべき注意義務があった」（傍
　　点筆者）と判示している（松宮④ 183 頁も参照）。法令上の義務が存在しない場合に
　　は、ⓑ同業者の実態も参照することになるが、一部の事業者が当該措置を履行して
　　いるという事情を過度に重視すると、小規模事業者に過大な措置を課すことになり
　　かねないため、想定される危険の程度・内容や、各事業者の規模の違い、当該事業
　　の社会的有用性などを踏まえた慎重な検討が必要になるだろう。

図 2　本決定における過失判断の構造

	構成①	構成②
注意義務の内容	本件曲線への ATS 整備の指示	
問題となる危険の内容	本件曲線で脱線転覆事故が発生する危険	あらゆる曲線における速度超過による脱線転覆事故の危険
予見可能性	× ∵Ⓐ法令・鉄道事業者の実態、Ⓑ ATS 整備基準、Ⓒ職掌上の情報取得機会、Ⓓ社内の認識	○
注意義務の発生根拠（負担の適正さ）	―	× ∵ⓐ法令、ⓑ鉄道事業者の実態
注意義務の存否	×	×

4　まとめ

　本決定が示唆するのは、1 つの注意義務違反を導く法律構成は複数存在しうること、それぞれの法律構成ごとに問題となる要件ないし判断のポイントは異なってくることである。過失とは注意義務違反であると一般的にいわれているが、この注意義務違反の判断にあたっては、複数の異なる要件ないし視点が相互に関連しながら問題となってくる。本決定は、最高裁が複数の法律構成がありうることを前提に、具体的な判断を示した点に意義がある（図 2 [36] 参照）。

　また、理論的には、予見可能性の程度が低い場合、すなわち抽象的な危険を認識しているにすぎない場合であっても、過失犯成立の余地があることを前提としつつ、本件の事実関係のもとでは、抽象的な危険に対応した注意義務を課すことができないとの判断を示した点に特徴がある。本件のように予見可能性が抽象的なものにとどまる場合でも過失犯成立の余地を認めるとすれば、抽象的な予見可能性から直ちに注意義務違反が導出され、処罰範囲が不当に拡大するおそれがあるため、このような事態を避けるべく、負担の適

---

36)　本決定と同様に、被告人の注意義務を導くための理論構成を 2 通り検討し、そのいずれをも否定して被告人を無罪としたものとして、京都地判令和 3 年 3 月 8 日（判時 2516 号 134 頁）。

正さの判断が重要な意味をもつことになる。本決定は、法令や同業者の措置履行の実態が参照されることを明らかにしているが、具体的な線引きについては事例の集積を通じて具体化されていくことになろう。

【参考文献】

本件の解説・評釈のうち主なものとして

①久禮博一「判解」最判解平成 29 年度

②北川佳世子「判批」百選 8 版

③安田拓人「判批」法教 445 号（2017 年）

④松宮孝明「判批」新・判例解説 Watch 22 号（2018 年）

⑤古川伸彦「判批」名法 278 号（2018 年）

⑥齊藤彰子「判批」刑ジャ 54 号（2017 年）

⑦岡部雅人「判批」愛媛大学法文学部論集 44 号（2018 年）

⑧谷井悟司「判批」新報 125 巻 3 ＝ 4 号（2018 年）

注意義務の内容確定基準について

⑨樋口亮介「注意義務の内容確定基準」山口献呈

⑩樋口亮介「注意義務の内容確定プロセスを基礎に置く過失犯の判断枠組み(1)～(3)」曹時 69 巻 12 号（2017 年）、70 巻 1 号（2018 年）・2 号（同年）

---

37)　例えば、長野地松本支判平成 31 年 3 月 25 日（判時 2471 号 137 頁参照）は、特別養護老人ホームに准看護師として勤務する被告人について、本件施設の利用者に間食の形態を誤って提供した場合、誤嚥、窒息等により、利用者に死亡の結果が生じることは十分に予見できたとしたうえで、被告人は、各利用者に提供すべき間食の形態を確認すべき注意義務を怠り、ゼリー系の間食を提供するとされていた被害者にドーナツを提供した過失により、被害者にドーナツを摂取させて窒息・死亡させたとして、業務上過失致死罪の成立を認めた。この判決では、予見可能性の程度が非常に抽象的であるにもかかわらず、間食の配膳ミスに過失犯の成立が認められたため、介護の現場においては、間食の提供に躊躇が走り、介護施設のサービス全体の低下という現象さえ起きたとの指摘がある（村井敏邦「判批」新・判例解説 Watch 28 号（2021 年）210 頁）。これに対し、控訴審である東京高判令和 2 年 7 月 28 日（判時 2471 号 129 頁）は、「具体的な法令等による義務（法令ないしこれが委任する命令等による義務）の存在を認識しながらその履行を怠ったなどの事情のない本件事実関係を踏まえるならば、上記のような広範かつ抽象的な予見可能性では、刑法上の注意義務としての本件結果回避義務を課すことはできない」としたうえで、ドーナツで被害者が窒息する危険性の予見可能性は相当に低かったこと、被害者に対して食品を提供する行為がもつ意味（間食を含めて食事は、健康や身体活動の維持のためだけでなく、精神的な満足感や安らぎを得るために有用かつ重要）を踏まえて、被告人が間食形態を確認せずドーナツを提供したことが注意義務に違反するとはいえないとして、被告人を無罪とした。

7

強要された緊急避難

▌ 東京高等裁判所平成 24 年 12 月 18 日判決
▌ 平成 24 年（う）第 1750 号 覚せい剤取締法違反被告事件
▌ 判時 2212 号 123 頁／判タ 1408 号 284 頁

坂 下 陽 輔

I 事 案

　被告人は、覚醒剤を自己の身体に注射して摂取したとして、覚醒剤使用罪により起訴されたが、尿から覚醒剤が検出された理由につき、次のように供述した。すなわち、被告人は、以前、警察官 2 名に対し、覚醒剤密売事件に関する情報提供をしたところ、同警察官らからさらなる情報収集を依頼されたため、覚醒剤密売人である捜査対象者に会いに行き、同人から必要な情報を聞き出し、帰ろうとしたところ、同人に怪しまれ、同人からけん銃を右こめかみに突き付けられ、目の前にあった注射器で覚醒剤を注射するよう強要されたため、断ったら殺されると思い、仕方なく覚醒剤を自分で注射した、と。

　この供述に基づき、弁護人は緊急避難の成立を主張したが、第 1 審（横浜地判平成 24 年 8 月 28 日 LEX/DB25501740）は、被告人の上記供述の信用性を否定し、緊急避難の成立を認めず、懲役 2 年 8 月の刑に処する旨の有罪判決を言い渡した。被告人側が控訴。

II 判 旨

破棄自判・無罪（確定）

　東京高裁は、被告人の前記供述の信用性は排斥できないとした上で、被告人の供述を前提に、以下のように判示した。

　「(1) ……所論は、まず、被告人は、覚せい剤を使用し興奮状態にある捜査対象者からけん銃を頭部に突き付けられ、覚せい剤の摂取を強要されるという状況下において覚せい剤を摂取したものであって、自らの意思に基づいて覚せい剤を摂取したとはいえないから、覚せい剤使用罪の構成要件に該当しないというのである。しかしながら、被告人は、心理的に覚せい剤の摂取を強要される状況にあったとはいえ、覚せい剤が入っている注射器を、それと認識しながら、自分で自己の身体に注射したのであるから、被告人の行為は、客観的にも主観的にも覚せい剤使用罪の構成要件に該当するものと認められ、所論は失当である。

　(2) 次に、所論は、被告人の本件覚せい剤使用行為は、自己の生命に対する現在の危難を避けるため、やむを得ずした行為であるから、被告人には、少なくとも、刑法37条1項本文の緊急避難が成立する、という。

　(a) ……被告人は、覚せい剤を使用してその影響下にある捜査対象者から、けん銃（以下「本件けん銃」という。）を右こめかみに突き付けられ、目の前にある覚せい剤を注射するよう迫られたというのである。……本件けん銃が人を殺傷する機能を備えた状態にあったことを否定する事情もなく、被告人の供述する状況下では、被告人の生命及び身体に対する危険が切迫していたこと、すなわち、現在の危難が存在したことは明らかというべきである。

　(b) 次に、被告人が自己の身体に覚せい剤を注射した行為が、現在の危難を避けるためにやむを得ずにした行為といえるかについて検討すると、①「やむを得ずにした行為」とは、危難を避けるためには当該避難行為をするよりほかに方法がなく、そのような行為に出たことが条理上肯定し得る場合をいうと解される（最高裁判所大法廷昭和24年5月18日判決・裁判集刑事第10号231頁参照）ところ、②本件においては、覚せい剤の影響下にあった捜査対象者が、け

ん銃を被告人の頭部に突き付けて、目の前で覚せい剤を使用することを要求
したというのであるから、被告人の生命及び身体に対する危険の切迫度は大
きく、深夜、相手の所属する暴力団事務所の室内に2人しかいないという状
況にあったことも考慮すると、被告人が生命や身体に危害を加えられること
なくその場を離れるためには、覚せい剤を使用する以外に他に取り得る現実
的な方法はなかったと考えざるを得ない。③また、本件において@危難にさ
らされていた法益の重大性、⑥危難の切迫度の大きさ、ⓒ避難行為は覚せい
剤を自己の身体に注射するというものであることのほか、ⓓ本件において被
告人が捜査対象者に接触した経緯、動機、ⓔ捜査対象者による本件強要行為
が被告人に予測可能であったとはいえないこと等に照らすと、本件において
被告人が覚せい剤を使用した行為が、条理上肯定できないものとはいえない。

　(c)　そして、本件において、被告人の覚せい剤使用行為により生じた害が、
避けようとした被告人の生命及び身体に対する害の程度を超えないことも明
らかであるから、被告人の本件覚せい剤使用行為は、結局、刑法37条1項本
文の緊急避難に該当し、罪とならない場合に当たる。」((a)〜(c)、①〜③、@〜
ⓔは評釈者が付した。)

Ⅲ　解　説

1　検討事項の抽出

(1)　行為性

　本判決は、まず、心理的強制による行為性喪失を理由とする、本件行為が
構成要件不該当との主張を排斥する。[1] 物理的強制の場合とは異なり、心理的
強制の場合には、事実的に意思に基づくことは否定できず、むしろ当該心理
的強制の下で適法行為を行うことが期待可能であるか否かを規範的評価に晒
すことが必要であるため、構成要件該当性は肯定しつつ、責任阻却レベルで

---

1)　新皐直茂「判批」刑弁77号（2014年）92頁参照。

判断するべきである。本判決が客観面および主観面の充足により構成要件該当性を認めたのは、適切である[2]。

(2) 緊急避難の成否[3]

(ⅰ)「現在の危難」

次に、緊急避難の成否についてであるが、本判決はまず（a）において、生命および身体に対する「現在の危難」を認めている[4]。本件では被告人が強要者からけん銃を右こめかみに突き付けられており、被告人を殺害するとの口頭での脅迫に留まったために生命に対する「現在の危難」が否定された東京地判平成 8 年 6 月 26 日（判時 1578 号 39 頁＝**判例 1**）の事案より、切迫性は高い。危難が人の意思に委ねられているとはいえ、強要者は覚醒剤の影響下にあるため、これ以上慎重に判断することもできまい[5]。さらに、**判例 1** は侵害法益が生命であることを考慮して現在性判断が慎重になされた結果であり、本判決ではその前提も妥当しない。本件において生命に対する「現在の危難」を否定する要素はなかろう。

(ⅱ) やむを得ずにした行為（および害の均衡）

ア　総　説

次に、本判決は、最大判昭和 24 年 5 月 18 日（集刑 10 号 231 頁・判例体系 30 巻 954 頁＝**判例 2**）を参照指示し、「やむを得ずにした行為」の要件は補充性および相当性により構成されるとする（(b) ①）。同判決は、「現在の危難」が認められないことを理由に緊急避難および過剰避難の成立がすでに否定されたものであり厳密には傍論であるものの、「やむを得ずにした行為」に関するこの理解は、その後の裁判例においても踏襲されている[6]。

イ　補充性

そして、本判決はまず、本件につき補充性を肯定する（(b) ②）。他に取りう

---

2)　橋田①80 頁等。
3)　紙幅の関係上、多数説に従い、違法性阻却事由との理解を前提とする。
4)　「現在の危難」の意義については、後出**判例 2** および後出最判昭和 24 年 8 月 18 日参照。
5)　井上②160 頁、橋田①82 頁。
6)　後述ウ参照。

る方法としては、退避や救助要請、正当防衛による対抗が抽象的には想定されようが、判示された事情に鑑みれば、それらが現実に奏功する見込みがあるとはいい難い。補充性が肯定された点についても異論はなかろう。[7]

ウ　相当性（および害の均衡）

続いて、本判決は、本件につき避難行為の相当性を肯定する（(b) ③）。相当性要件につき具体的に取り扱った最高裁判例は存在しないが、下級審において同要件は、著しい害の不均衡の場合に過剰避難の余地すら排除する形で機能している[8]。とすれば、ⓐⓑⓒは著しい害の不均衡の不存在を示していると理解できる。個人的法益と社会的法益との衡量は難しい側面もあるが、保全法益が生命という重大法益であり（ⓐ）かつ危険が高度に具体化していること（ⓑ）に鑑みれば、これに比肩する侵害法益は他人の生命侵害等を除いて観念しがたい[9]。また、避難行為が同意なき他人の身体への覚醒剤注射であれば、侵害法益に他者の身体の生理的機能も含まれようが、本件は自己注射事案であり同一法益主体内での選択は法益主体に委ねられるため考慮から外れ[10]、侵害法益としては社会的法益のみを考慮すれば足りる（ⓒ）。本件はむしろ保全法益の優越が認められる事案であり（(c) において本件で害が均衡することは「明らか」とする。）[11]、この判断に異論の余地はなかろう[12]。

もっとも、著しい害の不均衡のほかに、緊急避難および過剰避難の双方が排除されるべき場面を相当性要件に包摂する余地は残されており、そのよう

7)　なお、判示は特にないが、避難の意思も当然認められよう（井上②160頁）。
8)　前出**判例1**（結論としては相当性肯定）、大阪高判平成10年6月24日（高刑集51巻2号116頁）参照。
9)　侵害法益である社会的法益の内実が公衆の生命および身体であるとしても、それは抽象的な危険に留まり、生命への具体的な危険が保全法益側で問題となる場合には、後者が優先する（東京高判昭和57年11月29日刑月14巻11＝12号804頁参照）。
10)　山口156頁。
11)　仮に本件が自招危難と評価されれば、害の不均衡についてもやや厳格に判断されることになりうるが、本件では保全法益の方が大きく優越するといえるため、やはり問題なかろう。
12)　学説上、いわゆる臓器移植事例等を念頭に、侵害法益の性質（さらに侵害行為の態様）から緊急避難および過剰避難が排除されうるとの議論も行われているが、上述した本件での侵害法益の性質に鑑みれば、この観点から相当性が否定されることもなかろう。

な場面として、強要緊急避難と自招危難の場面が学説上論じられてきた。このうち後者に関連して、ⓓⓔは被告人による危難の自招性を否定する事情と理解するのが自然であり、3において検討する。これに対して、前者の強要緊急避難の場面とは、被強要者が、強要者から自己等に対する害悪の告知等により一定の犯罪行為を行うよう強要され、その要求に従って同行為を行うという場面であり、本件は正にその事案であるが、以上の判示理解からは、本判決はそのことを特段考慮せず、この場面一般につき緊急避難による違法性阻却の余地を認める判断を示したことになる。これに対して、別の理解の可能性を指摘する論者も存在する。すなわち、強要緊急避難の場面において、強要された行為が他人の個人的法益への転嫁行為である場合、被転嫁者の正当防衛による被強要者への対抗を認めるべきであるため、転嫁行為の違法性阻却を否定すべきとの理解を前提に、本判決は、本件行為が他人の個人的法益への転嫁行為ではなく、それゆえ転嫁行為に違法性阻却を認めても被転嫁者の正当防衛権を奪うことにならないため、違法性阻却を否定する必要がないことを示すものとして（も）ⓒを挙げているという理解であり、これによれば、本判決は転嫁行為が他人の個人的法益に向けられたものでないために緊急避難による違法性阻却を認めたに過ぎない、と射程を限定した形で理解される。この理解について、2において検討する。

　なお、37条1項には違法性阻却事由としての緊急避難のみでなく責任阻却事由としてのそれも含まれているとの理解を前提に、本判決を、いわゆる強要緊急避難の場面一般につき違法性阻却を否定しつつ、責任阻却を認めたものと理解する論者も存在するが、やはり同条項に責任阻却事由が含まれると見ることは現行法上困難であろう。

---

13)　社会的法益の侵害を阻止するための正当防衛は、判例上完全に否定されているわけではないが、極限的な場面に限定されており（最判昭和24年8月18日刑集3巻9号1465頁）、正当防衛を認めない学説の多数の見解と事実上一致している。
14)　橋田①85-6頁。
15)　松宮③65頁。

2　強要緊急避難

本判決は、強要緊急避難事例に関して、初めて（過剰避難に留まらず）緊急避難の成立を認めたものであるが、上述のようにその射程につき議論の余地がありうる。

(1)　従前の判例・裁判例の概観

強要緊急避難事例に関する最上級審の判断としては、被告人による一方当事者のための偽証行為につき「同人の為有利なる証言を為すに非されは後難を受くる恐あるにせよ、緊急避難行為と謂ひ難きを以て、虚偽の陳述を為すに於ては偽証罪の成立を阻却することなし」とした大判昭和9年9月14日（刑集13巻1257頁）と、共犯者から犯行を共にしなければ殺すと脅迫されたためにともに強盗を行ったと主張する被告人の強盗行為につき「仮りに被告人が……脅迫を受けたとしてもそれが被告人の生命、身体に対する現在の危難であるともいえないし、また……被告人の強盗行為が……〔共犯者〕の脅迫行為を避くるため止むことを得ない行為又はその程度を超えた行為ともいうことができない。」とした最判昭和24年10月13日（刑集3巻10号1655頁）が挙げられる。いずれも緊急避難および過剰避難の成立を否定するが、脅迫内容が現実化するおそれがなお切迫しているとはいい難いがゆえに、事実的な意味で「現在の危難」性が否定されたと理解することが可能である。強要緊急避難事例であることを理由に緊急避難および過剰避難の成立を否定したといえる判断は、最上級審レベルでは存在しない。

また、下級審レベルでの強要緊急避難事例に関する緊急避難否定例としては、東京高判昭和53年8月8日（東時29巻8号153頁）と仙台高判平成9年3月13日（高刑速（平9）143頁）が挙げられるが、前者は補充性が、後者は危難の現在性がすでに否定されたものであり、やはり強要緊急避難事例であるこ

---

16)　同条項が、害の均衡を要求していること（深町⑩116頁以下等。もっとも、松宮孝明「日本刑法37条の緊急避難規定について」『刑事立法と犯罪体系』（2003年）154-5頁）、他人のための緊急避難を一般的に認めていること（山口146-7頁等）による。

とを理由とするものではない。むしろ、**判例1**は、強要緊急避難事例を特別視する論者により特に問題とされる、転嫁先の法益が個人的法益である類型の強要緊急避難事例において過剰避難を認めており、法益均衡の要件さえ充足されればこの類型の強要緊急避難事例においても緊急避難による違法性阻却が認められるとの理解を前提としているといえる。[17)]

　従前の判例・裁判例では、強要緊急避難事例であることが緊急避難の成立可能性に特段の制限をもたらすとは理解されてこなかったといえ、本判決もその延長線上にあると捉えられうる。とはいえ、少なくとも最上級審レベルにおいては、強要緊急避難事例であることが緊急避難の成否に一切影響しないとの判断が明示的に示されたことがないことも確かである。[18)]そこで以下では、強要緊急避難事例においてはその他の場面と異なり違法性阻却を否定すべきとの学説上の見解を検討する。

（2）強要緊急避難事例における違法性阻却否定説の検討

（ⅰ）被強要者による強要者の不法への加担に着目する見解

　我が国においてこの議論に先鞭をつけた論者は、被強要者の実現した犯罪につき強要者が間接正犯として処罰される場合には緊急避難の成立が否定されるべきとし、その理由として、この場合、被強要者は強要者の不法に加担するもので両者には不法の客観的な一体性が認められることから、被害者から被強要者への連帯は強要者（ないし犯罪という社会連帯を破る行為）への連帯をも意味するため、強要緊急避難の違法性阻却（による被害者の被強要者に対する正当防衛の否定）は、法確証を妨げ、緊急避難を社会連帯に基づく違法性阻却事由と捉える立場からは拒絶される、とする。[19)]

　しかし、「不法への加担」（あるいは不法の一体性）の意味は明らかでない。「不法への加担」を客観的に把握すれば、急迫不正の侵害が存在する場合における緊急避難事例では、当該急迫不正の侵害を原因として被転嫁者に法益侵害

---

17)　前述のように、**判例1**が被告人の生命に対する現在の危難を些か強引に否定したのは、侵害法益が生命であることを考慮したためであり、強要緊急避難事例であること自体は重視されていない。

18)　橋田①82頁、85頁。

19)　橋田⑤62頁以下、同④(1)99頁、104頁以下。

が発生する以上、その種の場合における緊急避難の成立を一般的に否定することになり妥当でない上、強要緊急避難事例を特別視することにはならない。論者は、背後者に間接正犯が認められる場合に「不法への加担」を認め、その際、侵害者が第三者の財物を武器として被侵害者を侵害した場合に当該財物に対する被侵害者の対抗行為が正当防衛とされるとの一般的理解との類比を行うが、正当防衛の対象となりうるのは、違法性阻却されない形で物的違法が帰属する主体であり、そうであるからこそ通常の緊急避難の場合には正当防衛による対抗が許されないのである。上記の類比は、「道具」利用という現象面への着目に留まり、また、強要緊急避難の場合に違法性阻却が認められないという結論を先取りしたものに過ぎない。そもそも、被強要者による緊急避難を認めなければ、（正当防衛による対抗が不可能であることが前提である以上）被強要者に対する犯罪が実現されるため、いずれにせよ法確証は妨げられ、また、いずれにせよ強要者に対する正当防衛は規範的には認められ、それにより法確証はなされるため、強要緊急避難に違法性阻却を認めることによりさらに法確証が妨げられることはなく、強要緊急避難を別異取扱いする理由にならない。この意味で、強要緊急避難は、強要者ないし犯罪への社会連帯ではなく、すでに犯罪実現が確定した状況下での犯罪被害者間での社会連帯である。社会連帯として緊急避難を理解する立場からは、避難行為者（被強要者）と被転嫁者（被害者）との立場の互換性こそが重要であり、強要緊急避難事例という事情は、何ら帰責性のない避難行為者（被強要者）と被転嫁者（被害者）との（自らも被強要者の立場になりうるかもしれないという）立場の互換性を何ら動かすものではなく、被強要者から被害者への連帯要求を認めることが緊

---

20) 山口・探究111頁等。
21) 橋田⑤65-6頁、同④（2・完）94頁以下。
22) それに対し、論者は行為が道具利用者あるいは背後者の故意に担われている点を重視する（橋田久「侵害の不正性と対物防衛」現刑2巻1号（2000年）40-1頁も参照）が、それが重視される理由は明らかでない。
23) 島田⑦29頁。
24) 佐伯（仁）190頁。おそらく論者は、被害者の被強要者に対する正当防衛が否定される点に法確証の妨げを見出すのであろうが、やはり被害者の被強要者に対する正当防衛が認められるべきとの結論を先取りしている。
25) 松原202頁。

急避難制度の本旨にかなうであろう。

（ii）強要型犯罪抑止の観点に着目する見解

　別の論者は、「不法への加担」という論理を否定しつつも、[26]強要者の意思のみにより法益衝突が媒介される場合には、社会連帯の観点から「おたがいさま」として被害者に甘受させることはできないとし、[27]その際、強要緊急避難につき違法性阻却を認め被害者による被強要者への正当防衛を否定すれば強要型犯罪が助長されると指摘するが、緊急避難の基本原理を社会連帯に見出す論者の出発点からは、避難行為者（被強要者）と被転嫁者（被害者）との立場の互換性は変わらず認められる以上、緊急避難を認めるのが筋であろう。強要型犯罪抑止のための、潜在的被強要者と潜在的被害者との間での、強要緊急避難事例を危難の相互転嫁の射程から外す合意を想定するにしても、被害者からの正当防衛の存在が強要型犯罪をどれほど抑止しうるのか明らかでなく、[28]そのような見込みの薄い恩恵と引換えに、依然として発生が見込まれる強要型犯罪の被強要者になった場合に侵害を甘受しなければならないとの代償を払うことは、合理的とはいい難かろう。また、論者の出発点と異なり、緊急避難の基本原理を優越的利益原理に求めるとしても、それを、両立不可能な複数の法益が衝突する場合には自身の行為により社会全体の利益を減少させない限り否定的評価を下しえない、という消極的な形で把握するのであれば、[29]強要型犯罪の助長という被強要者に帰属されない事情を取り込むことは許されないだろう。[30]もちろん、立場の互換性が否定されない場合であるものの、侵害法益が生命又は重大な身体部分となる場合には緊急避難による違法性阻却を認めないとの見解は有力であるが、[31]それは人格の根本的要素への

---

26)　それに伴い違法性阻却が否定される場面をより限定する（松宮161頁）。

27)　松宮161頁、同⑥319頁。

28)　仮に被害者から被強要者への正当防衛が認められるとしても、強要者自身への正当防衛の可能性が事実上ないことから、依然として強要型犯罪は魅力的であり続けよう。

29)　平野Ⅱ228頁以下、山口147-8頁、深町⑩120頁。より積極的に社会全体の効用最大化を目指すとしてもやはり、強要型犯罪の抑止という見込みの薄い便益と、依然として発生が見込まれる強要型犯罪において失われる大なる利益との利益衡量が必要になり、後者が優越するように思われる。

30)　山口・探究110頁等。

侵害の甘受は受忍限度を超えるという理由による。また、手段として積極的に利用する場合には緊急避難による違法性阻却を認めないとの見解もある（強要者の「意思のみ」に基づく点に着目した議論はこの見解に通じるところがあるかもしれない）ものの、これも侵害法益が生命又は重大な身体部分であることが前提である。³²⁾³³⁾

(3) 結 論

以上のように、強要緊急避難の場合をその他の緊急避難の場合と別異に取扱う説得的な論拠は存在しない。**判例1**との連続性にも鑑みれば、本判決の射程を限定して読む必要はなかろう。このように考えた場合、緊急避難を違法性阻却事由と理解する通説的理解に拠れば、被害者の被強要者に対する正当防衛は認められないが、緊急避難による対抗は可能である。³⁴⁾そのため、例えば、親族を人質に取られその命と引換えに銀行強盗をするよう強要され実行した被強要者に対して、銀行側は、比較的軽微な暴行等による対抗に留まる場合には緊急避難が認められうるが、³⁵⁾被強要者に対するそれに留まらない侵害によらなければ対抗不能な場合には緊急避難としての対抗を諦め、財産を提供するほかないことになる。この結論が適切でないと感じるとすれば、

---

31) 山口148頁等。もっとも、**判例1**が過剰避難を認めている（保全法益も生命である場合には緊急避難が認められる余地も残されているといえる）ことから、この立場は実務上採用されていないといえよう。

32) 佐伯（仁）184頁以下、191頁以下。いわゆる「雨傘事例」につき緊急避難の成立に疑問が呈されるのは、原則的に交渉によるべきであるからに過ぎず、交渉が出来ない場合には（自招危難の問題は残るものの）緊急避難の余地はあろう。

33) なお、論者は、強要緊急避難が違法性阻却されるとすれば、（後述の銀行強盗事例を念頭におくと）㋐銀行に強盗行為の受忍が義務づけられ、受忍しない場合に被強要者の親族に生じる生命侵害に対する不作為責任を問われてしまう（松宮161頁、同⑥301頁）、あるいは㋑被強要者が当該親族との関係で保障人的地位に立つとすれば、被強要者に強盗行為が義務づけられ、それをしない場合に当該親族に生じる生命侵害に対する不作為責任を問われてしまう（同③65頁）、との問題を提起するが、たとえ保障人的地位が認められる場合であっても、強要された行為の違法性阻却とその受忍や履行の義務づけとは表裏一体ではないと考えることが可能である（㋐については後掲注(35)も参照）。

34) 山口151頁等。

35) これに対して、松宮161頁は、この場合、親族の生命を侵害利益に加えることにより、緊急避難は否定されるとする。しかし、銀行側には被強要者の親族の生命侵害は帰属されないため、親族の生命は侵害利益に含まれないと解すべきであろう（佐伯（仁）183頁参照）。

強要緊急避難を特別視するのではなく、緊急避難一般を可罰的違法性阻却事由と理解するなどの形で議論を展開する必要がある。[36)]

3　自招危難

本判決は、避難行為の相当性の検討において⒟⒠を挙げており、これらの事情が異なれば自招危難として緊急避難の制限が生じる可能性を示唆しているとも思われるため、若干の検討を行う。

(1)　自招危難に関するリーディングケース（？）

自招危難に関するリーディングケースとされる大判大正 13 年 12 月 12 日（刑集 3 巻 867 頁）は、刑法 37 条が公平正義の観念に立脚するものであることから、危難を行為者が有責行為により自招し、避難行為が社会通念上是認しえない場合には、同条の適用が否定されるとする。しかし、この説示は傍論に過ぎない上、この事案は第三者への危難の過失的招致の事案であり、危難招致に無関係の第三者の法益の要保護性を否定する理由はない。それにもかかわらず、仮に被告人による第三者のための避難行為が故意行為であった場合にも常に故意犯成立を認める趣旨であるとすれば、第三者保護の観点から不当であろう。[37)]もちろん、過失的招致行為を実質的な問責対象行為と見れば、過失犯の成立を認めた同判決の結論は支持可能であり、[38)]そのことを考慮して「社会通念上是認しうるか否か」の判断が行われたと見ることは可能である。しかし、そうであればその考慮された内容こそが重要であり、問題状況が大きく異なるがゆえに同様の考慮内容が妥当しないと思われる本判決の事案にとっては、同判決は十分な検討の指針とはいずれにせよなり難い。

(2)　正当防衛制限に関する判例の参照

自己への危難の（せいぜい過失的）自招の事案において、故意避難行為を問責

---

36)　たとえば、井上⑨ 66 頁以下（もっとも、保全法益が侵害法益を著しく優越するときには違法性阻却事由とする。）。いわゆる二分説（緊急避難には違法性阻却と責任阻却の双方が含まれるとする立場）も有力に主張されている（ヴァリエーションに富むが、代表的なものとして井田 328 頁以下。もっとも、前掲注(16)も参照）。

37)　佐伯（仁）193 頁等。

38)　大コンメ (2) 705 頁〔安田拓人〕等。東京高判昭和 45 年 11 月 26 日（東時 21 巻 11 号 408 頁）等も同様に理解するほかない。

対象行為とした場合に緊急避難の適用に制限がありうるか、という問題に関して参照しうるのは、先行事情による正当防衛の制限の議論であろう[39]。そしてこれについては、侵害の予期のある場合に関する最決平成 29 年 4 月 26 日（刑集 71 巻 4 号 275 頁[40]）と狭義の自招侵害に関する最決平成 20 年 5 月 20 日（刑集 62 巻 6 号 1786 頁）とが並立している状況にある。

　まず、前者の類型に関しては、正当防衛においては、「正対不正」の状況であり、正の側に行動の自由が広く保障されるべきとの観点から、制限には予期が要求される[41]が、緊急避難においては、無関係の第三者への転嫁が問題となるため、緊急避難状況を生じさせない注意義務を広く認めることは可能であろう[42]。この注意義務の存否は、危難の予見可能性の存在を前提に、待受け又は出向きに正当な理由があるか、という観点から判断されることとなろう（以下、「危難予見可能類型」とする。）。なお、危難が予見可能であるに留まり（そして待受け又は出向きに正当な理由はない。）、かつ、避難行為が故意行為である場合、直ちに完全な故意犯処罰を認めるのは酷であり、落ち度に応じた受忍負担を観念し、補充性と害の衡量を厳格に判断するという程度に留めるべきだろう[43]（もちろん、過失的招致行為を問責対象行為とする過失犯の成立も別途問題としうる。）。

　次に後者の類型に関しては、その類型の正当防衛制限について侵害の予見可能性を要求する立場からは[44]、緊急避難においては前者の類型と重なることになるため、参照価値はないことになろうが、予見可能性を問うことなく正当防衛を制限しうるものと理解するならば[45]、一定の参照価値が認められる。すなわち、自らの不正行為等によって緊急状況を作出した者はその解消のために一定の負担を負うべきとの価値判断を前提に、その負担なくしては不正の侵害者に対する対抗行為すらできないとすれば、その負担を負うことなく正の被転嫁者に転嫁することはいっそうできないことになろう（以下、「狭義の

---

39)　下級審裁判例の分析については、鎮目⑧ 26 頁以下が詳しい。

40)　本判決当時であれば最決昭和 52 年 7 月 21 日（刑集 31 巻 4 号 747 頁）。

41)　これのみでは足りないことは周知のとおりである。

42)　大コンメ（2）706 頁〔安田拓人〕参照。

43)　井田 336-7 頁等。もっとも、鎮目⑧ 29-30 頁。

44)　橋爪 95-6 頁。

45)　佐伯（仁）158 頁等。

自招危難類型」とする[46]。）。

(3) 本判決の検討

本判決について、狭義の自招危難類型についても予見可能性が必要と考える立場からは、ⓔが重要な観点であり、これが否定されればすでに自招危難として緊急避難の成立が制限されることはありえない。ⓓは、仮に予見可能であったとしても、正当な理由があったことを示したもの、という位置づけになろう[47]。

これに対し、より積極的な意味をⓓに見出すとすれば、本判決は、自招危難による緊急避難制限にも、「狭義の自招危難類型」と「危難予見可能類型」の2類型が存在するとの理解を前提に、ⓓにおいて、先行行為は違法でなく、またその経緯・動機から社会通念上是認されないものでもないことから前者の類型による緊急避難制限がないことを、またⓔにより後者の類型による緊急避難制限もないことを示した、と理解されよう。

最後に、本判決は自招性を避難行為の相当性の要件において扱っている[48]。正当防衛制限においても、侵害の予期がある場合を除いて急迫性要件には位置づけられていない。それは「急迫」という文言の概念的な制約と考えられるが[49]、37条1項の「現在」はいっそう評価的な判断に馴染みにくいとすらいえる文言であり、少なくとも予見なき類型に関して危難の現在性の問題と位置づけることには疑問も残る。自招危難の問題は、上記類型いずれについても、自招性に基づく緊急状況解消のための負担受忍の問題と理解でき、そして受忍すべき負担により緊急状況を解消できる限りで避難行為に出ることが否認されることから、危難の現在性を肯定した上で、避難行為の相当性を否定するという構成が可能であろう[50]。

---

46)　橋爪 97 頁参照。

47)　鎮目⑧ 28 頁。もっとも、本件における被告人の接触行為が「正当な理由」ありといえるかには疑問もある。永井紹裕「判批」早法 90 巻 2 号（2015 年）131 頁注(18)参照。

48)　自招性を現在性の要件で処理すべきとするのは、深町⑩ 153 頁。

49)　三浦透「判解」最判解平成 20 年度 428-9 頁。

【参考文献】

①橋田久「判批」刑ジャ 38 号（2013 年）

②井上宜裕「判批」平成 26 年度重判解

③松宮孝明「判批」百選 8 版

④橋田久「強制による行為の法的性質（1）（2・完）」法叢 131 巻 1 号、4 号（1992 年）

⑤橋田久「避難行為の相当性」産大法学 37 巻 4 号（2004 年）

⑥松宮孝明「強制と緊急避難について」鈴木古稀（上）

⑦島田聡一郎「適法行為を利用する違法行為」立教 55 号（2000 年）

⑧鎮目征樹「『（広義の）自招侵害の転嫁行為』が正当化される範囲について」刑ジャ 62 号（2019 年）

⑨井上宜裕『緊急行為論』（2007 年）

⑩深町晋也『緊急避難の理論とアクチュアリティ』（2018 年）

50）　佐伯（仁）193 頁。受忍すべき負担の程度を超えている場合には、避難行為の相当性は認められるが、害の均衡においてその分の負担は保全法益として考慮されないことから、過剰避難と評価されやすくなる、と理解されることになろう。

8

特殊詐欺における実行の着手

最高裁判所平成 30 年 3 月 22 日第一小法廷判決
平成 29 年（あ）第 322 号 詐欺未遂被告事件
刑集 72 巻 1 号 82 頁／判時 2452 号 90 頁／判タ 1473 号 5 頁

鈴　木　一　永

I　事　案

　本件の前日に特殊詐欺にあって 100 万円を交付していた A は、某日 11 時 20 分ごろ、警察官を名乗る者からの電話で、銀行の口座にある預金を下ろして現金化する必要があること（嘘①）、前日の詐欺の被害金を取り戻すために被害者が警察に協力する必要があること（嘘②）、を言われた（1 回目の電話）。さらに 13 時 1 分ごろ、警察官を名乗る者からの電話で、14 時前には到着できるように態勢を整えて訪問する（嘘③）、と伝えられた（2 回目の電話）。X は 13 時 11 分ごろの氏名不詳者からの電話で、A 宅住所を告げられ、刑事という設定で金を受け取りに行く指示を受けて A 宅に向かったが、到着前に警察官から職務質問を受けて逮捕された。なお、氏名不詳者らは、前日の特殊詐欺の被害金を回復するための協力という名目で A に口座から払い戻しをさせ、警察官を装って訪問した X にその現金を交付させてだまし取る計画であり、X もその計画に基づいて行動していた。

　第 1 審の長野地判平成 28 年 8 月 9 日（刑集 72 巻 1 号 132 頁参照）は詐欺未遂罪の成立を認めた。これに対し、第 2 審の東京高判平成 29 年 2 月 2 日（刑集 72 巻 1 号 134 頁参照）は、氏名不詳者らによる 1 回目の電話は「氏名不詳者らにとっては被害者に対し財物の交付へ向けた準備行為を促すものとは解し得るが、被害者に対し下ろした現金の交付を求めるものではない」し、2 回目の電

話は「被害者宅の訪問を告げるのみであり、被害者に対し下ろした現金の交付を求めるものではな」いから、明示的な欺罔文言はないこと、また黙示的に財物の交付を求めているとも解し得ないこと、などを指摘して、「人を欺」く行為を認定できないとして無罪を言い渡した。これに対して検察官が上告した。

II 判 旨

　最高裁は、上告趣意は刑訴法405条の上告理由にあたらないとしつつ、職権により原判決を破棄し、控訴を棄却した。

　嘘①～③の「嘘（以下「本件嘘」という。）を述べた行為は、被害者をして、本件嘘が真実であると誤信させることによって、あらかじめ現金を被害者宅に移動させた上で、後に被害者宅を訪問して警察官を装って現金の交付を求める予定であった被告人に対して現金を交付させるための計画の一環として行われたものであり、本件嘘の内容は、その犯行計画上、被害者が現金を交付するか否かを判断する前提となるよう予定された事項に係る重要なものであったと認められる。そして、このように段階を踏んで嘘を重ねながら現金を交付させるための犯行計画の下において述べられた本件嘘には、預金口座から現金を下ろして被害者宅に移動させることを求める趣旨の文言や、間もなく警察官が被害者宅を訪問することを予告する文言といった、被害者に現金の交付を求める行為に直接つながる嘘が含まれており、すでに100万円の詐欺被害に遭っていた被害者に対し、本件嘘を真実であると誤信させることは、被害者において、間もなく被害者宅を訪問しようとしていた被告人の求めに応じて即座に現金を交付してしまう危険性を著しく高めるものといえる。このような事実関係の下においては、本件嘘を一連のものとして被害者に対して述べた段階において、被害者に現金の交付を求める文言を述べていないとしても、詐欺罪の実行の着手があったと認められる。」

　なお、本判決には山口厚裁判官の以下のような補足意見が付されている。

　「詐欺の実行行為である『人を欺く行為』が認められるためには、財物等を

交付させる目的で、交付の判断の基礎となる重要な事項について欺くことが必要である。」過去の最高裁判例（クロロホルム事件参照）によれば、「犯罪の実行行為自体でなくとも、実行行為に密接であって、被害を生じさせる客観的な危険性が認められる行為に着手することによっても未遂罪は成立し得るのである」。「したがって、財物の交付を求める行為が行われていないということは、詐欺の実行行為である『人を欺く行為』自体への着手がいまだ認められないとはいえても、詐欺未遂罪が成立しないということを必ずしも意味するものではない。未遂罪の成否において問題となるのは、実行行為に『密接』で『客観的な危険性』が認められる行為への着手が認められるかであり、この判断に当たっては『密接』性と『客観的な危険性』とを、相互に関連させながらも、それらが重畳的に求められている趣旨を踏まえて検討することが必要である。特に重要なのは、無限定な未遂罪処罰を避け、処罰範囲を適切かつ明確に確定するという観点から、上記『密接』性を判断することである。」本件では、「警察官の訪問を予告する上記2回目の電話により、その行為に『密接』な行為が行われると解することができる。また、前日詐欺被害にあった被害者が本件の一連の嘘により欺かれて現金を交付する危険性は、上記2回目の電話により著しく高まったものと認められる。」本件事案では「1回目の電話の時点で未遂罪が成立し得るかどうかはともかく、2回目の電話によって、詐欺の実行行為に密接な行為がなされたと明らかにいえ、詐欺未遂罪の成立を肯定することができる」。

Ⅲ　解　説

1　問題の所在

　本件では、事前に被害者に電話で嘘を誤信させてあらかじめ現金を準備させ、その後に警察官を装った被告人が被害者宅を訪問し、現金の交付を求めてこれを交付させて詐取するという計画に基づいた特殊詐欺事案が問題となっている。事前の電話では、警察に協力し、預金を現金化する必要がある

こと、警察官が訪問することを内容とする嘘しか伝えられておらず、また、現金の受け取り役の被告人は被害者宅到着前に職務質問を受けて逮捕されていることから、交付要求が少なくとも明示的にはなされていない時点で詐欺罪の実行の着手を肯定できるか、問題となる。

　また、本件においては詐欺罪が問題となったが、いわゆる「特殊詐欺」の中でも、被害者に事前に嘘を伝えて誤信させてから被害者宅を訪問し、被害者の隙を見てすり替える方法によってキャッシュカード等を入手する場合（以下、「すり替え型」という。）は、詐欺罪ではなく窃盗罪に該当しうる[1]。詐欺罪に対して展開された本件の議論、本件判決が「すり替え型」窃盗にどのように影響するのか問題となる。

2　実行の着手に関する議論

(1) 学　説

　刑法43条本文は、「犯罪の実行に着手してこれを遂げなかった者は、その刑を減軽することができる」と規定している。この実行の着手があることにより、未遂犯としての処罰が可能となる。

　実行の着手の解釈について、現在では、43条の「犯罪の実行」という文言をもとに罪刑法定主義的観点を重視する形式的客観説と未遂の処罰根拠論から考える実質的客観説の2つのアプローチに分けて整理されている。

　形式的客観説は、「実行」の着手を「実行行為」の着手と理解し、構成要件に該当する行為の一部を開始した時点に実行の着手を認める[2]。形式的客観説は、法文とも調和し、罪刑法定主義的にも未遂犯の成立範囲を形式的に限定できる点で優れている。しかし、未遂犯の成立が遅くなりすぎる、という批判が向けられる場合がある。たとえば窃盗罪の実行の着手を認めるためには「窃取」、すなわち占有移転行為の開始が要求されることになるからである。

---

1)　これは、警察による特殊詐欺の分類では「キャッシュカード詐欺盗」と呼ばれる類型で、特殊詐欺の中でもオレオレ詐欺に次いで多くなっている。法務総合研究所編『令和3年度版犯罪白書』326頁以下参照。
2)　団藤354頁以下など。

窃盗予備は処罰されないこともあり、一般には、物色行為に至れば未遂として処罰すべきであると考えられている。そこで、構成要件該当行為の直前に位置する行為ないし密接な行為に前倒しする修正された形式的客観説[3]が現れた。しかし、どこまでを前倒しするかを形式的な観点から画することはできないのではないか、との疑問が向けられている。

　これに対し、実質的な観点によって実行の着手時期を画そうとするのが実質的客観説である。未遂犯の処罰根拠が既遂結果発生の危険の惹起にあることから（客観的未遂論）、そのような具体的危険が認められる時点に実行の着手を認めるものである。この危険の内容について、行為自体の危険性と捉え、結果発生の確実性、自動性が認められる行為の時点に実行の着手を認める立場（危険行為説）と、行為の結果としての被害者領域への侵入という事実に危険の具体化を見出し、結果発生の切迫性を要求する立場（危険結果説）がある。既遂処罰が原則であり、未遂犯の法的効果が任意的減軽、すなわち既遂犯と同様の処断刑で量刑可能であるように規定されていることからすれば、既遂に準じる事態として具体的な客体への作用領域に入り、既遂発生が迫っているというという「結果」が要求されると考えるべきである[4]。

　また、危険の判断資料として行為者の主観面を考慮するか、純客観的に判断するか、という対立が議論されてきた[5]。現在では、法益侵害行為に向けた次の段階の行為に出る可能性を判断する資料として行為意思ないしは犯罪計画を考慮する立場[6]が多数であると思われる。というのも、たとえばスリ行為の場合に、被害者のポケットに財布が入っているか確かめるために触れるアタリ行為は窃盗未遂ではないが、まさにスリ取るために触れた時点で窃盗未遂になるとされている[7]。この場合に、アタリ行為のために触れたのか、スリ取るために触れたのかは、行為者の意思を判断資料に含めなければ区別でき

---

3)　塩見淳「実行の着手について」論叢121巻6号（1987年）15頁以下。
4)　曽根・原論461頁以下、松原337頁、橋爪285頁以下など。
5)　この議論の状況について、佐藤拓磨『未遂犯と実行の着手』（2016年）99頁以下参照。
6)　山口285頁以下、佐伯(仁)109頁など。
7)　最決昭和29年5月6日（刑集8巻5号634頁）参照。

ない。[8]

　このように、現在では、行為者の犯罪計画を考慮に入れて判断された結果発生の具体的危険を基準としつつ、危険という程度概念の不明確さを補うために実行行為との密接性ないし行為態様の構成要件的限定といった形式的な[9]　　　　　　　　　　　　　　　　　　　[10]観点を考慮する見解が有力になっている。[11]

　近時、上述したような見解、すなわち結果発生の具体的危険を実行の着手の基準としつつ、実行の着手論の裏返しとしての不能犯論において現実的、具体的危険という高度の危険性を要求する立場を「多数説」と呼び、これに対して行為者の犯行計画ないし認識を基礎としつつ、犯行計画における事態の進捗度合が未遂処罰にふさわしい段階に至っているか、によって実行の着手を判断しつつ、不能犯論においては高度の具体的危険を要求しない立場を「有力説」として対置する整理がみられる。[12]有力説は、不能犯論と実行の着手論とで共通して用いられる「危険」という概念に異なる側面が存在することを指摘し、実行の着手論においては結果との「近さ」という量的側面が問われているという問題意識に基づいている。[13]もっとも一般的に、犯行計画が進捗すれば結果発生の危険性も高まり、どこかの時点で未遂処罰に値する具体的危険性が生じて未遂として可罰的になる。[14]だとすれば、犯罪計画における犯罪の進捗度も当然に危険判断の一要素として考慮されるものといえる。[15]

　（2）判　例

　判例は一般に、実行の着手において犯行計画を考慮に入れて危険性を判断する立場をとってきており、実質的客観説に親和的である。危険の内容は、

---

8)　もちろんこの場合に主観面だけを根拠に危険を認定するのではなく、「それ以前に何度かアタリ行為を済ませている」であるとか、「周囲に目撃者がいないか慎重に確かめる行動をした」というような客観的な事情と同列の一判断資料として考慮される。

9)　山口 283 頁。

10)　西田（橋爪補訂）324 頁以下、松原 336 頁参照。これに対して、橋爪 289 頁以下は、行為態様が規定されているか否かで、同種の犯罪であっても着手時期が大幅に異なりうるのは妥当ではない、として構成要件的関連性を不要とする。

11)　二本柳① 38 頁参照。

12)　樋口亮介「詐欺罪における実行の着手時点」法セ 759 号（2018 年）52 頁以下など。

13)　佐藤・前掲注(5)46 頁。

行為者の計画を判断資料にした自動性、確実性という意味での危険を重視しているようにみえ、切迫性は重視されていないようにみえる。

　たとえば、電気器具店に侵入し、なるべく現金を盗りたいと思って煙草売り場の方へ行きかけた時点で窃盗罪の実行の着手が認められている（最決昭和40年3月9日刑集19巻2号69頁）。また、ダンプカーで移動して姦淫するという行為計画を前提とし、ダンプカーの「運転席に引きずり込もうとした段階においてすでに強姦に至る客観的な危険性が明らかに認められる」として強姦罪の実行の着手を認めた最決昭和45年7月28日（刑集24巻7号585頁）がある。姦淫行為まで一定の場所的・時間的懸隔があり、姦淫の手段としての暴行・脅迫がなお必要である時点で着手を認めており、確実性、自動性の観点から危険性が認められたものといえる。

　さらに、被害者にクロロホルムを吸引させて昏倒させ（第1行為）、車の運転席に運び入れて同車を岸壁から海中に転落させて沈めた（第2行為）、といういわゆるクロロホルム事件に関する最高裁決定（最決平成16年3月22日刑集58巻3号187頁＝**判例1**）[16]では、①第1行為が第2行為を確実かつ容易に行うために必要不可欠であったこと、②第1行為に成功した場合に、それ以降の計画遂行上障害となるような特段の事情が存しなかったこと、③第1行為と第2行為の時間的場所的近接性などに照らして、第1行為は第2行為に密接な行為であり、第1行為開始時点ですでに殺人に至る客観的危険性が明らかに認められる、として殺人罪の実行の着手を認めた。ここでも、行為計画を基礎

<hr>

14）　なお、佐藤②28頁以下は、ロト6の特別抽選に選ばれたが契約に違反したため違約金の支払が必要になった、などという荒唐無稽な嘘の場合には、多数説からは具体的危険が認められず不能犯となってしまうのではないか、という疑問を示す。もっとも、実際に同様のケースで被害が生じている状況があるのであれば、そもそもそれは「荒唐無稽」と評価すべきではない（橋爪隆「特殊詐欺の『受け子』の罪責について」研修827号（2017年）13頁参照）。また、本当に「荒唐無稽」なケースであれば、行為者の主観的な犯行計画が進捗したとしても実行の着手を認めるべきではないというべきであろう。論者は、多数説ほど高いレベルの危険を要求しない理由として、効果的な取り締まり上の妥当性を挙げるが（佐藤②30頁）、あまりに「荒唐無稽」なケースを処罰することは意思処罰につながりかねない。

15）　橋爪291頁以下参照。

16）　クロロホルム事件については、松原芳博「実行の着手と早すぎた構成要件の実現」刑法の判例172頁以下などを参照。

に、最終的な結果発生行為である第2行為と一定の時間的場所的懸隔のある第1行為の時点で着手が認められており、確実性、自動性の観点が重視されているといえる。[17]

3　本判決・事案の検討

(1)　実行の着手の前倒しの有無

　本件ではまず、詐欺罪の実行の着手を肯定した最高裁が、実行行為（欺罔行為）の開始前に実行の着手を認めたのか否か、という点が問題となる。

　すなわち、交付要求がない「本件嘘」を述べる行為は欺罔行為ではないと解するならば[18]、実行の着手の実行行為からの前倒しを認めたものと読むことができる[19]。**判例1**を引用しつつ、「財物の交付を求める行為が行われていないということは、詐欺の実行行為である『人を欺く行為』自体への着手がいまだ認められないとはいえても、詐欺未遂罪が成立しないということを必ずしも意味するものではない」として「実行行為に『密接』で『客観的な危険性』が認められる行為への着手が認められるか」を検討している山口補足意見はこのような理解に立っている。他方で原審は、欺罔行為の存在を否定していることから本件嘘を述べる行為は欺罔行為でないと解しつつ、本件嘘を述べる行為までの欺罔行為からの実行の着手の前倒しは認めなかったものといえる。

　これに対し、「本件嘘」を述べる行為が欺罔行為の一部であるとすれば、本判決は実行行為が開始されたことにより実行の着手を肯定したものと読むこともできる[20]。

---

　17)　また、スーツケースを機内預託手荷物として搭乗予約済みの航空機に積載させる意図の下、機内持込手荷物と偽って保安検査を回避してチェックインカウンターエリア内に持ち込み、不正に入手した保安検査済みシールを貼付した時点では、航空機に積載するに至る客観的危険性が明らかに認められるとして無許可輸入罪の実行の着手を認めた最判平成26年11月7日（刑集68巻9号963頁＝**判例2**）がある。

　18)　内山良雄「詐欺罪における欺罔行為と実行の着手（1）」明大ロー22号（2019年）47頁、成瀬③140頁。

　19)　和田俊憲「判批」重判解平成30年度151頁、井田良『講義刑法学・各論〔第2版〕』（2020年）314頁以下参照。

　どちらの読み方をとるかは、欺罔行為に交付要求を必要とすべきか否かという欺罔行為の解釈次第である。しかし、本判決は欺罔行為それ自体の解釈については触れておらず、どちらの読み方をすべきか明らかにすることはできない。[21]

　本判決以前にも、裁判所は交付要求がなされる前の段階で詐欺罪の実行の着手を肯定している。たとえば最判昭和29年10月22日（刑集8巻9号1616頁）は、競輪選手である被告人が他の選手と通謀して払戻金及び賞金を得る目的で八百長レースを行った事案につき、「詐欺の実行の着手は八百長レースを通謀した選手らがスタートラインに立った時であ」ると判示している。払戻金について、レース後に投票券の換金行為時に交付要求がなされる点からすれば、本判決は詐欺罪の実行の着手を認めるうえで交付要求は不要であると考えているとみることができる。[22] また、東京高判昭和34年7月2日（判タ94号44頁）では、電電公社の社員を装った被告人が、調査のためと称して電話債券の呈示を求めてからしばらく貸してくれといって交付させて詐取する目的で債券の呈示を求めたが、被害者が所持していなかったためにその目的を遂げなかった、という事案について、被告人の行為は「被告人の詐欺の意思は明確に表明され且つ相手方を欺罔して財物を騙取すると云う法益侵害に密接した行為に他ならない」として実行の着手を認めている。

（2）欺罔行為の重要事項性への言及

　詐欺罪における欺罔行為は、相手方がその事実を知っていれば交付行為を行わないような重要な事実を偽るものでなければならないと理解されており、判例は、「交付の判断の基礎となる重要な事項」に関するものを偽るものであるから欺罔行為に該当する、と表現している。[23]

　この点、本判決は「本件嘘の内容は、その犯行計画上、被害者が現金を交

---

20)　豊田兼彦「判批」法セ761号（2018年）121頁、冨川④115頁以下、大コンメ（13）109頁以下〔高橋省吾〕参照。

21)　向井⑤82頁以下。

22)　冨川雅満「判批」法時90巻3号（2018年）116頁、向井⑤67頁参照。これに対して、本判決が欺罔行為を不要とする立場を明示したものとみるべきではない、と指摘するものとして、二本栁①34頁。

23)　最決平成22年7月29日（刑集64巻5号829頁）など。

付するか否かを判断する前提となるよう予定された事項に係る重要なもの」
と述べている。上述した従来の判例の表現と比較すると、「予定された」とい
う表現は、本件では実際には少なくとも交付要求を含んだ欺罔行為には至っ
ていないことを意味したものであろう。また、「基礎となる」ではなく「前提
となる」という表現が用いられている点については、基礎となる重要な事項
とは異なるものという理解もありうる。すなわち、その「前段階」にすぎな
いという理解[24]や、本件嘘のうち預金を下ろして現金化する必要があるという
部分（嘘①）については交付の判断の基礎とはならないという分析[25]がなされて
いる。もっとも、被害者が警察に協力するために、たとえば銀行に口座取引
を停止してもらうなどではなく、まさに現金を警察官に渡さなければならな
いのだ、という判断に至る上では、預金債権を現金化する必要があるという
内容は重要な事項であるということもできよう。したがって、基礎となりえ
た重要な事項の一部分を構成しているという理解[26]が妥当である。

(3) 危険性の判断について

　本判決では、現金を下ろす必要があるという嘘、警察官が間もなく訪問す
るという嘘という、交付要求に「直接つながる嘘」が含まれており、これら
を誤信させることで「被害者において、間もなく被害者宅を訪問しようとし
ていた被告人の求めに応じて即座に現金を交付してしまう危険性を著しく高
めるものといえる」と述べられている。また、山口補足意見は明示的に**判例
1**を引用して本事案に当てはめて客観的危険性を肯定している。

　本判決が**判例1**や**判例2**とは異なり単に「危険性」と述べ、「客観的な危険
性」としなかった点について、上述の有力説に親和的であるとの評価もみら
れる。すなわち、犯行計画を基礎に着手判断を行っていることを明確にする
趣旨である[27]、というのである。しかし、危険性の著しい高まり、という危険
の量的側面を指摘していることからすれば、本判決の危険性判断はむしろ実

24)　成瀬③ 140 頁。
25)　佐藤② 24 頁。
26)　向井⑤ 84 頁。
27)　佐藤② 31 頁、冨川④ 113 頁、東條明徳「判批」論ジュリ 31 号（2019 年）206 頁。

質的客観説に親和的ではないだろうか。[28]

　もっとも、本件におけるそのような危険性の程度が、未遂処罰に必要な具体的危険の程度に達しているかは疑問の余地がある。

　まず本件においては、受け子である被告人は、現実には被害者宅付近で警察官の職務質問にあって逮捕されている。さらには1回目電話の後、被害者が警察官を名乗って本件嘘を述べた氏名不詳者に電話しようとしたところ、電話番号の前に110番を押したために警察に電話が通じ、詐欺であることを認識したことによってだまされたふり作戦が開始されている。[29]したがって、危険の内容として確実性、自動性を重視する見地からは「第1行為に成功した場合、それ以降の計画を遂行する上で障害となるような特段の事情が存しなかった」と認められるかについて検討が不十分であるとの指摘がある。[30]

　さらには、「電話での欺罔行為が1項詐欺罪の実行行為にあたるとしても（抽象的危険の発生）、被害者に錯誤がない場合あるいは錯誤はあるがまだ何もしていない場合には、詐欺未遂罪は成立せず、錯誤があり銀行に赴き振込み手続を開始した段階（具体的危険の発生）で詐欺未遂罪の成立が認められ」るとする立場からは、[31]交付要求すらない本件では具体的危険は認められないであろう。しかし、交付が必要であるという内容の錯誤に被害者が陥っていることを詐欺未遂罪の成立に要求すると、欺かれた者が嘘に気付いたものの憐憫の情から交付したような場合に詐欺未遂罪が成立しなくなり、結論として厳格にすぎる。[32]

　これに対し、交付要求後、錯誤に陥る前に切迫性を肯定できるとする見解[33]

28)　向井⑤88頁以下は、単体での現金交付要求をすることでは現金交付の危険性は高いとはいえず、錯誤を招く虚偽ストーリーを告げる等の行為と共に存在する現金交付要求によって全体として欺罔行為が構成されて危険性が高まる、という詐欺罪の構成要件の特質から、本件嘘を述べる行為と現金要求行為の関係性が、これまで客観的危険性という言葉が用いられてきたクロロホルム事件におけるクロロホルム吸引と海への転落行為との関係性とは異なる点が考慮されて「客観的危険性」という言葉を用いなかった、と推測する。
29)　向井⑤58頁参照。
30)　成瀬③140頁。
31)　高橋則夫『刑法各論〔第3版〕』（2018年）314頁以下。
32)　二本柳①44頁。
33)　二本柳①44頁以下。

が主張されており、危険の内容として切迫性を要求する本稿の立場からも支持できる。この立場からは、交付要求も行われていない本件においては切迫性が肯定できないが、仮に警察官役の被告人が被害者宅に到着し、交付要求を行ったとすれば、その時点で詐欺罪の実行の着手を認めることになろう。

4　「すり替え型」窃盗における実行の着手

　架け子が被害者を欺罔する行為を行い、それに基づいて受け子が訪問し、被害者の隙を作り出すなどしてキャッシュカード入りの封筒と用意したダミーカード入りの封筒をすり替えることでキャッシュカードをだまし取る、という手口による「すり替え型」窃盗では、欺罔行為がすり替える隙を作ることに向けられており、交付に向けられたものではないし、被害者の交付行為も存在しないため、詐欺罪は成立せず、窃盗罪の成否が問題となる。

　本判決の後、「すり替え型」窃盗の事案において、受け子が被害者宅付近に待機中に警察官に職務質問をされて目的を遂げなかった事案につき、本件判決の論理に従って架け子の欺罔行為の時点で窃盗未遂罪の成立を認めた裁判例があらわれた。すなわち大阪地判令和元年 10 月 10 日（LEX/DB25566238）は、「犯行計画を踏まえると、架け子による欺罔行為によってその内容を A に誤信させることにより……封筒をすり替えてキャッシュカードを窃取する可能性も飛躍的に高まる」としたうえで、「架け子による欺罔行為や X の待機行為は、計画されていた X によるすり替え行為と密接な行為であり、架け子による欺罔行為が行われた時点で既に X によるすり替え行為が行われる客観的な危険性が飛躍的に高まったものと認められるから、その時点において窃盗罪の実行の着手があったものと解するのが相当」であると判示したのである[34]。本件のような「すり替え型」窃盗は、事前の欺く行為によって被害者を誤信させ、その誤信に基づいて財物の移転を実現する点で詐欺罪と共通している。そこで、実行の着手における有力説の見地からは、土蔵等の財物の保護設備への侵害開始時に着手が認められるのと同様に、被害者の警戒心を緩

---

34)　同様の判断として、静岡地浜松支判令和 2 年 6 月 19 日（公刊物未登載、吉川卓也「判批」研修 877 号（2021 年）16 頁以下参照）。

めて占有を弛緩させている点を占有侵害への障害の乗り越えと評価して窃盗未遂の成立を肯定する見解も主張される。[35] また、詐欺罪か窃盗罪かで実行の着手時期に違いが生じるのは不合理である、としてこの結論を支持する見解がみられる。[36]

　しかし、被害者に占有移転を決意させる詐欺罪における欺罔と、一時的にすり替える隙を作るという占有弛緩のための欺罔では性質が異なり、後者は財物を占有する被害者に対面する現場に至らなければ何の効果もないこと[37]、また、窃盗罪の実行行為は行為者自身による占有移転、すなわち物理的な奪取行為であることから、着手を認めるために窃取行為との物理的な密接性が要求されること[38]を重視すれば、被告人が現場（被害者宅）に至ることが必要であると考えるべきではないだろうか[39]。最決令和 4 年 2 月 14 日（LEX/DB25571957）は、「すり替え型」窃盗の事案において、「被告人が被害者に対して印鑑を取りに行かせるなどしてキャッシュカード入りの封筒から注意をそらすための行為をしていないとしても、本件うそが述べられ、被告人が被害

---

35)　冨川雅満「特殊詐欺における実行の着手」法時 91 巻 11 号（2019 年）79 頁、安田拓人「特殊詐欺における実行の着手」法時 92 巻 12 号（2020 年）14 頁。樋口亮介「特殊詐欺のすり替え事案における窃盗未遂」警論 75 巻 1 号（2022 年）99 頁以下も参照。

36)　大塚雄毅「判研」研修 859 号（2020 年）47 頁、十河太朗「解題」法時 91 巻 11 号（2019 年）58 頁以下。

37)　杉本一敏「判批」法教 494 号（2021 年）139 頁参照。

38)　品田智史「窃盗と詐欺の関係」法セ 779 号（2019 年）36 頁、松宮孝明『先端刑法各論』（2021 年）114 頁以下、同「判批」速報判例解説 Vol.30（2022 年）205 頁。山本修「いわゆる『すり替え作戦』の手口によりキャッシュカードを取ろうとした受け子について、詐欺未遂罪及び窃盗未遂罪の成否が問題となった事例」研修 844 号（2018 年）98 頁以下、高橋健太「特殊詐欺事件において、成立罪名及び実行の着手の有無が問題となった事例」捜研 820 号（2019 年）57 頁以下も参照。

39)　同様の「すり替え型」窃盗の事案である横浜家川崎支決令和 2 年 1 月 14 日（判タ1484 号 252 頁）では、被告人が「インターホンを押した時点で、すり替え行為が行われる客観的な危険が飛躍的に高まっていたと認められるから、遅くともその時点では窃盗未遂罪が成立する」と判示され、東京高判令和 3 年 3 月 11 日（LEX/DB25590988。前出静岡地浜松支判令和 2 年 6 月 19 日の控訴審）では原判決が「氏名不詳者が被害者に電話をかけ、本件欺罔行為に及んだ時点で、直ちに窃盗罪の実行の着手が認められるとした点はともかく」「本件計画に基づき、氏名不詳者が被害者に本件嘘を告げ、それから間もなく被告人が被害者方を訪れているという本件の事実関係の下においては、窃盗罪の実行の着手があったものと解するのが相当である」と判示されている。

者宅付近路上まで赴いた時点では、窃盗罪の実行の着手が既にあったと認められる」と判示した。この事案と本件事案はいずれも、事前に架け子がうそを述べてから、受け子が被害者宅付近まで到達している事案であった。本件事案では嘘を述べた時点で詐欺罪の実行の着手を認めたのに対し、この最決令和4年の事案では被害者宅付近路上まで赴いた時点で窃盗罪の実行の着手を肯定していることからすれば、最高裁も詐欺罪と窃盗罪では実行の着手時期に違いが生じることを認めたものといえよう。[40]

【参考文献】

本件について

①二本栁誠「詐欺罪における実行の着手」刑ジャ 57 号（2018 年）

②佐藤拓磨「詐欺罪における実行の着手」刑ジャ 57 号（2018 年）

③成瀬幸典「判批」法教 454 号（2018 年）

④冨川雅満「判批」新報 126 巻 3・4 号（2019 年）

⑤向井香津子「判解」最判解平成 30 年度

---

40)　髙橋直哉「判批」法教 501 号（2022 年）129 頁は、この点について最高裁の立場は必ずしも明確ではない、と評価しつつ、現場への接近という結果発生の切迫性の、危険性判断における言及の相違を問題とすべきとする。

9

間接正犯および共同正犯
——インスリン不投与事件——

最高裁判所令和 2 年 8 月 24 日第二小法廷決定
平成 30 年（あ）第 728 号 殺人被告事件
刑集 74 巻 5 号 517 頁

竹 川 俊 也

I 事 案

　被害者 V（当時 7 歳）は、生命維持のためにインスリンの投与が必要な 1 型糖尿病と診断された。1 型糖尿病の患者は、体外からインスリンを定期的に摂取しなければ死に至るが、インスリンの定期的な摂取により通常の生活を送ることが可能である。

　V の母親 A は、V が難治性疾患である 1 型糖尿病にり患したことに強い精神的衝撃を受け、何とか完治させたいと考え、非科学的な力による難病治療を標ぼうしていた X に V の治療を依頼した。X に 1 型糖尿病に関する医学的知識はなかったが、X は V を完治させられる旨断言し、A および V の父親 B との間で V の治療契約を締結した。X は、インスリンを投与しなければ V が生きられないことを認識していたが、インスリンは毒であるなどとしてその不投与を A に指示したため、A および B は V へのインスリン投与を中止した。その後、V は症状が悪化したことから入院し、医師の指導を受けて A および B がインスリンの投与を再開したため、V は、通常の生活にいったんは復帰した。

　X は、A に対し、V を病院に連れて行きインスリンの投与を再開したことをメールや電話等で強く非難し、V の症状が悪化したのは X の指導を無視

した結果であり、Xの指導に従わなければ助からない旨を繰り返し述べるなどの働きかけを行った。これを受け、Aは、Vの生命を救い、1型糖尿病を完治させるためには、Xを信じてインスリンの不投与等の指導に従う以外にないと一途に考え、Xの治療法に半信半疑であったBを説得し、Xに対し、改めてBとともに指導に従う旨約束し、この日を最後にVへのインスリン投与を中止した。その結果、Vは1型糖尿病に基づく衰弱により死亡した。

　第1審判決（宇都宮地判平成29年3月24日刑集74巻5号539頁参照）は、Xの行為につき、Aとの関係では、Aを道具として利用した殺人の間接正犯が成立するとし、他方、インスリンの不投与というXの指示に半信半疑であり保護責任者遺棄（不保護）の認識・認容を有するBとの関係では、Bを道具として利用したとまでは認定できないが、保護責任者遺棄致死の限度で共謀共同正犯が成立するとした。控訴審判決（東京高判平成30年4月26日刑集74巻5号558頁参照）がXの控訴を棄却したため、これに対して、Xが上告した。

II　決定要旨

上告棄却

「上記認定事実によれば、被告人は、生命維持のためにインスリンの投与が必要な1型糖尿病にり患している幼年の被害者の治療をその両親から依頼され、インスリンを投与しなければ被害者が死亡する現実的な危険性があることを認識しながら、医学的根拠もないのに、自身を信頼して指示に従っている母親に対し、インスリンは毒であり、被告人の指導に従わなければ被害者は助からないなどとして、被害者にインスリンを投与しないよう脅しめいた文言を交えた執ようかつ強度の働きかけを行い、父親に対しても、母親を介して被害者へのインスリンの不投与を指示し、両親をして、被害者へのインスリンの投与をさせず、その結果、被害者が死亡するに至ったものである。母親は、被害者が難治性疾患の1型糖尿病にり患したことに強い精神的衝撃を受けていたところ、被告人による上記のような働きかけを受け、被害者を何とか完治させたいとの必死な思いとあいまって、被害者の生命を救い、1

型糖尿病を完治させるためには、インスリンの不投与等の被告人の指導に従う以外にないと一途に考えるなどして、本件当時、被害者へのインスリンの投与という期待された作為に出ることができない精神状態に陥っていたものであり、被告人もこれを認識していたと認められる。また、被告人は、被告人の治療法に半信半疑の状態ながらこれに従っていた父親との間で、母親を介し、被害者へのインスリンの不投与について相互に意思を通じていたものと認められる。

　以上のような本件の事実関係に照らすと、被告人は、未必的な殺意をもって、母親を道具として利用するとともに、不保護の故意のある父親と共謀の上、被害者の生命維持に必要なインスリンを投与せず、被害者を死亡させたものと認められ、被告人には殺人罪が成立する。」

Ⅲ　解　説

1　問題の所在

　本決定は、非科学的な力による難病治療を標ぼうしていたＸが、幼年の被害者Ｖの両親Ａ・Ｂに対し、生命維持のために必要な医療措置を行わないように指示し、その結果Ｖを死亡させた事案につき、殺人罪の成立を認めたものである。被害者の死を惹起した直接的な行為をＡ・Ｂの不作為として捉えたうえで、法律構成としては、Ａとの関係では間接正犯を、Ｂとの関係では共同正犯を認めている点に特徴がある。同一の被告人による同一の犯罪について、複数の関与形式を認めた例はこれまでにあまりなく、この点に本決定の意義の一つがある。こうした理解の背景には、Ａ・Ｂは通常であればそれぞれが作為義務者としてＶ死亡の結果につき第1次的に責任を負うべき主体

---

　1)　類似事案のシャクティ事件（最決平成17年7月4日刑集59巻6号403頁）では被害者が被告人の支配下にあったのに対し、本件では被告人の支配は及んでおらず、Ａ・Ｂに対するインスリン不投与の指示という間接的な関与にとどまることから、Ｘの作為的態度を問責対象としたものと考えられる。
　2)　内藤恵美子「最高裁破棄判決等の実情」判時2501号（2022年）40頁参照。

であるところ、Xに殺人罪の刑事責任をみとめるためには、Aの道具的利用とBとの共謀の双方に言及し、これらを一体的に評価する必要性があったものと考えられる[3]。

もっとも、本決定がいかなる点を根拠に間接正犯の成立を認めたのかは、必ずしも明らかではない。本件におけるXの指示は主として電話やメールで行われ、日常的な支配・依存関係にない点で、従来、間接正犯が認められてきた強制類型の事案とは異なる。他方、（AがVを一度は入院させたことからも明らかなように）Vへのインスリン不投与が現代医学の見地においてどのような意味をもつ行為であるのかAが理解していなかったわけではなく、錯誤類型の間接正犯の基礎づけも困難だからである[4]。成人の第三者を利用した殺人の間接正犯が認められたのは初めてのことであり[5]、本決定がいかなる基準で背後者に正犯性を認めたのかが問題となる。

また、理論的観点からは、直接行為者の行為が不作為の場合に、背後者に間接正犯の成立を認めた点をいかに理解するかが課題となる。Xの非科学的治療を妄信していたAにはインスリン投与という作為に出る可能性がなく、不真正不作為犯の客観的成立要件（作為可能性）を欠いていると評価する余地がある。また、そもそも作為義務が認められないXについて不作為の間接正犯の成立を認めることが可能かという点も検討を要するだろう。

さらに、本決定では、殺意のあるXと不保護の故意にとどまるBとの間で共同正犯の成立が認められており、故意の異なる複数の者が共同して犯罪を実行した場合の処理も問題となる。

2　間接正犯の判断基準

単独正犯の一類型である間接正犯が認められるためには、正犯性の一般的

---

3)　鎮目①115頁参照。
4)　松本②169頁以下参照。
5)　これまでに殺人の間接正犯が認められたのは、自殺強要など被害者の行為を利用した事案が大半である。これに対し、第三者を利用した殺人罪の間接正犯を認めた例としては、意思が抑圧された未成年者を利用した事案に関する北九州連続監禁殺人等事件（福岡地小倉支判平成17年9月28日裁判所HP）がある程度である。

理解に従い、結果を直接惹起する他人の行為を「自己の犯罪実現のための道具として利用した[6]」といいうることが必要である。もっとも、こうした道具性判断の基準や、被利用者に道具性が認められる場合に正犯として問責されうる理由は、直ちには明らかでない。利用者に正犯性が認められる根拠について、学説は、①規範的障害とならない被利用者が介在していることに求める見解（規範的障害説）、②利用者が被利用者の行為を含む犯罪実現過程を支配していることに求める見解（行為支配説）、③被利用者に当該構成要件的結果についての自律的決定が存在しないことに求める見解（自律的決定説）に大別できるが、これらの立場が重視する観点はいずれも相互排他的ではない。そこで判例は、特定の学説の立場に与することなく、被利用者に道具性が認められ、利用者に正犯性が認められるかを（①～③で示された観点を考慮しつつ）事案ごとに評価していると考えられる。以下では、本決定に関連する限度で、（意思抑圧型の）間接正犯の成否が争われた裁判例を確認したい。

　間接正犯の成立が認められる典型例として、利用者が被利用者の意思を支配していたと評しうる場面がある。利用者が被利用者の意思決定を大きく左右する立場にあるとき、たとえば、幼児や高度の精神病者を利用して物を盗むような場合には、間接正犯が認められる。これに対し、同じく責任能力を欠く刑事未成年者であっても、たとえば12歳ないし13歳の者には実質的に是非弁別能力が備わるとされているから、そうした者の利用については、被利用者の意思が抑圧されていなければ間接正犯は成立しない（共同正犯あるいは教唆犯となる。）。

　最高裁は、被告人が12歳の養女を連れて四国八十八か所の巡礼中に、同女に窃盗をさせていた事案について、「被告人の言動に逆らう素振りを見せる都度顔面にタバコの火を押しつけたりドライバーで顔をこすつたりするなどの暴行を加えて自己の意のままに従わせていた」という事実関係のもとでは、「自己の日頃の言動に畏怖し意思を抑圧されている同女を利用して右各窃盗を行つたと認められ」、「同女が是非善悪の判断能力を有する者であつたとし

---

6)　最決平成 9 年 10 月 30 日（刑集 51 巻 9 号 816 頁）参照。

ても、被告人については本件各窃盗の間接正犯が成立する」とした（最決昭和58年9月21日刑集37巻7号1070頁）。

　これに対し、母親がいやがる12歳10か月の息子Aに、具体的な犯行方法を指示するなどして強盗を行うように説得し、Aがこれに従った事案について、最高裁は、「Aには是非弁別の能力があり、被告人の指示命令はAの意思を抑圧するに足る程度のものではなく、Aは自らの意思により本件強盗の実行を決意した上、臨機応変に対処して本件強盗を完遂したことなどが明らかである」として、間接正犯の成立を否定した上で、母親について正犯性を基礎づける事情を指摘しつつ強盗の（教唆犯ではなく）共同正犯が成立するとした（最決平成13年10月25日刑集55巻6号519頁）。

　いずれの事案においても、背後者と被利用者の日常的な支配・依存関係や意思の抑圧の存在・程度を勘案し、被利用者が刑事未成年であったことのみならず、実質的な観点から間接正犯の成否が判断されている。もっとも、年少者は精神的に未成熟であり、経済的にも自立していないため、とりわけ監護者からの命令に対しては、それを断ることが困難な精神状態に陥りやすい。よって、被利用者に道具性が認められるのに必要な強迫・強制の程度が事実上、緩和される場合が多いといえる。[7]

　これに対し、是非弁別能力を備えた成人を強制利用する場合については、自殺強要のように被強制者が同時に被害者である場合と、それ以外の第三者利用の場合とに分けた形で分析がなされるのが通例である。

　前者について近時の最高裁判例は、それまでの経緯から被告人を極度に畏怖して服従していた被害者（27歳女性）を自殺させて保険金を取得しようと企てた被告人が、暴行・脅迫によって自殺を執拗に要求し、「被告人の命令に応じて車ごと海中に飛び込む以外の行為を選択することができない精神状態」に陥らせたうえで、被告人の命令通り、漁港の岸壁上から自動車ごと海に転落させたが、被害者は水没前に車内から脱出して死亡を免れたという事案について、（自殺教唆未遂罪ではなく）殺人未遂罪の成立を認めている（最決平成16

7）　橋爪53頁参照。

年1月20日刑集58巻1号1頁）。本件では、被告人による強制の程度は高かった
ものの、被害者には被告人の命令に従って自殺する意思はなく、何とか生き
延びようとする主体的意思を有していたという事情があった。しかし、被告
人に命令された行為以外の行為を選択できない精神状態に陥っていたのであ
れば、強制による間接正犯の成立が認められるとしたのである。

　他方、成人である第三者を強制利用する場合には、通常、共謀共同正犯と
して処理され、間接正犯が認められるのはきわめて例外的な場合に限られる
というのが判例の立場である。

　たとえば、宗教団体の教祖が、教団施設から母親を奪還しようと侵入した
末に拘束された元信者Aに、解放の条件として協力者Vを殺害させた事件
において、裁判所は、「Aは自分が助かるのであれば、Vを殺害することもや
むを得ないと自ら判断して殺害行為に及んだものであって、間接正犯の道具
とはいえない」とした。[8] 本件では、教祖から、「お前が被害者を殺すことだ。
できなければ、お前も殺す。」と申し向けられており、解放されるためにはV
を殺害する以外の方法がなかったと（別の裁判において）認定されている。[9] そう
すると、その強制の程度は高く、第三者利用の場合には、被害者利用の場合
よりも高い程度の強制が必要となると考える余地もある。

　こうした理解の背景には、第三者利用の場合には間接正犯の成立を否定し
ても、利用者と被利用者を共同正犯または教唆犯として処罰すれば足りるの
に対し、被害者利用の場合、間接正犯の成立を否定すると（自殺関与罪が成立す
る場合にその限度でしか）行為者を処罰することができないという非対称性があ
る。[10] 学説の中には、自殺などの自己侵害行為は犯罪でなく規範的障害となら
ないという理由で、第三者に犯罪行為を強いる場合に比べて弱い程度の強制
であっても間接正犯が認められるとして、上記の相違を理論的に基礎づけよ

---

8)　東京地判平成12年7月17日（判タ1091号181頁）。ただし、本件の被告人は殺
　害の際にVを押さえつけていた幹部であり、教祖にAを道具とする間接正犯が成
　立するので被告人は共同正犯とならない旨の弁護人による主張に対する判断で
　あって傍論である。
9)　東京地判平成8年6月26日（判時1578号39頁）。
10)　豊田兼彦「被害者を利用した間接正犯」刑法57巻2号（2018年）278頁以下参
　照。

うとする試みもなされている。他方、自らの主体的な判断によって生命侵害を決意している点には変わりがなく、間接正犯の成否にとって被利用者の主体的判断の存否が重要な基準とされるべきといった理由から、両者の場合で間接正犯の成否判断は原則的に異ならないとする理解もなお有力である。

3　本決定の特殊性

(1)　強制・錯誤支配の正犯性

前述のように、本事案では、ＸとＡとの間に日常的な支配・依存関係はなく、暴行・脅迫を用いてＡの意思を抑圧したといった事情もない。しかし、精神的衝撃を受けたＡに対してＶを完治させることができる旨断言し、その結果ＡがＸを妄信するという錯誤に類似する状態にあったことにより、「脅しめいた文言を交えた執ようかつ強度の働きかけ」という強迫的な言動であっても間接正犯に必要な利用行為のレベルを充たすと解したものと考えられる。このように、本事案は、難治性疾患の子を持つ母親の「わらにもすがる思い」が欺罔威迫の効果を高めたという点に特殊性があり、強制支配と錯誤支配の交錯領域に位置づけられる。

これに対し、母親Ａに殺意がないことに着目し、錯誤類型に引きつけた形で本決定を理解することも不可能ではない。実際にも、第１審判決はＡについて「殺意といった故意は認められない」として殺人の故意を明示的に否定している。もっとも、これが、保護責任者不保護の故意まで否定する趣旨かは明らかでない。上述のように、Ａには、１型糖尿病患者Ｖへのインスリン不投与が現代医学において有する意味を認識していたとみる余地があり、「わらにもすがる思い」からＸを妄信していたことをもって、上記の認識が打ち消されるとすることには、なお躊躇を覚える。保護責任者遺棄の故意を有す

---

11)　樋口亮介「実行行為概念について」西田献呈30頁。

12)　小林534頁以下、照沼亮介「被害者を利用した間接正犯をめぐる議論」上法63巻3号（2019年）53頁以下、橋爪56頁参照。

13)　原判決について、安田拓人「判批」法教445号（2018年）144頁参照。

14)　こうしたアプローチとして、稲垣悠一「判批」専修大学法学研究所紀要44号（2019年）76頁以下（原判決）、松本②（本決定）。ただし、いずれも、「妄信状態」であることの特殊性を念頭に置いている。

る被利用者に殺人の間接正犯の道具性を認めることが可能かという困難な問題が生じうることもあり、本件ではむしろ、（錯誤に類似する状態を前提に）Aの精神状態を問題にした強制類型として位置づけられたと解するのが適当と考えられる。

　他方、本決定は、Aに対する意思支配の程度として、「期待された作為に出ることができない精神状態に陥っていた」との表現を用いている。これは、被害者の意思抑圧を利用した間接正犯をみとめた前掲最決平成16年1月20日における表現を踏襲するものであり、本決定が、是非弁別能力のある第三者を利用する類型においても、被害者利用の場合と同様の基準で被利用者の道具性を判断することを示唆している。[16]

　もっとも、この場面では、不作為利用の間接正犯という本事案の特殊性を考慮する必要がある。本件における被利用者Aが命じられた内容は、インスリンを投与しないという不作為であり、たとえばナイフを用いた第三者の殺害を命じられたケースに比べれば、心理的に乗り越えるべきハードルが低いといえる。また、Vへのインスリン不投与は、Aの主観を前提とすればVの1型糖尿病を完治させる行為であり、規範侵害性を欠くと評する余地がある。これらの事情から、非科学的な治療行為を妄信するAの心境を前提にすると、その強制も強度のものでなくても足りるとの理解に至りうる。

　こうした特殊性ゆえに、間接正犯の成立に必要な強制の程度について、第三者利用の場合についても被害者利用の場合と同等でよいとする理解を、最高裁が一般論として前提としているのかについては、なお慎重に見定めていく必要がある。本件の場合には、判断基準が同一であるとされてはいるが、その基準をあてはめる段階において、錯誤に類似した状況であったことが重視

---

15)　こうした指摘として、水落伸介「判批」新報128巻1＝2号（2021年）267頁、小池⑤230頁以下。保護責任者不保護罪の故意の内容について、最判平成30年3月19日（刑集72巻1号1頁）参照。シャクティ事件の第1審判決（千葉地判平成14年2月5日刑集59巻6号417頁参照）では、被告人を信奉し、入院中の被害者を病院から運び出した共犯者（被害者の息子）について、被害者の重篤な症状と現になされている治療の内容等をかなりの正確さで認識していたことを根拠に、保護責任者遺棄の故意に欠けるところがないとされている。

16)　鎮目①115頁参照。

され、他行為の選択が困難な心理状態と評価されたとみる余地もあるだろう。

(2) 不作為利用の特殊性

　学説の中には、Xによる直接正犯構成を志向するものがある。[17]その背景には、①作為義務のない背後者Xに間接正犯の成立は認められず、②Xとその治療法を妄信していた被利用者Aについて、Vにインスリンを投与する可能性（作為可能性）がないとの問題意識がある。

　①については、直接行為者が不作為の場合に背後者を間接正犯とするためには、あくまで〈自己の不作為によって犯罪を実現する代わりに、直接行為者の不作為を利用して犯罪を実現した〉といいうることが必要であり、背後者に作為義務があることが前提になるとの指摘である。こうした理解からは、背後者自身の作為義務違反により直接（不作為）正犯が成立するため、そもそも間接正犯の成否を検討する余地は存在しないことになる。[18]

　他方、②は、湖で溺れている者を救助すべき保証人的地位が肯定されるとしても、泳げない者に泳いで救助することを要求できない場合や、嬰児に栄養を与えるべき保証人的地位が肯定されても、身体を拘束されているためにそれができない者にそれを要求することはできない場合のように、作為義務が認められても作為に出る可能性がない場合には不真正不作為犯は成立せず、そのことは、本件のように心理的抑圧の場合にも同様に考えざるをえないとの指摘である。

　しかし、以上のような理解しかとりえないわけではない。

　まず、①の点については、非身分者による間接正犯をめぐる議論が参考になる。有力な学説は、保証人的地位を有することが不作為犯における犯罪主体としての要件であることから、不作為犯を一種の身分犯（違法身分犯）と解している。[19]こうした理解からは、不作為を利用する間接正犯は、非身分者による間接正犯の問題と平行理解することが可能となる。

---

17)　たとえば、平山③204頁、松宮④658頁。
18)　ただし、直接正犯と間接正犯の違いは、（正犯の）構成要件該当性が認められる事例での事実上の区別にすぎないため、以下の議論は結論に影響を与えるものではない。
19)　山口389頁、井田530頁。

　非身分者による身分者を媒介とした間接正犯については、間接正犯が構成要件該当性の問題であるから、非身分者の利用行為が身分犯の構成要件に該当することはありえないことを理由にこれを否定するのが通説だが[20]、肯定説も有力である[21]。もっとも、否定説も、（旧）強姦罪（刑旧 177 条）[22]のように主体が明文で限定されていない犯罪については、法益侵害惹起について事実上の制約がある擬似身分犯にすぎないとして、たとえば女性が故意や責任能力を欠く男性を用いるなどの方法で、間接正犯として強姦罪を犯すことが可能と解していた[23]。こうした理解をスライドさせると、否定説からも、主体が明文で限定されていない不真正不作為犯については、作為義務のない者が間接正犯形態で犯す場合もありうることになる[24]。

　他方、保証人的地位を 65 条 1 項にいう身分と解さない立場[25]を前提にしても、保証人的地位は不作為を作為と同視するための要件にすぎないとすれば、それが被利用者に備わっていれば足り、背後者に同様のものを要求する必然性はないと解することも可能であろう[26]。

　これに対し、②の点については、作為可能性を、身体的能力の問題に限定することが考えられる。たとえば、交通事故を起こした者が被害者をいったん自分の車に引き込んだ場合[27]や、自分の不注意で火鉢の火を木机に燃え移らせた場合[28]には、（病院へ連れて行く、初期消火を行うといった）期待された作為に出ることで行為者の失策が露見する可能性があることから、少なくとも一定の

---

20)　団藤 155 頁、山口 36 頁。
21)　西田（橋爪補訂）358 頁以下。
22)　暴行又は脅迫を用いて「女子を姦淫」したことを要件とする犯罪である。判例はこれを男性を主体とする真正身分犯と解し、女性は単独で直接正犯となりえないとの立場を採っていた（最判昭和 40 年 3 月 30 日刑集 19 巻 2 号 125 頁）。
23)　山口 36 頁以下。
24)　論者は、不作為犯に対する作為による共犯を論じる文脈において、不真正不作為犯については 65 条 1 項の適用を不要とするが（山口 389 頁）、その背景には、法文上明示されない主体要素は身分にあたらないとする理解の下で、不真正不作為犯を擬似身分犯に位置づける理解があるのだろう。
25)　平野 II 396 頁、高橋 157 頁注(11)。
26)　小池⑤ 231 頁。
27)　東京地判昭和 40 年 9 月 30 日（下刑集 7 巻 9 号 1828 頁）。
28)　最判昭和 33 年 9 月 9 日（刑集 12 巻 13 号 2882 頁）。

心理的な制約が存在する。しかし、こうした事情が作為可能性を判断する際に正面から考慮されてはならないとすれば、(なお慎重な検討を要するが) 心理的な負担や困難性によって作為可能性が否定されるのは例外にとどまると考えることにも合理性があるだろう。

　かりに身体的能力の問題に限定しないとしても、作為可能性は、要求される作為 (負担) が実際上履行可能であり、そうした義務を課すことを一般化しても不当でないのであれば[29]、これを肯定することができる。たしかに、A については「期待された作為に出ることができない精神状態に陥っていた」が、被利用者の作為可能性を利用者が奪ったようなケースについても被利用者の作為可能性を端的に否定してよいかについては検討の余地がある。

　作為直接正犯構成をとる見解は、患者に対して誤った治療法を指示して死亡させた事案に関して、指示行為と死亡との間に因果関係があるとして業務上過失致死罪の成立を認めた先例 (最決昭和 63 年 5 月 11 日刑集 42 巻 5 号 807 頁〔柔道整復師事件〕) を参照する。つまり、A によって始動されていたはずの救助的な因果経過を中断した行為 (インスリン投与により生命が維持されていた V へのインスリン投与の阻止行為) が問責対象であり、そうした阻止行為と V の死亡結果との因果関係が問題とされるべきだと主張するのである。しかし、直接行為者が外形的には不作為の殺人ないし保護責任者遺棄致死の行為に及んでいる場合に、利用行為の危険性とその現実化のみを検討するのでは足らないのではないだろうか[30]。本件では、インスリン投与という作為を期待される両親 A・B への指示が問題となっており、作為義務者たる彼らのもとで生じた結果を X に帰責するためには、不投与指示と V 死亡との間の因果関係が認められるだけでは足りず、他人の不作為に対する関与を問題にせざるをえないと考えられる[31]。また、直接正犯構成を前提にしても、どの程度の関与であれば背後者に正犯性が認められるかという議論は避けて通れない。その際には、

---

29)　杉本一敏「不作為犯の結果回避可能性」理論入門 44 頁以下参照。
30)　不作為による幇助の文脈においてこうした指摘をするものとして、橋爪 432 頁以下。
31)　鎮目① 115 頁参照。

間接正犯をめぐる議論のうち、利用者に正犯性が認められる根拠に関して上記学説（Ⅲ 2）が提示した考慮要素を持ち出さざるを得ない点は、留意されてもよいだろう。

4　不保護の故意ある者との共謀共同正犯

　共同正犯は各自それぞれが自分の犯罪を遂行するものであり、全体として実現された違法事実について各自の故意・過失によって処罰される（異なる罪名間の共同正犯の成立を認める）行為共同説によれば、X には殺人罪の共同正犯が、B には保護責任者遺棄致死罪の共同正犯が成立する。これに対し、罪名が重なり合う限度で共同正犯の成立を認める部分的犯罪共同説によれば、XとBの間には（故意の重なり合う）保護責任者遺棄致死罪の限度で共同正犯が成立し、それぞれの故意に応じて、X は殺人罪、B は保護責任者遺棄致死罪の罪責を負うことになる。

　従来の判例は、部分的犯罪共同説に親和的な立場だとされていた。シャクティ事件決定（前掲最決平成 17 年 7 月 4 日）では、重篤患者（被害者）の親族から民間療法である「シャクティ治療」を依頼された被告人が、親族らに被害者を病院から搬出させたうえ必要な医療措置を受けさせないまま放置して死亡させた事案につき、被告人に「不作為による殺人罪が成立し、殺意のない患者の親族との間では保護責任者遺棄致死罪の限度で共同正犯となる」との判示がなされ、罪名一致を原則とする部分的犯罪共同説になじむものと評価された。

　これに対し、本決定は、「母親を道具として利用するとともに、不保護の故意のある父親と共謀の上、被害者の生命維持に必要なインスリンを投与せず、被害者を死亡させたものと認められ、被告人には殺人罪が成立する」と判示し、父親との関係では「（保護責任者遺棄致死罪の限度で）共同正犯が成立する」という表現を避けている。また、保護責任者遺棄（不保護）罪における保護責任は構成的身分であり、X に保護責任者不保護致死罪の共同正犯の成立を認めるためには刑法 65 条 1 項を適用するか X 自身に保護責任を認めるほかないが、本決定では同項の適用と保護責任の認定はいずれも問題とされていな

[32)]い。そうすると、本決定では、Xについて保護責任者遺棄致死罪の（限度で）共同正犯が成立するという、部分的犯罪共同説の帰結を正面から前提としなかった点において、同説とは距離をおいたものと評しうるだろう。

【参考文献】

本件の解説・評釈として

①鎮目征樹「判批」令和2年度重判解

②松本圭史「判批」刑ジャ67号（2021年）

③平山幹子「判批」TKC Watch 刑法 No. 157（2020年）

④松宮孝明「『救助的因果経過の阻止』についての一考察」立命393＝394号（2020年）

⑤小池信太郎「判批」論ジュリ38号（2022年）

---

32)　平山③206頁。

10

不作為による共同正犯

東京高等裁判所平成 20 年 10 月 6 日判決
平成 20 年（う）第 1073 号 殺人、暴力行為等処罰に関する法律違反被告事件
判タ 1309 号 292 頁

蔡　　芸　琦

I　事　案

　X（女性）は、V（男性）に対して好意を寄せていたところ、Vに性交渉を求められたためショックを受けた。Xの友人のYは、Xからそのことを打ち明けられ、詳しく事情を聞くため、遊び仲間であるA〜F（以下、「Aら6名」。Bのみが女性）がたむろするコンビニの駐車場に立ち寄った（なお、AはXと以前交際しており、Vを快く思っていなかった。また、CもXに対して好意を持っていた。）。Xの話を聞いたY、A、BはVに腹を立て（AはXが強姦されたと誤解した。）、Bらに説得されたXは、Vを別のコンビニの駐車場に呼び出した。その場に移動したAらは、先輩のGの運転する車で現れたVを問いつめたところ、Vは、Xの陰部に指を挿入したことを認めたが、強姦したとは認めず、他方、Cから事情を尋ねられたXはVに強姦されかけたなどと言った。Vは突然逃げ出したが、Aら6名とYは、そのことで一層怒りを募らせ、GにVを探させて、指定した駐車場（第1現場）までVを連行させた。Xらも自動車に分乗してその駐車場に赴き、A、C〜FがVに対して暴行を加えた後、同駐車場が人目に付きやすかったことなどから全員が運動公園（第2現場）に移動し、さらにVに対して暴行を加えた。そこで、Vは、A、C〜Fから凄惨な暴行を受けて意識を失った。Aらは、Vを病院に連れて行くようGに言い、一旦解放したが、警察に通報されることを恐れて、Vを殺害することとし、GとVを呼

び戻して、Gに対して、Vを殺害するよう命じた。そして、X、Y、Aら6名が殺害場所（第3現場）付近に移動した上で、GにVを池に落とさせて殺害した。また、Aらは、証拠隠滅のためにGの軽自動車を損壊した。

被告人両名は、殺人及び共同器物損壊の共同正犯として起訴された。原判決（千葉地判平成20年3月31日公刊物未登載）は、大要以下のように判示し、X・YをAら6名との殺人の共同正犯とした。

被告人両名は、GにVを連行させることと決まった時点までには、Aら6名がVに対して暴行を加える意思を有していることを了解し、Xはこれをやむを得ないものと、YはVが痛い目にあった方がいいとそれぞれ考えている。被告人両名は、Vとの出来事を周囲に話してこれを呼び出し、その存在や言動なしにはAら6名のVに対する怒りや暴行の意図は生じ得なかったという立場にあり、そのような被告人両名が、暴行を認容しつつ、Aら6名と共に自動車等に分乗して、Vを連行し暴行を加えるべき場所に移動することで、暗にその犯意を被告人両名相互およびAら6名に伝え、被告人両名の存在が男性共犯者らの暴行に根拠を与え、進めることとなった面も否定できないのであるから、被告人両名及びAら6名は、順次、Vに対して集団で暴行を加える旨の共謀を成立させたものと認められる。

運動公園〔第2現場〕における暴行は、Aら6名と共謀の上で駐車場〔第1現場〕で行われた暴行に引き続き行われた一連の犯行の一部であり、同駐車場での被告人両名及びAら6名の相互の意思連絡ないし協力関係が継続する状態にあったということができる。したがって、運動公園〔第2現場〕における暴行についても、被告人両名は、Aら6名と、駐車場〔第1現場〕から移動するまでに、互いに暗黙のうちに意思を相通じて共謀したものと認められる。

被告人両名は、Aら6名と同様のV殺害の動機を有し、2か所での暴行の際の相互の意思連絡、協力関係が残った状態で、V殺害に関する謀議の現場に立ち会ってその内容を了解した上、Vを犯行現場まで運搬するという犯行の実現に向けた重要な前提行為を共同して行うなどしたのであるから、Aら6名同様、Vの殺害につき犯罪の主体として関わっていたものと認められる。

結局、被告人両名は、全員で犯行現場に向かうことに決まった時点までに、V殺害をやむを得ないものと考えて認容し、Aら6名及びGと車に分乗してVを運搬する行為を共同することにより、暗黙のうちに相互の犯意を認識し、殺害を共謀したものと認められる。

Ⅱ　判　旨

控訴棄却

「原判決は、小見川区事務所駐車場〔第1現場〕での暴行については、被告人両名が、暴行を認容しつつ、Aら6名と共に自動車等に分乗して、被害者を連行して暴行を加えるべき同場所に移動することで、順次、被害者に対して集団で暴行を加える旨の共謀を成立させ、神栖海浜運動公園駐車場〔第2現場〕での暴行については、前記暴行と一連のものであり、同駐車場に移動するまでに、互いに暗黙のうちに意思を相通じて共謀したものであり、殺害については、Aら6名らと車に分乗して日川公民館跡地から下飯田堰まで被害者を運搬する行為を共同することにより、暗黙のうちに相互の犯意を認識し、殺害を共謀したものであり、そして、ミラの共同損壊については、相互に犯意を認識し、暗にミラの処分に係る謀議を遂げたものであると、それぞれ認定した。そして、その実質的理由としては、以上の各犯行が一連のもので、共犯者全体における意思連絡ないし協力関係が継続していたこと、被告人両名において、反対したり、阻止する行動に出ておらず、警察、家族又は知人等に通報し救助を求めることが困難であったとは言い難いのに、それをしていないこと、被告人Xは、事情を説明して共犯者らの怒りを鎮めることが可能であったのに、それをしなかったことなどの事実を挙げている。以上のうち、犯行現場へ車に分乗して移動したこと自体が謀議の重要な事実としているようにうかがわれる点は、所論のいうように、みずから運転していたわけでもないから、これを重視するのは、疑問の余地があり、むしろ共謀が成立した時期を示したものと理解することもできる。」

「ところで、本件においては、被告人両名自身は、各犯行の実行行為を何ら

行っておらず、その一部の分担すらしていない。そこで、被告人両名に刑事責任を負わせるには、共謀に加わっていたことが必要であり、原判決もその共謀の内容を具体的に判示したのであるが、故意の内容となる犯行への認識・認容に加えて主観的な要素としての共謀の認定は必ずしも内実のあるものにはなっていない。そこに、所論が種々論難しようとする手掛かりがあるといえる。本件のように、現場に同行し、実行行為を行わなかった者について共同正犯としての責任を追及するには、その者について不作為犯が成立するか否かを検討し、その成立が認められる場合には、他の作為犯との意思の連絡による共同正犯の成立を認めるほうが、事案にふさわしい場合があるというべきである。この場合の意思の連絡を現場共謀と呼ぶことは実務上一向に構わないが、その実質は、意思の連絡で足り、共謀者による支配型や対等関与型を根拠付けるようなある意味で内容の濃い共謀は必要でないというべきである。その代わり、不作為犯といえるためには、不作為によって犯行を実現したといえなければならず、その点で作為義務があったかどうかが重要となるし、不作為犯構成により犯罪の成立を限定するほうが、共謀内容をいわば薄める手法よりもより適切であるといえる。」

「本件は、被告人Ｘが被害者に『やられはぐった』と被告人Ｙに話したことを端緒とし、嘘の口実を設けて被害者を呼び出したことに始まる。被告人Ｘは、上記の話を聞き付けたＡ……が憤激し、実際には被告人Ｘは強姦などされていなかったのに、そう誤解したＡが『１回ぶっとばされないと分からないのかな』などと言〔う〕姿を見、また、被告人Ｘとかつて交際していたＡが被害者を快く思っていなかったことを知っており、被害者に会う相手のなかにＡも入っていたことからすると、少なくともＡにおいて、場合によっては被害者に暴力を振るう可能性があることを十分認識していたということができる。被告人Ｘは、かかる認識を有しながら呼び出し行為に及んでいるものであって、これは身体に危険の及ぶ可能性のある場所に被害者を誘い入れたものといえる。そして、被害者に会う相手であるＡ、……被告人Ｙのいずれもが、呼び出す前の段階で被害者に対して怒りを持っていたことを考えると、危険が生じた際に被害者を救うことのできる者は被告人Ｘのほかに

はいなかったといえる……共犯者らは、仲間である被告人 X のために被害者に怒りを発していたといえるから、本当は強姦などされていないという事実を説明すべきであったのである……そう言われてしまえば、他の共犯者は被害者に手を出す理由はなくなってしまうのである。」

「被告人 Y については、若干立場を異にする。被告人 Y は、被告人 X の言葉が本当だと思っていたのであり、事実でないのにこれを述べなかった被告人 X とは異なる。しかしながら、被告人 Y は、被害者の逃走後には、被害者が一度痛い目にあったほうがいいと積極的に思っていたものであって、他方で、被告人 X から話を聞いて、まず自らが被害者に怒りを感じたものであるし、被告人 X を大声で叱るなどして A……が聞き付ける素地を作り出した上、A の怒る言動等を認識しながらも、被害者の呼び出しを求めるなどして、これを押し進めたことからすると、被告人 X と同様に、身体に危険の及ぶ可能性のある場所に被害者を積極的に誘い入れたものということができる。そうすると、被告人 Y は、被害者が暴行を加えられている場面で、被害者への暴行を制止する行為をしていることが認められるものの、これは、被告人 Y が予想した以上の暴行が加えられていたためと考えられ、身体に危険の及ぶ可能性のある場所に被害者を誘い入れた者としては、警察や知人等に通報するなどして犯行の阻止に努めるべきであったことに変わりはない。」

本判決は、以上のように判示し、X 及び Y に不作為による殺人の共同正犯を認めた。

Ⅲ　解　説

1　問題の所在

本事案において、犯行現場に同行したものの犯罪行為を行っておらず、実行者の犯行を黙認した者（以下、「黙認者」とする。）が実行者との共同正犯と評価される限界が問われる。

原判決は、X・Y の作為義務を論ずることなく、X・Y に対して、A らとの

殺人の（共謀）共同正犯の成立を認めた。これに対して、本判決は、X・Yの作為義務を検討した上で、不作為犯（X・Y）と作為犯（Aら）との共同正犯を肯定している。このような審級間の差異から、まず、黙認者の関与を問題とする際、作為義務の検討が不要になるのはどのような場合かが問題となる。次に、黙認者の作為義務の検討が必要となった場合に、その不作為犯の成否および黙認者の関与形態を論ずる必要がある。

2　黙認者の作為義務の検討の要否[1]

　黙認者の関与責任を検討する際に、作為義務の検討が不要になるのはどのような場合か。この問題を考える際に、作為義務が必要とされる理由を考えることが有益である。学説において、不作為犯の作為義務は、法益侵害に対する自然的な因果性の欠如の「埋め合わせ」として要求されるものであり[2]、そして、自然的な因果性は、行為者が犯罪事実の実現を促進する現実の作用を自ら生じさせていることと解される[3]。それゆえ、行為者が法益の状態を悪化させる作用を生じさせていれば、作為義務の検討が不要となる[4]。

　これを黙認者の事案に当てはめれば、黙認者が一定の態度を表明することによって、実行者の犯意を有意に強化していれば、黙認者の作為義務の検討が不要になる[5]。ここでは、黙認者が示す態度の実行者に与える影響が問題となっているため、関与行為の直前の状況や、黙認者の過去の言動の解釈など[6]を考慮に入れ、事案に即して具体的に検討する必要がある[7]。

1)　この問題は、一般に「作為と不作為の区別」という問題の一環として論じられているものである（島田聡一郎「不作為による共犯について（1）」立教64号（2003年）15頁参照）。

2)　齊藤彰子「作為正犯者による犯罪実現過程への不作為による関与について」探究⑧37頁。また、自由制約の正当化という観点から作為義務を要求する論者も、不作為の作為との因果構造上の違いを認めている（佐伯仁志「保障人的地位の発生根拠について」香川古稀110頁参照）。

3)　齊藤彰子「作為と不作為の共同正犯」刑法53巻2号（2014年）159頁。

4)　曽根威彦『刑事違法論の展開』（2013年）255頁。

5)　林幹人「黙示的・不作為の共謀」研修748号（2010年）8頁、橋爪422頁。

6)　濱田新「精神的幇助要件の具体化」法政論究98号（2013年）151頁。

7)　実行者の犯意を有意に強化する態度の表明を認めるために、黙認者の身体的動作は必ずしも必要ではない（橋爪423頁、濱田・前掲注(6)147-8頁参照）。

　黙認者の作為義務を論ずることなく、実行者との共同正犯の成立を認めた判例として、最決平成 15 年 5 月 1 日（刑集 57 巻 5 号 507 頁 = **判例 1**）がある。**判例 1** は、暴力団幹部である被告人甲が上京する際に、被告人の警護をする者（スワット）のけん銃等の所持について、X に共謀共同正犯が成立するかが問題となった事案につき、「甲は、スワットらに対してけん銃等を携行して警護するように直接指示を下さなくても、スワットらが自発的に甲を警護するために本件けん銃等を所持していることを確定的に認識しながら、それを当然のこととして受け入れて認容していたものであり、そのことをスワットらも承知していた」ことを認定した上、スワットらを指揮・命令する権限が甲にあったこと、甲は終始スワットらの警護を受けていたことにも言及して、甲にスワットらとのけん銃等所持の共謀共同正犯の成立を認めた。

　判例 1 の甲は、上京の際の警護を「当然なこと」として認識していた点、そして、そのような甲の認識をスワットらも承知していた点、さらに、主従関係の存在からスワットらには甲の意向に逆らう意思も能力もなかった点に着目するならば、甲が「上京する」という態度を示すことによってスワットらのけん銃等の所持のきっかけを作り出し、スワットらのけん銃等の所持の犯意を有意に強化したといえる。**判例 1** の甲の作為義務が検討の対象とならなかった理由は、ここにあると解するべきであろう。

　本件の V の殺害への X・Y の関与責任を検討する際に、X・Y の作為義務の検討の要否は、X・Y が示す態度が A らの V を「殺害する決意」を有意に強化するものであったかによって決まる。事実認定の問題に立ち入ることになるが、**判例 1** とは異なり、本件において、関与者間に主従関係・確立された行動パターンがなかったことに着目するならば、X・Y の立ち合い・同行は、「単に従属的な立場にある者がグループに付いていっている」[8]だけであり、殺害の謀議の時点から V の殺害に至るまでの間に、A らの殺害の決意を有意に強化する X・Y の態度の表明があったとは言い難いように思われる。この点に関連して、原判決は V を殺害の「現場まで運搬する」ことに言及して

---

　8)　橋爪 438 頁。

いるが、本判決が指摘しているように、X・Yは自ら車を運転していたわけでもないことからすれば、そこからAらの殺害の決意を強化する態度の表明を見出すことはできないであろう。そうすると、Vの殺害への関与責任を問う前提として、X・Yの作為義務の検討が必要であると思われる。[9]

　仮に、第1現場・第2現場での暴行と、第3現場での殺害を「一連の行為」として捉えることが可能であれば、自らの言動によって第1現場・第2現場での暴行のきっかけを作り出したX・Yは、第3現場での殺害の決意を強化したともいえそうである（原判決は、このような理論構成を採用したようである。）。しかし、第3現場での殺害の決意は、Vが一度解放され、AらとVとの衝突状況がいったん解消された後に生じたものであったため、第1現場・第2現場での暴行と、第3現場での殺害を一連のものとして捉えることは困難であると思われる。

(4)「共謀」の肯定＝作為義務の検討が不要？

　ところで、学説においては、黙認者と実行者との「共謀・意思の連絡」があれば、作為義務の検討が不要になるとする見解がある。論者は、「共謀関係が認められる限り、その関与形態が殺人行為を阻止せず傍観していたという不作為であったとしても、これを不作為による共同正犯として構成する必要はない」と説く。[10] しかし前述の通り、行為者が「法益の状態を悪化させる作用を自ら生じさせているか」ということこそが、「不作為」を問責対象として特定する要否を決める基準である。仮に、論者のいう「共謀・意思の連絡」は、黙認者が実行者に対して有意に犯意の強化作用を与えていることを意味しているのであれば、本説は支持できるものである。これに対して、例えば、「実行者による犯行に対する共通認識」という意味合いしかもたない「共謀・意思の連絡」の存在を理由に、不作為犯の成立要件を不要とするならば、そこには、自然的な因果性のない「不作為」が、「作為」として格上げされてしまう問題があると思われる。[11]

　なお、作為義務の検討が不要になった場合に、当該黙認者が作為による共

---

9)　これに対して、島田④46頁。
10)　西田（橋爪補訂）385頁。

同正犯となるか、それとも幇助犯となるかは、（共同）正犯性一般の問題である（後述 3（3）参照）。

3　不作為犯の成否および黙認者の関与形態

黙認者の作為義務の検討が必要となった場合に、その不作為犯の成否および黙認者の関与形態が問題となる。具体的には、黙認者の@「作為義務」、ⓑ「不作為による幇助の因果性」のいずれかが否定されれば、犯罪不成立となる。これに対して、@ⓑに加えて、さらに、ⓒ「（共同）正犯性」が認められれば、黙認者は作為者との共同正犯と評価される[12]。

（1）作為義務

通説・判例は、不作為による共犯の作為義務の存否は、不作為単独犯における作為義務のそれと同じ基準で判断している[13]。本判決は、X・Y は被害者の身体に危険の及ぶ可能性のある場所に V を誘い入れたという「危険創出」の視点、および、危険が生じた際に事実を説明し、V を救うことのできる者は X のほかにはいなかったという「排他的支配」の視点を援用し、X・Y の作為義務を肯定している。危険創出は、最決平成 17 年 7 月 4 日（刑集 59 巻 6 号 403 頁 =**判例 2**）（「自己の責めに帰すべき事由により患者の生命に具体的な危険を生じさせたこと」を判示）、名古屋高判平成 17 年 11 月 7 日（高刑速（平 17）292 頁 =**判例 3**）（自らの意思で被害者の生活圏内に暴力傾向のある交際相手という危険な因子を持ち込むことに言及）においても作為義務の根拠事情として挙げられており、また、排他的支配は、札幌高判平成 12 年 3 月 16 日（判時 1711 号 170 頁 =**判例 4**）（内縁の夫が行った自らの子に対する暴行を阻止し得る者は被告人しかいなかったことに言及）

---

11)　平野・諸問題 137 頁は、共謀共同正犯を認めることには、「例えばその場にいて、あえてこれに反対しなかった者も不作為犯としての作為義務が十分検討されることなく共犯者の 1 人だとされる」危険性があることを指摘している。また、小林・理論と実務 691 頁も参照。

12)　島田聡一郎「不作為による共犯について（二・完）」立教 65 号（2004 年）219 頁以下、同「共謀共同正犯論の現状と課題」探究③ 51 頁以下参照。

13)　注釈 925 頁〔嶋矢貴之〕、橋爪 426 頁、鎮目⑦ 91 頁参照。ただし、不作為による共犯の場合、「排他的支配」は、他の共犯者を除いた上で、不作為者の他に法益を救助できる者がいたかの判断になると解される。

においても根拠事情として挙げられている。学説においても、危険創出ない[14)]し排他的支配関係の意識的な設定を作為義務の肯定の十分条件とする学説が[15)]有力である。

(2) 不作為による幇助の因果性

不作為単独犯の因果性は、作為を行えば結果が確実に回避できた可能性があることに求められる。これに対して、不作為による幇助の因果性の場合、幇助犯の「従的で間接的な関与」という性格から、確実な結果回避可能性ま[16)]では求められず、不作為者が作為義務を履行していれば、作為者の犯罪の実[17)]現を困難にしたであろうという関係で足りると一般に解される。

問題は、「作為義務を履行することによって犯罪の実現を困難にする可能性があった」ことはどのように理解するべきか、ということである。例えば、結果を回避する適性のある作為が全く想定できず、単に作為者に余分な労力を費やせる作為しか想定できない場合も、「犯罪の実現を困難にする可能性があった」と評価されるのだろうか。この点について、作為義務の賦課の前提として、行為時において「結果を回避する適性のある作為」が想定可能で[18)]あったことは、必要であると解される。それゆえ、結果を回避する適性を有さない措置、例えば、「単に犯罪完遂のために作為者が余分な労力を費やすことになるだけの、あるいは、せいぜい法的に意味をもたない程度に結果の発[19)]生を遅らせる程度の効果しかもちえない作為」しか想定できないのであれば、不作為による幇助の因果性は否定される。

本判決は、X が A らに「本当は強姦などされていないという事実」を告げれば「他の共犯者は被害者に手を出す理由はなくなってしまう」と述べてい

---

14) 島田・前掲注(12)立教 227 頁以下、小林・理論と実務 109 頁。

15) 展開総論 I 90 頁〔西田典之〕。

16) 大コンメ (5) 693 頁〔堀内信明＝安廣文夫＝中谷雄二郎〕。

17) **判例 4** も、「不作為による幇助犯は、正犯者の犯罪を防止しなければならない作為義務のある者が、一定の作為によって正犯者の犯罪を防止することが可能であるのに、……一定の作為をせず、これによって正犯者の犯罪の実行を容易にした場合に成立し、以上が作為による幇助犯の場合と同視できることが必要」とし、作為者の犯罪を確実に防止できた可能性は不要と解している。

18) 理論入門 54 頁〔仲道祐樹〕、鎮目⑦ 94 頁、橋爪 431 頁。

19) 齊藤⑤ 295 頁（村越⑥ 374 頁も同旨）。

るが、本件関与者間の人的関係、および、Ｖは強制わいせつ行為を行ったの
を自認したことから、Ｘが事実を告げることはＶの死亡を回避する適性の
ある作為であったかは疑わしい。事実認定にかかわる問題であるが、Ｘに求
められる結果を回避する作為が想定可能であり、その作為に出ることによっ
て犯罪の実現を困難にする可能性があったとの点について、本判決の説示が
不十分であると思われる。

（3）不作為による関与の（共同）正犯性

　通説は、不作為の関与における関与類型の区別基準は、作為の関与におけ
るそれと同じであるとの立場から、不作為者は、幇助犯または共同正犯と評
価される可能性があると解する。そして、作為の関与における（共同）正犯性
の判断について、以下の2点が一般的な理解であろう。

　第1に、実行者による犯行に対する共通認識という意味での「意思の疎
通＝意思連絡」は、共同正犯の成立の前提であるが、それだけで（共同）正犯
性が基礎づけられるわけではない。第2に、実行行為を分担していない者の
（共同）正犯性の判断にあたっては、①その者の動機や、犯罪を実現させる意
欲の積極性などの主観面に関する諸事実、および、②その者が果たした役割
の重要性や、関与者間の意思疎通の強度などの客観面に関する諸事実を総合
的に評価する必要があり、そして、「共同して犯罪を実行した（刑法60条）」と
いえる程度に、「主体的に」犯罪を実現させた者が共同正犯となる。

　学説の多くは、①不作為には自然的な因果性・直接的な因果性がないため、

　20）　島田④47頁、小林・理論と実務702頁。

　21）　小林・理論と実務702頁。

　22）　これに対して、正犯性を基礎づけるために特殊な要件が必要な犯罪類型を除け
　　　ば、不作為者は常に（単独）正犯となるとする立場（井田547頁以下）、および、法
　　　益保護義務と犯罪阻止義務を区分した上、法益保護義務を履行しなかった不作為者
　　　を常に正犯とする立場（高橋519頁）もある。これらは、いずれも不作為の関与に
　　　ついて作為の関与とは異なる関与類型の区別基準を認めるものである。

　23）　出田孝一「共謀共同正犯の意義と認定」小林＝佐藤古稀（上）202頁以下、嶋矢貴
　　　之「共同正犯の基本成立要件」法教468号（2019年）112頁。

　24）　門田①123頁は、共同正犯の判断にあたっては「犯行時の行為の内容、共謀の経
　　　過・態様、他の行為者との主従等の関係、犯行の動機、犯行への積極性、犯罪結果
　　　に対する利害関係の有無・程度等を総合考慮して」、行為者による「因果性の主体的
　　　利用」があったかを判断すべきとする。

不作為者は重要な役割を果たしたとは言い難いことを理由に[27]、または、②実行者の犯意を有意に強化していない「不作為」者と実行者との間に強度の意思疎通があったとは言い難いことを理由に[28]、作為者が存在する場面においては、不作為者による犯罪の主体的な実現を肯定することが困難であるとし、不作為者は原則として幇助犯になると解している（原則幇助犯説）。**判例３**も、被告人の作為義務違反は強い違法性を帯びるものであったとしつつも、不作為による幇助犯の成立を認めることにとどまる。

　もっとも、学説において、不作為者が作為者との共同正犯と評価される可能性は排除されておらず、その理論構成として、以下の２つが挙げられている。

　第１の構成は、「仮に作為義務を履行していれば、作為者による犯罪の結果を阻止できた可能性が高いだろう」といえる場合には、不作為の本質に照らせば、不作為者は重要な役割を果たしたといえるため、共同正犯の成立可能性があるとする構成である[29]。例えば、本件のX・Yが警察等に通報すれば、Vの死亡を確実に回避できただろうといえる場合、X・YがAらとの共同正犯と評価されることになる。この構成を採用する場合、通報によってVの死亡結果を阻止できる可能性が高かったことに関する丁寧な認定が必要となり、この点に関する本判決の説示は不十分であると思われる。

　第２の構成は、不作為者の「不作為以外の（かつそれのみでは重大な寄与とはいえない）作為寄与と不作為を併せて考慮して実行に準ずる重大な寄与」を判断する構成である[30]。判例の中には、このような構成を採用したように思われるものがある。

---

25)　本判決の「主観的な要素としての共謀」は、客観的な間接事実からも基礎づけられる「主体的な関与」（松原芳博「共謀共同正犯論の現在」曹時63巻7号（2011年）13頁以下参照）を意味するとみることもできよう。

26)　曽根・前掲注(4)276頁。

27)　松原500頁。

28)　橋爪433頁。

29)　齊藤・前掲注(2)56頁以下、小林憲太郎「不作為による関与」判時2249号（2015年）8頁、橋爪433頁。

30)　注釈930頁〔嶋矢貴之〕、村越⑥375-6頁。

　東京高判平成 20 年 6 月 11 日（判タ1291 号 306 頁 = **判例 5**）は、被告人が、自らの子供乙（当時 3 歳）に暴行を加え、下半身裸の状態で、約 1 時間屋外に出すなどした後、被告人宅に訪れた被告人の交際相手丙が、乙に対して暴行を加えて死亡させた際に、「手を出さないで」と声をかけたのみで、被告人は丙の暴行を阻止する具体的な措置を講じなかった事案につき、「被告人が先行する暴行を加えていない……場合……とは異なり、先行行為としてこれだけの暴行等を加えた者については、その暴行により被害者に生じた具体的危険な情況を自ら解消すべき義務があるから、他の者のさらなる暴行を積極的に阻止すべき義務がある」とし、被告人は丙の暴行を容認していたこと、丙の暴行の態様は被告人が十分に予想し得る範囲内のものであったこと、被告人が丙の暴行を止めることは、事前はもとより、その途中でも可能であったことを認定の上、「被告人の責任は、幇助犯に止まるものではなく、不作為の正犯者のそれに当たるというべきである。そして、顔を殴らないという丙の言葉に対して、被告人がこれを了解した時点において、丙の作為犯と被告人の不作為犯との共同意思の連絡、すなわち共謀があった」とした。

　判例 5 において、（共同）正犯性を基礎づける間接事実として、「手を出さないで」と声をかけた被告人に対して丙は「顔は叩かないから」と返答したとの事実と、被告人の作為義務の根拠事情（危険創出）しか挙げられていないように思われる[31]。仮に、簡単な会話を交わした被告人と丙との間に強度の意思疎通があったとはいえない点に着目し、被告人による態度の表明は、作為による「幇助」を基礎づけるものにすぎないと解するならば、**判例 5** は、「作為による（幇助という）関与」の側面と、（危険創出に基づく作為義務の違反という）「不作為による関与」の側面との「合算」から、被告人の（共同）正犯性を肯定したものと理解できる[32]。

---

31)　被告人は丙の暴行を容認していたこと及び丙の暴行の態様は被告人が十分に予想し得る範囲内のものであったことは「故意」、被告人が丙の暴行を止めることは可能であったことは、「不作為による幇助の因果性」に関する説示にすぎないであろう。

32)　鎮目⑦ 98 頁。なお、被告人が事前に行った暴行も合算されている可能性があろう。

本判決においても、Ｖの殺害に関するＸ・Ｙの（共同）正犯性を基礎づける
ものとして、Ａらとの「意思の連絡」のほか、Ｘ・Ｙの作為義務の根拠事情
（危険創出・排他的支配）しか挙げられていない。その意味において、本判決も、
Ｘ・Ｙの（第３現場への同行という弱い）作為による関与の側面と、不作為による
関与の側面との合算で共同正犯性を基礎づける、という構成を採用したもの
と理解できなくはない。しかし、第２の構成に対して、それを採用すると、
不作為による幇助者は、幅広く共同正犯として格上げされてしまうのではな
いか[33]、また、共同正犯の一般論で説明することは困難ではないかとの批判が[34]
向けられている。[35][36]

【参考文献】

本判決の解説・評釈として

①門田成人「判批」法セ 666 号（2010 年）

②中森喜彦「不作為による共同正犯」近畿ロー 7 号（2011 年）

③萩野貴史「不作為による共同正犯」獨協ロー 7 号（2012 年）

不作為による共同正犯について

④島田聡一郎「不作為による共同正犯」刑ジャ 29 号（2011 年）

⑤齊藤彰子「不作為による共犯」刑法の判例

⑥村越一浩「不作為の共同正犯・幇助」池田修＝杉田宗久編『新実例刑法〔総論〕』
（2014 年）

⑦鎮目征樹「不作為と共犯」法教 474 号（2020 年）

---

33) 松原・前掲注(25)26 頁、萩野③ 192 頁参照。

34) 鎮目⑦ 98 頁。これに対して、村越⑥ 375-6 頁。

35) Ｖの殺害によって、Ｘ・Ｙが関与した暴行の罪証も隠滅されることになるが、こ
の事実をもってＸ・Ｙの殺害に対する意欲の積極性を推認できるかは疑問である。
また、実務上、被告人の動機や意欲の積極性などの主観面に関する事実は、それが
欠ける場合に共同正犯の成立を阻却するという形で「もっぱら消極的な方向で機能
している」との分析が示され（橋爪 351 頁）、それに賛同する実務家の論稿もある
（杉田宗久＝平城文啓＝仁藤佳海「共謀（1）」判タ 1355 号（2011 年）80 頁）。

36) 本判決において、Ｘ・Ｙの（共同）正犯性に関する説示が不十分であると指摘した
ものとして、門田① 123 頁、中森② 132 頁、松原・前掲注(25)27 頁がある。

11

教唆の意義
——K1 脱税事件——

最高裁判所平成 18 年 11 月 21 日第三小法廷決定
平成 17 年（あ）第 302 号、法人税法違反、証拠隠滅教唆被告事件
刑集 60 巻 9 号 770 頁／判時 1954 号 155 頁／判タ 1228 号 133 頁

今　井　康　介

I　事　案

　被告人は、スポーツイベントの興行等を行う会社 K の代表取締役である。被告人は、かねてから法人税をほ脱していたところ、国税局の査察調査が入るにおよび、逮捕や処罰を免れるため、知人 A に相談した。A は、被告人に対し、違約金条項を盛り込んだ契約書を作ればよい旨教示した。被告人は、提案を受け入れることとし、A に対し、その提案内容を架空経費作出工作の協力者の一人である B に説明するように求め、被告人、A および B が一堂に会する場で、A が B に提案内容を説明し、了解を得た上で、被告人が A および B に対し、内容虚偽の契約書を作成することを依頼し、A および B は、これを承諾した。

　さらに、A および B は、共謀の上、K と B との間の内容虚偽の契約書および補足契約書を用意し、B がこれら書面に署名した後、K 代表者である被告人にも署名させて、内容虚偽の各契約書を完成させ、K の法人税法違反事件に関する証拠偽造を遂げた。

　被告人は、法人税法違反および証拠偽造罪の教唆犯として起訴された。被告人は、第 1 審において、具体的な犯罪を提案していた A は、被告人の証拠偽造の依頼により新たな犯意を生じたものではないから、人に特定の犯罪を

実行する決意を生じさせていないと主張したが、「Ａは、被告人の相談相手として本件証拠偽造の方法を考案しこれを被告人に教示してはいたものの、それを自らが正犯として実行しようとの意思は、被告人の上記働きかけによって初めて生じさせられた」として、教唆犯の成立が肯定され、実刑判決が下された（東京地判平成 16 年 1 月 14 日刑集 60 巻 9 号 809 頁参照）。被告人は控訴を行い、控訴審では量刑が争点となったものの、刑は相当とされた（東京高判平成 16 年 12 月 6 日刑集 60 巻 9 号 827 頁参照）。

　これを不服とした被告人は、上告した。最高裁は、職権で次のように判示し、教唆犯の成立を認めた。

Ⅱ　決定要旨

上告棄却

「被告人は、Ａ及びＢに対し、内容虚偽の各契約書を作成させ、Ｋの法人税法違反事件に関する証拠偽造を教唆した旨の公訴事実により訴追されたものであるところ、所論は、Ａは被告人の証拠偽造の依頼により新たに犯意を生じたものではないから、Ａに対する教唆は成立しないというのである。

　なるほど、Ａは、被告人の相談相手というにとどまらず、自らも実行に深く関与することを前提に、Ｋの法人税法違反事件に関し、違約金条項を盛り込んだ虚偽の契約書を作出するという具体的な証拠偽造を考案し、これを被告人に積極的に提案していたものである。しかし、本件において、Ａは、被告人の意向にかかわりなく本件犯罪を遂行するまでの意思を形成していたわけではないから、Ａの本件証拠偽造の提案に対し、被告人がこれを承諾して提案に係る工作の実行を依頼したことによって、その提案どおりに犯罪を遂行しようというＡの意思を確定させたものと認められるのであり、被告人の行為は、人に特定の犯罪を実行する決意を生じさせたものとして、教唆に当たるというべきである。したがって、原判決が維持した第 1 審判決が、Ｂに対してだけでなく、Ａに対しても、被告人が本件証拠偽造を教唆したものとして、公訴事実に係る証拠隠滅教唆罪の成立を認めたことは正当である。」

Ⅲ 解 説

1 問題の所在

本件においては、2つの点が問題となる。第1の問題は、犯人が他人に自己の刑事事件に関する証拠を隠滅させた場合、犯人が証拠隠滅罪の共犯として処罰されるかである。この問いに肯定的に答えた場合、第2に、犯罪の具体的な方法を提案するなどしている正犯者に対しても、教唆犯は成立するかという問題が生ずる。上告趣意は第1の問題を争っていないものの、第1の問題は、第2の問題を検討する上で不可欠の前提となるため、本稿では両方扱うことにする。

2 第1の問題——犯人は、証拠偽造罪の共犯となり得るのか

証拠偽造罪は、「他人」の刑事事件に関する証拠を偽造する犯罪である。Aは、他人である被告人の刑事事件に関する証拠を偽造していることから、証拠偽造罪が成立する。問題となるのは、被告人がAの行った証拠偽造罪の共犯として処罰されるかである。この場合、犯人について証拠偽造罪の共犯を否定する消極説と、肯定する積極説の間で、古くから論争が行われてきた。[1]

消極説は、かつて共犯独立性説から支持された。[2] 近時の消極説は、共犯の処罰根拠を、正犯者を通じた法益侵害に求める立場（惹起説）から主張されている。[3] この立場は、正犯としての期待可能性が乏しいのであれば、間接的な法益侵害である共犯においては、なおさら期待可能性が乏しいことを理由とする。消極説によれば上記事案において被告人について、証拠偽造罪の共犯は、問題とならない。[4]

---

1) 松本圭史「司法に対する罪をめぐる共犯問題」刑ジャ70号（2021年）17頁以下参照。
2) 木村亀二『刑法各論』（復刻版、1957年）314頁。
3) 山口厚『刑法各論〔第2版補訂版〕』（2012年）589頁、西田典之（橋爪隆補訂）『刑法各論〔第7版〕』（2018年）489頁、高橋則夫『刑法各論〔第3版〕』（2018年）672頁、松原芳博『刑法各論〔第2版〕』（2021年）591頁。
4) 消極説からの本事件の評釈として、門田③119頁、豊田④145頁。

　これに対し積極説は、犯人が他人をして証拠偽造罪をさせる場合、犯人について共犯の成立を肯定する見解である。現在の積極説は、次の2種類に分類することができる。

　積極説Ⅰは、（証拠偽造罪を通常の犯罪と同じように考えることで）犯人自身に、証拠偽造罪の共同正犯、教唆犯、幇助犯いずれも成立する余地があるとする。[5] 論拠としては、教唆犯の場合は可罰的であるのに、より積極的に関与する共同正犯の場合に不可罰となるのは不均衡となる点や、例えば既に証拠を偽造する決意を固めた者を激励する場合、処罰を行うには幇助犯を肯定する必要があることが指摘される。積極説Ⅰに立脚する場合、被告人は、Ａと相談し、自らも内容虚偽の契約書に署名しているので、教唆犯ではなく共同正犯として評価する方が自然であろう。[6]

　積極説Ⅱは、犯人による証拠偽造罪の共犯が問題となる場合、教唆犯の成立のみ肯定し、共同正犯や幇助犯の成立を認めない見解である。この見解は、実務において時間をかけて形成された見解であり、証拠偽造罪においては、判例や裁判例が、教唆犯しか認めていないことから裏付けられる。[7] また犯人による証拠偽造罪の共犯と、犯人による犯人隠避の共犯の処理は同様であると解されてきたところ、判例は、犯人が他人を教唆して自己を隠避させた場合、大審院以来、一貫して犯人隠避の教唆犯を肯定してきた。[8] さらに、犯人による犯人隠避の共同正犯や幇助犯が問題となりうる事例において、それらの成立を否定する趣旨の下級審裁判例が存在する。

　①東京高判昭和52年12月22日（刑月9巻1＝2号857頁）は、犯人が自己の隠避を教唆し、被教唆者とともに自己の隠避行為を共同して実行した事案に

　5）　井田・最前線Ⅱ 211 頁、伊藤渉ほか『刑法各論』（2007 年）487 頁〔安田拓人〕、十河太朗「刑事司法作用に対する罪の共犯」研修 804 号（2015 年）9 頁以下。
　6）　山元裕史「判批」警論 60 巻 9 号（2007 年）198 頁、前田雅英「教唆犯の実相」町野古稀（上）298 頁。
　7）　大判明治 45 年 1 月 15 日（刑録 18 輯 1 頁）、大判昭和 10 年 9 月 28 日（刑集 14 巻 997 頁）、最決昭和 40 年 9 月 16 日（刑集 19 巻 6 号 679 頁）（ただし、原審は共同教唆）が、証拠隠滅教唆を肯定する。
　8）　大判昭和 8 年 10 月 18 日（刑集 12 巻 1820 頁）、最決昭和 60 年 7 月 3 日（判時 1173 号 151 頁）、最決令和 3 年 6 月 9 日（集刑 329 号 85 頁）。

おいて、法律上、共同正犯が成立する余地はないとして、教唆犯の成立を肯定する。また②大阪高判平成7年5月18日（高刑速（平7）129頁）は、犯人が身代わり犯人を立てて自首させる行為は、単純な自己隠避行為の場合や、たまたま既に他人が身代わり犯人として立つ犯意を生じているのに乗じて、共同正犯の形態でその者に身代わり犯人として自首してもらうような場合と異なり、自ら積極的に他人に働き掛けて犯意を生じさせた上、犯人一人では不可能な身代わり犯人の自首という実効性の高い方法によって自己を隠避させようとするものである点で、本来の防御の域を著しく逸脱したものと言わざるを得ず、その他人について犯人隠避罪が成立する以上、これに対する教唆罪の成立を否定すべき理由はないとする。

　さらに、③京都家決平成6年2月8日（家月46巻12号82頁）は、自己隠避について共謀共同正犯が成立するとした上で、不可罰としている。この事案は、自己隠避幇助と評価することも可能な事案であるにも関わらず幇助犯として処罰の対象としていない。このことからすると、実務は、犯人による犯人隠避罪の共同正犯だけでなく幇助犯も処罰しない立場にあると理解すべきであろう。

　積極説Ⅱの実質的な理由としては、証拠偽造罪の主体から犯人は除外されているため単独正犯は成立せず、同じく正犯として扱われる共同正犯も可罰性がないという点、さらに犯人でない者が証拠偽造を行う際、犯人による協力が幇助犯だとすると、正犯としては処罰されないはずの犯人が、結局、証拠偽造の幇助犯として可罰的になり、法の趣旨に反することになりかねない点があげられる[9]。

　以上のように、積極説Ⅰと積極説Ⅱは、両者ともに教唆犯の成立を認める点で一致するが、教唆以外の共犯類型において結論が分かれている。以下では、積極説に立脚した場合に問題となる教唆犯の成否について検討を行う。

---

9)　嶋矢貴之「判批」ジュリ1263号（2008号）135頁、佐伯仁志「絶滅危惧種としての教唆犯」西田献呈181頁参照。

3 第2の問題──教唆犯の成否について

(1) 最高裁決定の分析

教唆犯とは、一般に（そして本判決においても）、人に特定の犯罪を実行する決意を生じさせること（以下「決意の惹起」という。）と理解されており、本件被告人に教唆犯を肯定するには、証拠を偽造する決意を A に生じさせたと評価できなければならない。もっとも、A は、証拠偽造工作を考案し、積極的に提案するなどして、すでに決意を有しており、特定の犯罪を実行させる決意を生じさせたと評価できないのではないかが問題となる。[10]

最高裁は、「A は、被告人の意向にかかわりなく本件犯罪を遂行するまでの意思を形成していたわけではないから、A の本件証拠偽造の提案に対し、被告人がこれを承諾して提案に係る工作の実行を依頼したことによって、その提案どおりに犯罪を遂行しようという A の意思を確定させたものと認められる」として、決意の惹起が認められると判断した。本決定は、決意の惹起が認められ教唆犯が成立する一事例を明らかにするものといえる。最高裁の判示については、正犯者である A の決意の内容、および決意を確定させた意義に注目する必要があると考えられる。

まず第1の決意の内容については、被告人の意向にかかわりなく犯罪を遂行する意思を既に形成していた場合、教唆犯が成立しないことが明らかとされた。この結論に、異論は少ないと思われるが、仮に本件において、A においてかかる意思が形成されていた場合に、どのような処理がなされるかが問題となる。学説の中には、前述の積極説Ⅰに立脚し、共同正犯の成立を認める学説や、すでに犯行を決意している者に対しては、心理的幇助が問題となるにすぎないとして、幇助犯の成立を検討する学説も存在する。しかし、判[11]

---

10) 大判大正6年5月25日（刑録23巻519頁）では、犯行の故意を決定することを教唆犯とし、犯意を強固にするにとどまった場合は従犯とされている。

11) 学説の中には、既に犯行を決意した者を利用する場合、間接正犯としての可罰性を説く少数説も存在するが、本件のような証拠偽造罪の場合、「他人の」という文言があるため、犯人自身を証拠偽造罪の間接正犯とすることは難しく、結局、幇助犯の成否が問題となる。

例の依拠する積極説Ⅱからは、無罪とされることになろう[12]。

　第2に、最高裁は、Aの犯罪遂行の意思を「確定させた」ことを認定して決意の惹起を肯定した。ここにいう「確定させた」という判示は、条件付き故意に関する最高裁判例を想起させる表現となっている。すなわち、最決昭和56年12月21日（刑集35巻9号911頁）は、自己の配下にけん銃をわたし、けんかになった際には被害者の殺害やむなしと思っていた組長が、殺人罪の共謀共同正犯に問われた事案につき、「謀議された計画の内容においては被害者の殺害を一定の事態の発生に係らせていたとしても、そのような殺害計画を遂行しようとする被告人の意思そのものは確定的であった」として殺人罪の故意を認め、最決昭和59年3月6日（刑集38巻5号1961頁）は、「共謀共同正犯者につき、謀議の内容においては被害者の殺害を一定の事態の発生に係らせており、犯意自体が未必的なものであったとしても、実行行為の意思が確定的であったときは、殺人の故意の成立に欠けるところはない」として、（条件が付されていたとしても）意思が確定的であった事を根拠として故意を認めた。もっとも、条件付き故意に関する2つの最高裁決定も、本決定も、いかなる場合について「確定的」なのか、「確定」したといえるのかについて基準を示していない。

　このような「確定」判断の参考となる事例として、横浜地判平成25年9月30日（判タ1418号374頁）があげられる。これは、金融商品取引法違反の成否が問題となった事案であり、教唆犯が肯定された事案である。ここでは、教唆犯の成否に関し、正犯者がインサイダー取引を行う一般的傾向を有しており、教唆の時点で、既にインサイダー取引の決意が存在するのではないかが問題とされた。横浜地裁は、正犯者についてインサイダー取引への一般的傾向があることを認めつつも、被告人から重要事実の伝達を受けて初めて、当該銘柄のインサイダー取引を実行する具体的な決意を固めたものと認められるとした。ここでは、具体的な銘柄についてインサイダー取引を行う決意を「固めた」との認定が行われている。

---

12)　この意味で、本件のように証拠偽造罪の場合における決意惹起の意義を、一般的な教唆犯と心理的幇助の区別に関する議論にまで広げることには疑問がある。

(2) 決意の惹起としての教唆

　それでは、学説においては、どのように解されるのであろうか。通説は、伝統的に、教唆を決意の惹起と理解してきた。[13]もっとも問題は、決意の内容である。これについては、2つの立場に分けることができる。

　一部の学説は、決意の内容を、刑法38条1項の「罪を犯す意思」と同視し、教唆を故意の惹起と解する。[14]これは、単独犯の場合、犯行を決意していなければ、故意が認められることはないことから、故意が認められる場合、犯行への決意も必ず認められる点に着目したものであろう。この立場を前提とした場合、決意の惹起に関する判断基準は、故意に関する議論を手がかりとすることになろう。本件の正犯者Aは、被告人が承諾することを条件として証拠の偽造を行おうと考えていたのであるから、結果の実現を一定の条件にかからせており、ここでは、故意論における「条件付き故意」と同じように考えることが可能である。そして条件付き故意に関しては、結果の発生を一定の条件に係らせていても、犯罪を遂行する意思が確定的な場合に、故意が認められていることからすると、[15]本事件においても、提案どおりに犯罪を遂行する決意を確定させたとして、決意の惹起を肯定できることになろう。もっとも、どういった場合に「確定」と評価するかについては、さらに具体的な基準が必要となる。[16]

　これに対し我が国の少数説は、非故意行為に対する教唆犯も可能であるとしている。[17]ここから、必ずしも全ての学説が、決意と故意を同視しているわ

---

13)　団藤403頁、大塚310頁。
14)　このような理解が強く出ているのは、前田①454頁以下。さらに宮川⑨のように、決意が確定的であったかという問題が、故意の成否を決すると同時に、教唆と精神的幇助を分ける基準にもなるとする理解も、決意と故意を重ねて見ているといえよう。
15)　最決昭和56年12月21日（刑集35巻9号911頁）、最判昭和59年3月6日（刑集38巻5号1961頁）。
16)　条件付き故意における確定の意義については、一定の条件が成就すれば必ず（無条件に）犯罪を遂行するという意味で「最終的」に確定している必要がある最終性説と、犯罪遂行意思の犯罪抑制意思に対する優越、一応の決意があれば犯罪遂行意思は確定しているとする優越性説が対立している。
17)　山中943頁。反対説として、井田良『犯罪論の現在と目的的行為論』（1995年）175頁以下。

けではないことが判明する。そしてこの立場から、決意の惹起をどのように
解すべきかについては必ずしも明らかではないが、考えられる方法としては、
例えば教唆者が犯行について決定的な一押しを与えた点をもって決意の惹起
と考える方法や、正犯者の心理の中に着目し、犯行へと駆り立てる動機が、
残存する疑念を明白に超えて明らかな優位に達している場合、決意の惹起は
認められないが、そうでない場合には決意の惹起を認める方法などが考えら
れる。[19]

(3)　重要な役割としての教唆犯

　上記見解は、いずれも決意の惹起として教唆犯を捉えるものであるが、近
時、日本で有力化しつつある見解は、決意の惹起を教唆犯の成立要件として
いない。その先駆的見解となったのは、重要な役割をもって教唆犯の成立要
件とする見解である。[20]この見解は、通説が決意の惹起が要求してきた根拠に
遡って検討を行う。教唆犯は、刑の減軽が行われる幇助犯と異なり、正犯と
同じ法定刑とされている。通説的見解は、決意の惹起の有無により法定刑の
軽重を説明するが、共犯の処罰根拠論に関する惹起説を前提とした場合、決
意の惹起で法定刑の相違を基礎づけることはできない。正犯者の決意という
悪しき意思で法定刑を基礎づけるのは責任共犯論のロジックだからである。
むしろ教唆犯の重い法定刑を基礎づけるのは、正犯の場合と同じように、構
成要件的結果の実現に重要な役割を演じたかに求められるべきである。この
ような理解によれば、本件では、Ａが被告人の依頼前から決意を有していた
可能性があることは重要ではなく、被告人の承諾が証拠偽造の実現に不可欠
であった点をとらえて、重要な役割を肯定し、教唆犯の成立を肯定すること

---

18)　竹内健互「教唆犯と錯誤をめぐる故意帰属の論理構造について」駿河台29巻1
号（2015年）108頁は、教唆犯の犯行決意は、予測的表象でしかなく、故意と異な
るとする。

19)　ドイツにおける議論については、クラウス・ロクシン（山中敬一監訳）『刑法総論
第2巻 翻訳第2分冊』（2012年）265頁参照。

20)　このような立場として十河太朗「教唆犯の本質に関する一考察（2・完）」同法43
巻3号（1991年）132頁。さらに注釈901頁〔嶋矢貴之〕も、この立場に属し、不
確定だった法益侵害の危険性を意思の確定により飛躍的に高めた点において、正犯
相応の処罰が規定される教唆犯としての——幇助に比した——重罰性を正当化で
きるとする。

が可能である。[21]

（4）動機支配としての教唆犯

学説の中には、（3）の方向性に賛成しつつ、教唆犯における法定刑の重さを基礎づける要素の内実をより具体化しようとする試みが存在する。そこで注目されているのが動機支配の観点である。法益侵害惹起にとって直接的に重要であるのは被教唆者の決意であるが、その決意は動機によって支えられており、その動機に強い影響を及ぼすに足る行為をし、かつ、現に動機の形成・実現において重要な影響を及ぼしたという場合、その行為については高い不法を見積もることが可能となり、教唆犯として処罰することができる。[22] 本件 A は、被告人が証拠を偽造する提案を受け入れなかった場合にまで、なお証拠偽造を遂行する意図はなかったため、被告人 A の動機を支配していたと評価でき、教唆犯が成立する。仮に証拠偽造について、A が重大なメリットを感じていたようなケースでは、動機支配が認められず、教唆犯は成立しないことになる。[23]

（5）拘束・依存性としての教唆犯

さらにドイツにおける議論を参考として、上記の見解より、教唆犯の成立範囲を厳格に解する立場も存在する。この見解は、教唆犯の特徴を、正犯者を拘束している点や、正犯者が教唆者に依存する状況に陥っている点に見いだす。つまり、正犯者が行為に出るかどうかにつき拘束する事情がある場合に、教唆犯の成立を認める。[24] この立場によると、被告人は、A の証拠偽造実行を拘束しておらず、教唆犯は成立しないことになる。

---

21) ただし、本件事案では、教唆犯を超えて、（被告人と A に）共同正犯の成立を認める点に注意を要する（十河太郎「判批」同法 70 巻 8 号（2009 年）436 頁）。
22) 曲田⑧ 88 頁以下。さらに、教唆と精神的幇助の区別という見地から、計画支配として教唆犯を構成するのは、中村雄一「行為決意者に対する助言による介入と関与形態」秋田 19 号（1992 年）207 頁。
23) 曲田⑧ 90 頁。
24) 清水晴生「教唆の本質と通謀要件」白鷗 13 巻 1 号（2006 年）28 頁以下、同「判批」白鷗ロー 1 号（2007 年）241 頁。この立場は、ドイツにおける少数説を参考に主張されているものであるが、日本においては(共謀)共同正犯と教唆犯の違いが問題となる。

(6) 検　討

以上の学説を踏まえ、教唆犯をどのように理解すべきであろうか。まず、決意の惹起として教唆犯を把握する従来の通説は、次の3点において問題があるように思われる。第1に、決意の惹起を教唆犯とする見解は、人間の決意を、未決意と決意に二分するものである。しかし、この分類は、現実にあわない強引な分類である。なぜなら人間の決意は、およそ白、およそ黒という2種類につきるのではなく、白と黒の間に灰色の状態も存在すると考えられ、灰色を黒くすることをどう評価するかという問題があるからである。また第2に、惹起すべき決意の内容はどのようなものを指すのか、不明確である。例えば、窃盗を決意する者に対し、強盗を行うよう唆す場合、たしかに暴行については決意の惹起が認められるものの、財物を奪取する部分についても、決意の惹起があるとして強盗の教唆となるのか明らかでない。また決意の変化が、同一の構成要件内部にとどまる場合、例えば借金の穴埋めに、会社から10万円横領しようとする者に、会社の全財産10億円を横領するよう唆す場合や、被害者を明日解放する予定で監禁している者に、さらにもう1日監禁を延長するよう唆す場合を考えてみると、これらの事例をすでに決意が存在するとして、単に幇助と評価して良いかには疑問が生じる。つまり、決意を、どのような単位で評価するのかが不明確である[25]。そして第3に、惹起説を前提とした場合、幇助犯より重い法定刑を説明することも困難である[26]。というのも、上記（3）の見解が指摘していたように、決意の惹起それ自体が刑を加重する要素であるとするのは、正犯者に悪しき意思を引き起こすことを共犯の処罰根拠と捉える責任共犯論の論理だからである。このようにしてみると、教唆犯を、決意の惹起として構成すべきでないと考えられる。

それでは、教唆とは何なのであろうか。まず検討されるべきは、教唆犯の効果、つまり幇助犯よりも重い法定刑である。これを決意の惹起により説明しない場合、注目すべきは（4）や（5）の見解のような、支配性や優越性で

25)　この問題については、鈴木彰雄「すでにある行為を決意していた者を『教唆する』ことはできるか」新報121巻11＝12号（2015年）146頁以下参照。
26)　大越義久『共犯論再考』（1989年）199頁以下。

あると考えられる。支配性や優越性は、幇助犯には見られない特徴であり、この点がより重い法定刑を正当化すると考えられる。また一方で、(3) のように重要な役割というのでは、いかなる場合に重要な役割を果たしたと評価すべきか、明確でない。教唆犯を、幇助犯との関係で決めるとすると、(法益侵害と) 因果性が存在するという点は幇助犯も教唆犯も共通であり、そこに (法定刑の重さに相応するような) 支配性や優越性が認められる類型が教唆犯であると考えることができる (支配性または優越性としての教唆)。

　次に問題となるのは、支配性や優越性の内実である。(4) の見解は、動機の支配を問題とし、正犯者の主観面に着目しているが、主観面のみに着目する理由は明らかでない。客観的要素からも、幇助犯より重い教唆犯の法定刑を基礎付けられるのではないであろうか。例えば、犯罪を準備する段階で計画を支配しているというような要素である。さらに、犯罪遂行に関する最終的決断をどちらがするかという点を考えた場合、かかる決断権を有している側に優越性が肯定できるように思われる。

　もっとも、教唆犯を支配性や優越性で説明することは、教唆犯を正犯と解しているわけではない点に注意を要する。正犯の原理とされている行為支配との関係で説明すると、直接正犯は自らの実行行為を支配し、間接正犯は他人の意思を支配し、共同正犯は機能的に犯罪を支配する。そして教唆犯は、正犯者の動機や計画を支配することで犯罪を支配する。正犯も教唆犯も、何らかの意味で犯罪事象の一部を支配しているので、幇助犯よりも重い法定刑と解されるのである。

　なお、(5) の見解が述べるような依存性や拘束性も、幇助犯より重い法定刑を正当化するようにも思われるが、心理的でなく、物理的な拘束の場合であれば間接正犯が成立してしまうのであるから、これは教唆犯とは異質な要素を含んでおり、疑問が残る。

　このように、教唆を、結果と因果性が存在する行為の内、教唆者が正犯者を支配あるいは優越している事案であると考えると、本件では、被告人が認めない限り証拠偽造が行われることはないのであるから、教唆犯が肯定される。

4　その他の問題──刑法 65 条の適用について

　最後に、第 1 の問題で積極説を採用する場合に生じる問題について述べる。犯人が、他人をして証拠偽造を行わせた場合において、犯人に共犯の成立を認める場合、身分犯の規定である刑法 65 条も適用すべきか、つまり「犯人でない」身分者に、「犯人」という非身分者が関与したと評価し、刑法 65 条 1 項の処理に委ねることができるか問題となる。[27]これについては、前述の積極説を前提として適用を認める見解も存在するが、[28]本事件の第 1 審および控訴審は、刑法 65 条を適用することなく教唆犯の成立を認めている。これは、消極的身分を認めない裁判実務の傾向を示すものといえる。[29]

【参考文献】

　本決定の解説・評釈として
　　①前田巌「判解」最判解平成 18 年度
　　②小林憲太郎「判批」ジュリ 1354 号（2007 年）
　　③門田成人「判批」法セ 626 号（2007 年）
　　④豊田兼彦「判批」刑ジャ 8 号（2007 年）
　　⑤佐川友佳子「判批」百選 8 版

　教唆犯について
　　⑥中義勝「行為決意者の変容的使嗾について」関法 40 巻 2 号（1990 年）
　　⑦福永俊輔「教唆犯規定の意義に関する一考察」森尾亮＝森川恭剛＝岡田行雄編『人間回復の刑事法学』（2010 年）
　　⑧曲田統『共犯の本質と可罰性』（2019 年）

　条件付き故意について
　　⑨宮川基「条件付き故意について（1）（2）」法学 63 巻 3 号、4 号（1999 年）

---

27)　刑法 65 条 1 項の適用がないことを理由として、犯人による証拠隠滅教唆の不可罰を導く見解として久礼田益喜「犯人蔵匿罪、証拠隠滅罪および偽証罪」日本刑法学会編『刑事法講座 第 4 巻』（1952 年）748 頁。
28)　井田・前掲注(5)211 頁、安田拓人「司法に対する罪」法教 305 号（2006 年）80 頁。
29)　大判昭和 12 年 10 月 29 日（刑集 16 巻 1417 頁）、東京高判昭和 47 年 1 月 25 日（判タ 277 号 357 頁）など。

12

幇助の意義

最高裁判所平成 25 年 4 月 15 日第三小法廷決定
平成 23 年（あ）第 2249 号 危険運転致死傷幇助被告事件
刑集 67 巻 4 号 437 頁／判時 2202 号 144 頁／判タ 1394 号 139 頁

横　濱　和　弥

I　事　案

　被告人 A および B は、運送会社勤務の同僚であり、同社勤務の C とは、仕事の指導等をする先輩の関係にあり、かつ遊び仲間でもあった。被告人両名は、飲食店で約 5 時間にわたり C らと共に飲酒をしたところ、C が高度に酩酊した様子をその場で認識し、また、別の飲食店でさらに飲酒をするため C がスポーツカータイプの普通乗用自動車（以下「本件車両」）で疾走する様子を後から追う車内からみて、「あんなに飛ばして大丈夫かな」などと話し、C の運転を心配するほどであった。被告人両名および C は、目的の店に到着後、同店駐車場に駐車中の本件車両で開店を待っていたが、C から「まだ時間あるんですよね。一回りしてきましょうか」などと、本件車両に被告人両名を同乗させて付近を走行させることの了解を求められ、A は顔を C に向けて頷くなどし、B は「そうしようか」などと答え、それぞれ了解を与えた。これを受けて C は、アルコールの影響により正常な運転が困難な状態で、上記駐車場から本件車両を発進させ、本件車両を時速 100〜120 km で走行させて対向車線に進出させ、対向車 2 台に順次衝突させて、その乗員のうち 2 名を死亡させ、4 名に傷害を負わせた。被告人両名は、その間、先に了解を与えた際の態度を変えず、C の運転を制止することなく本件車両に同乗し、これを黙認し続けていた。

　第1審のさいたま地判平成23年2月14日（刑集67巻4号505頁参照）は、被告人両名の了解により、Cが「本件車両を走行させる意思をより強固なものにしたことは明らか」であり、「Cの犯行が容易になったと認められる」こと、黙認につき、「被告人両名には、Cが本件車両を走行させることを制止しなければならない作為義務があったことは明らか」であり、「本件車両の走行を止めるよう指示、説得することは可能かつ容易であったのであるから、被告人両名の黙認による幇助は、作為による幇助と同視することができる」こと等を指摘し、被告人両名に危険運転致死傷罪（刑旧208条の2第1項前段、現・自動車運転致死傷2条1号に相当）の幇助犯（刑62条1項）の成立を認めた。

　以上につき、被告人両名から控訴がなされたが、第2審の東京高判平成23年11月17日（刑集67巻4号532頁参照）はこれを棄却した。被告人両名は、本件の了解・黙認によって正犯者の犯行が容易になったとはいえず、幇助犯は成立しないなどとして上告した。

Ⅱ　決定要旨

上告棄却

　最高裁は、上告趣意は刑訴法405条の上告理由にあたらないとしつつ、職権で危険運転致死傷幇助罪の成否について判断した。

　「刑法62条1項の従犯とは、他人の犯罪に加功する意思をもって、有形、無形の方法によりこれを幇助し、他人の犯罪を容易ならしむるものである（最高裁昭和24年（れ）第1506号同年10月1日第二小法廷判決・刑集3巻10号1629頁参照）ところ、……Cと被告人両名との関係、Cが被告人両名に本件車両発進につき了解を求めるに至った経緯及び状況、これに対する被告人両名の応答態度等に照らせば、Cが本件車両を運転するについては、先輩であり、同乗している被告人両名の意向を確認し、了解を得られたことが重要な契機となっている一方、被告人両名は、Cがアルコールの影響により正常な運転が困難な状態であることを認識しながら、本件車両発進に了解を与え、そのCの運転を制止することなくそのまま本件車両に同乗してこれを黙認し続けたと認め

られるのであるから、上記の被告人両名の了解とこれに続く黙認という行為が、Cの運転の意思をより強固なものにすることにより、Cの危険運転致死傷罪を容易にしたことは明らかであって、被告人両名に危険運転致死傷幇助罪が成立するというべきである。」

III　解　説

1　問題の所在

　本件最高裁決定（以下「本決定」）は、危険運転致死傷罪に対する幇助犯の成立を認めた、初の最高裁の判断である。本件運転者Cが危険運転致死傷罪の正犯となることにほぼ問題はないが[1]、被告人両名による危険運転の了解・黙認という、正犯者の犯行に対して向けられる態度としては比較的に消極的な態度が幇助にあたるかは自明でなく、各審級間でも幇助犯成立を肯定する論理には差異がある。

　以下では、まず、幇助犯の基本的な成立要件と、本件の幇助行為がどのように構成されたのかを概観し（2）、次に、本決定で幇助行為とされた了解・黙認という各態度の位置づけを確認し（3・4）、最後に、被告人両名の行為が共同正犯にあたる余地がなかったかについて言及することとする（5）。

　なお、本件のような事案では、結果的加重犯（に類似した構造をもつ危険運転致死傷罪）に対する共犯の可否も問題となりうるが、紙幅の関係上、本稿ではこの問題には立ち入らず、これを肯定することを前提に検討を進めたい。

2　幇助行為の構成

(1)　総　説

　一般に、幇助犯の成立には、①幇助行為、②因果性および③幇助の故意が必要とされる[2]。①につき、幇助の手段、方法、態様に特段の制限はなく、物

---

　1)　正犯者Cには、懲役16年の刑が確定した（さいたま地判平成20年11月12日 LEX/DB 25440122、東京高判平成21年11月27日高刑速（平21）143頁）。

理的幇助のみならず、正犯の犯意を強化する精神的幇助でも足りる[3]。②については、幇助行為と正犯による犯行との間の条件関係までは不要であり、これを容易にしまたは促進したことで足りる[4]。

　本決定では、被告人両名の了解・黙認という態度が、①幇助行為といえるか、また、②正犯の犯行に対して促進的効果をもつかが中心的な問題とされ、両態度が、「Ｃの運転の意思をより強固なものにすることにより、Ｃの危険運転致死傷罪を容易にした」として、精神的幇助が肯定されたといえる。

(2) 幇助行為としての了解・黙認：一連の幇助行為

　本件の第１審から最高裁までのいずれの審級でも、幇助行為としては「了解」と「黙認」が摘示された（黙認を作為と不作為のいずれと解するかは、審級間で差異がありうる：後述4 (1)）。第１審では、これらそれぞれの幇助該当性が肯定されつつ、結論部分では「了解及び黙認の一連の幇助による危険運転致死傷幇助罪が成立する」とされた。また、最高裁は、「了解とこれに続く黙認という行為」を幇助行為としている[5]（圏点筆者）。いずれにおいても——最高裁の言回しには一応留保の余地があるものの——了解と黙認が「一連の行為」として捉えられていると理解できる[6]。

　複数行為を一連の行為として構成するとき、ⓐ特定の一部の行為（例えば了解）だけでも犯罪の成立を肯定できるが、犯情の考慮のためまたは事案の特質に鑑みて、他方の行為（例えば黙認）も付随的に摘示し、各行為を一連のものとして記述する場合と、ⓑそもそも複数行為を一体的に捉えなければ可罰的行為とみることができない場合が考えられる[7]。

---

2)　注釈 919 頁以下〔嶋矢貴之〕。
3)　大コンメ (5) 685 頁〔堀内信明＝安廣文夫＝中谷雄二郎〕。なお、本決定は、幇助の意義につき、最判昭和 24 年 10 月 1 日（刑集 3 巻 10 号 1629 頁）の判示（「他人の犯罪に加功する意思をもって、有形、無形の方法によりこれを幇助し、他人の犯罪を容易ならしむるもの」）を引用する。当該判示は、最決平成 23 年 12 月 19 日（刑集 65 巻 9 号 1380 頁＝本書 15 事件）でも参照され、そこでは、処罰範囲の限定のために幇助行為の態様を限定する立場を排斥する文脈で言及されていた（矢野直邦「判解」最判解平成 23 年度 386 頁）。他方、これが幇助の定義として一般化可能かについては、慎重論もある（照沼⑦ 159-60 頁）。
4)　注釈 933 頁以下〔嶋矢〕、大コンメ (5) 715 頁〔堀内＝安廣＝中谷〕。
5)　刑集 67 巻 4 号 440 頁（最高裁）および 528 頁（第１審）参照。
6)　駒田⑥ 154 頁注(26)。

この点に関する本決定の立場は、必ずしも明らかではない。了解のみならず黙認にもあえて言及があることは、最高裁が、本件における了解だけでは幇助犯成立には足りず、黙認をも摘示する必要があると考えた（ⓑ）とも理解できるし、黙認が正犯者Cの運転を容易にしていない旨の弁護人主張を一応斥ける趣旨で、黙認も幇助行為として摘示したにすぎない（ⓐ）とみることもできる。また、私見によれば、後述（**3**（2））のとおり、本件は了解のみで幇助犯が成立しえた事案（ⓐ）とも思われるが、仮にそのように理解したとしても、幇助犯の成立を盤石なものとするために、黙認を併せて考慮することは必ずしも否定されない。以上のように、本決定の理解としては、ⓐとⓑのどちらの読み方の余地も残されているように思われる。

3　本件における「了解」の意義

（1）幇助行為の促進性

本件における了解という態度は、Cによる運転の提案に頷くことや、「そうしようか」と応じることを内容とする作為である一方、犯行の激励等と比べれば、消極的態度に留まる。前述のとおり、幇助行為の態様等に制限はないため、消極的態度であるというだけで必ずしも幇助行為から排除されるわけではない。もっとも、本件のように、幇助行為が精神的なもので、かつ消極的なものである場合、処罰範囲の画定という観点からは、幇助行為の犯行促進性の認定が、とくに重要となる。

この点に関しては、心理的促進の認定に際し、幇助行為の強度と正犯者によるその受け止め（心理面での促進的効果）を相関的にみるとの立場が呈されて

7）　内田②96頁も参照。なお、深町晋也「『一連の行為』論について」立教ロー3号（2010年）120頁以下は、ⓑの場合にのみ一連の行為構成を認めるが、照沼⑦171頁はそのような限定を疑問視する。
8）　刑集67巻4号473、505頁。
9）　本田⑪115頁は、激励のような正犯者の意思に直接的に影響を及ぼす行為を要求しているようにも見受けられるが、疑問である。
10）　亀井＝濱田⑤125頁。処罰範囲の拡大の懸念につき、上野幸彦「判批」刑ジャ35号（2013年）131頁、豊田兼彦「幇助犯の限定」法時92巻12号（2020年）45頁以下参照。

いる。敷衍すると、犯行の激励等、犯罪遂行への強い支持を示す態度が存在
する場合、正犯の犯行との間に直接的な結びつきを認めやすく、その効果の
詳細につき摘示を要しない。最判昭和 25 年 7 月 19 日（刑集 4 巻 8 号 1463 頁＝
判例 1：殺人依頼者と実行者による報酬額の折衝中、被告人が「その位でやつてやれ、礼金
は引き受けた」と述べた事案で、実行者において「右助言によつて殺意を強固にしたとか、
或は殺人の実行を引受けた旨供述した事跡がないとしても、特段の事情の認められない本
件においては、判示助言によつて本件殺人の犯行が容易にせられたものと推認することが
できる。」とされた事例）はこの例といえる。

　これに対して、幇助行為が消極的・曖昧である等の場合、正犯者の側にお
ける心理的促進をとくに摘示する必要がある。また、正犯者の犯意が当初か
ら積極方向に固定されている場合、犯意をさらに促進したことの認定が困難
になるため、犯意強化力の強い幇助行為を摘示すべきとされる。熊本地判平
成 4 年 3 月 26 日（判タ 804 号 182 頁＝**判例 2**、とくに 220 頁以下：暴力団 A 組が B 組
事務所を襲撃した殺人未遂事件で、A 組構成員の被告人が、B 組事務所を C の指示で下見
し、襲撃可能である旨報告した事例）で、C は被告人による報告を受ける前から強
固な犯意をもち、また、当該報告は C にとって記憶に残るに値しない程度の
意味しかもたなかったとして、幇助犯成立が否定された。同判決は、C の犯
意の強固さに照らして、より強力な援助行為の立証を求めた例といいうる。

(2) 本件の検討

　本件の了解だけで幇助犯は成立しないとの見解もある。それによれば、本
件では、正犯者 C はすでに本件運転の直前に飲酒運転を行い、さらには C の
側から本件運転を提案しており、犯行への迷いが小さいため、ある程度強力
な幇助行為が要求され、了解という消極的な態度では足りないとされる。こ
の理解からは、黙認をも併せて考慮して（前述ⓑの立場）、幇助犯の成否を判断
すべきこととなる。

---

11)　西貝⑧ 171 頁。照沼⑦ 167 頁も参照。
12)　大判昭和 7 年 6 月 14 日（刑集 11 巻 797 頁）も参照。
13)　大判大正 4 年 8 月 25 日（刑録 21 輯 1249 頁）参照。
14)　西貝⑧ 171 頁。ほか、ⓑに立つ見解として、奥田③ 242-3 頁、深町⑨ 33 頁。

　他方、本決定は、被告人両名がＣの職場の先輩である等の人的関係、Ｃが被告人両名に了解を求めるに至った経緯および状況、これに対する被告人両名の応答態度等の具体的事情を摘示したうえで、被告人両名の了解が、本件運転の「重要な契機」であったと指摘する。調査官解説も、Ｃが被告人両名の意向を尊重する関係にあったことや、通常であれば意に反した同乗者を乗せて運転することはないこと等にかんがみ、本件の了解は「Ｃが本件車両を発進させる決意を固めるのに十分な働きかけ」とする。[15]以上の指摘は、本件の了解が、Ｃによる危険運転の開始に対し、強力な心理的促進作用を有することを示すものといえる。

　以上の理解にかんがみると、前述の相関関係的な考えからは、本件の了解という幫助行為自体の消極性は、Ｃの犯意に対する促進性の強度により、十分に埋め合わされるようにも思われ、了解単独で幫助犯の成立を認める余地もあったように思われる[16]（ⓐ）。ただし、このように解しても、前述のように、黙認をも考慮要素とすることは否定されない。

4　本件における「黙認」の意義

(1)　共犯における作為と不作為の区別

　第１審は黙認につき、被告人両名がＣの「犯行を制止すべき義務があるのに黙認した」として不作為構成を採用した。これに対して、第２審および最高裁は、作為義務の検討を行なっていないため、作為と解したように思われる[17]。しかしながら、本件の黙認の時点では、すでにＣが危険運転を開始し、被告人両名の指示がなければこれを中断することは考え難いため、黙認の実体は危険運転を制止しない点にあるともいいうる（第１審はその点に着目したのであろう。）。不作為と解すべき態度を安易に作為とみなせば、作為義務の検討を不当に迂回したとの批判を免れない。それゆえ、本件の黙認が作為と不作

---

15)　駒田⑥ 151-2 頁。
16)　同様の指摘として、上野・前掲注(10)135 頁、照沼⑦ 171 頁以下等参照。
17)　亀井＝濱田⑤ 123-4 頁、西貝⑧ 171 頁参照。他方、不作為と解したと読む余地もある旨の指摘として、照沼⑦ 168 頁以下、水落⑬ 495 頁以下。調査官解説である駒田⑥は、立場を明示していない。

為のいずれにあたるのかは、検討を要する。[18]

　本件の黙認のような、犯行の場に行為者が所在することが作為にあたるとした裁判例は、共同正犯と幇助の双方でみられる。共謀共同正犯の例として、最決平成15年5月1日（刑集57巻5号507頁＝**判例3**）では、暴力団組長である被告人が、スワットと呼ばれていたボディガードらによるけん銃等所持を確定的に認識しつつ行動を共にしていた等の事案で、けん銃等所持の共謀共同正犯の成立が認められた。幇助犯の例として、福岡地判平成14年12月26日（LEX/DB 28085270＝**判例4**）では、暴力団A組の組長BがCを殺害した際、事実上のA組員であった被告人がその場または別室で待機していた事案で、正犯者Bは「絶対的な上命下服関係にある被告人が、いつでもBの呼び出しに応じられる場所で、命令を受ければいかなる行為もする意思のもとに待機している」と認識しており、安心感をもって殺害を行えたため、被告人の待機はBの犯行を「心理的に容易にした」として、作為による殺人幇助罪の成立が認められた。これらの事案では、関与者の所在が、文脈上、犯行を奨励するものといえる場合に、作為とみることが許容されたといいうる。その文脈を形成する事情として、前者の事例では、例えば被告人の外出時にボディガードらが当然にけん銃を携行するというスキームの存在、後者の事例では、被告人が正犯者の犯行に協力してくれるという信頼・安心感の存在が挙げられよう。[19]

　これを車両同乗者のケースに引きつけると、運転者（正犯者）による危険運転等の違法な運転行為を認識しつつ、車両に同乗して黙しているという態度

---

18)　学説上、作為共犯にあたるための最低限の要件として、関与者の態度が明示または黙示の意思連絡を通じて、正犯の犯行に心理的因果性を及ぼしたことが必要とされるが（西田（橋爪補訂）384頁）、それ以上にいかなる事情が必要かは定説をみない。この点につき、島田聡一郎「不作為による共犯について（1）」立教64号（2003年）20頁以下、齊藤彰子「作為正犯者の犯罪行為を阻止しなかった者の刑責」名法249号（2013年）252頁以下、濱田新「精神的幇助成立要件の具体化」法政論究98号（2013年）141頁以下等参照。

19)　松原芳博『行為主義と刑法理論』（2020年）214頁以下は、**判例3**につき、当該スキームのもとで外出を告げることがけん銃等所持の黙示の意思連絡にあたる余地を認める。なお、作為を否定した例として、東京高判平成11年1月29日（判時1683号153頁）。また、東京高判平成20年10月6日（判タ1309号292頁＝本書10事件）も参照。

が、直ちに当該運転行為の奨励にあたるとはいい難い。実際に、同乗者に危険運転致死傷罪や道交法違反の罪の作為による幇助が認められた例は散見されるが、多くの場合、運転の依頼や、危険運転の要因となった薬物等の提供等を伴うものである[20]。それゆえ、同乗および黙認それ自体が危険運転等の奨励にあたることを正当化する、特別な文脈が示される必要がある。

(2) 本件黙認の扱い

本決定は、「本件車両発進に了解を与え、そのCの運転を制止することなくそのまま本件車両に同乗してこれを黙認し続けたと認められるのであるから……了解とこれに続く黙認という行為が、Cの運転の意思をより強固なものに」したと述べ、黙認も含めてCの犯意を強化したとする。

本件の黙認がどのようにCの犯意を強化したのか、本決定では詳しく語られていない。もっとも、本決定や調査官解説で指摘されるとおり、本件の黙認は、被告人両名による了解に引き続いて行われたという特徴をもつ[21]。このように、黙認を了解との関係で捉えると、黙認は単にCの運転を阻止しないことに留まらず、了解により示された当初の賛意を同乗後も示し続けるものといえ、Cの犯意を強化（少なくとも維持）するものとみる余地がある[22]。これに

---

20) 仙台地判平成20年9月19日（LEX/DB 28145434、酒酔い運転：自己の運送の依頼＋駐車料金の交付）、福岡地判平成27年2月13日（LEX/DB 25506029、危険運転致傷罪：薬物提供）、長野地判平成28年6月13日（LEX/DB 25543347、危険運転致死傷罪：自己の運送の依頼）、最判昭和54年11月1日（LEX/DB 25356063、酒酔い運転：道案内）。これに対して、前橋地判昭和37年1月27日（判タ131号156頁）では、無免許運転を容認しつつ同乗したことを理由に、同乗者に無免許運転の罪の幇助犯の成立が認められたが、「許容」が明示的な態度であったのかは定かではない。

21) 駒田⑥153頁注(26)。

22) この点につき、内田②96頁、奥田③244頁、照沼⑦173頁以下、西貝⑧171頁、千葉陽一「判批」研修755号（2011年）26頁注(14)。なお、横浜地判令和3年9月21日（LEX/DB 25590998）では、危険運転致死傷罪の事案で、正犯者Bが運転する車両の助手席に同乗していた被告人Aが、①被害車両を追跡するようBに促し、また追跡中である旨を仲間に電話で伝えたことが、作為による幇助行為にあたることに加えて、②グループにおけるBの先輩である被告人Aが、Bの危険運転を制止しなかったことで、Bは「本件危険運転行為を継続する意思を強めた」ところ、被告人Aは先行行為（①）に基づき、Bの「危険運転行為を制止すべき作為義務」があったとして、不作為による幇助行為も認められた。同判決は、①作為による幇助に引き続きなされた②の黙認的態度を、不作為による幇助とした点で注目される。

対しては、黙認はすでに開始されたＣの運転を阻止しないことを意味するにすぎないとの批判もあろうが、仮に同乗者が、危険運転遂行中の運転者を「いけいけ！」と激励した場合、それがさらなる危険運転を幇助したことに異論はなかろう。とすれば、すでに危険運転が行われていても、奨励的な意味をもつ黙認の作為幇助該当性は否定されない。問われるべきは、本件の文脈のもとで、黙認がさらなる危険運転の奨励にあたるかである。

　また、本件では、被告人両名が運転者Ｃにとって職場の先輩という密接な関係にあったことも、黙認の文脈の意味に影響しうる。つまり、関係性の薄い他人よりも、職場の先輩のような事実上の上下関係にある人が、危険運転を黙認しつつ同乗している方が、犯行を奨励する意味合いを認めやすいといえる。[23]

5　危険運転致死傷罪の正犯と共犯

(1)　自手犯と危険運転致死傷罪

　本件の被告人両名には、幇助犯の成立が認められたが、とくに本件了解が、Ｃによる危険運転の「重要な契機」となった旨の最高裁の指摘に鑑みると、被告人両名を共同正犯とする余地はなかったのかが問題となる。

　学説上、危険運転致死傷罪を自手犯と捉え、間接正犯や（共謀）共同正犯の成立を排除する立場があり、[24] この立場からは、同罪の正犯は、原則として車両の運転者に限られる。これに対して、そもそも自手犯という概念を認めない、あるいは、自手犯の（共謀）共同正犯を排除しない見解もある。理由としては、自手犯的な刑罰法規により保護される法益を、間接正犯や共同正犯という形態で侵害することは可能、あるいは、そもそも共同正犯は、犯罪を自手実行しない者にまで正犯を拡張する概念である、といった点が挙げられる。[25]

---

23)　奥田③ 247 頁。なお、山下⑭ 190 頁以下も参照。
24)　上野・前掲注(10)129 頁、安達① 156 頁。福永俊輔「危険運転致死傷罪の共犯」高山俊吉＝本庄武編『検証・自動車運転死傷行為処罰法』（2020 年）280-4 頁も参照。
25)　西田（橋爪補訂）80 頁（間接正犯の文脈）、伊藤嘉亮「危険運転致死傷罪の共同正犯に関する一考察」ソシオサイエンス 27 号（2021 年）45 頁。

学説上は、危険運転致死傷罪の共謀共同正犯を肯定する立場が一般的とされ[26]る。

(2) 本件の検討

　危険運転致死傷罪の共謀共同正犯を理論的に肯定できるとしても、本件被告人両名もそうであるように、非運転者は同罪の幇助犯として扱われる傾向にあるとされる[27]。理由として、例えば同乗者は、「乗せてもらっている」という従属的関係に立つことが多いため、同乗者の寄与を共同正犯にあたるほどの重大な寄与とは事実上評価しにくいことが多い[28]、との指摘がみられる。他方、名古屋地判平成22年1月7日（LLI/DB L06550015＝**判例5**）では、運転者が乗用車を被害車両に著しく接近させた際、同乗者であった被告人が、助手席の窓から木刀を振り回して被害車両を叩くなどした事案で、危険運転致傷罪（自動車運転致死傷2条4号）の共謀共同正犯の成立が認められた。これほどの積極的関与を行えば、（共謀）共同正犯の成立が認められる、ということなのであろう。

　本件事案における危険運転は、飲食店の開店待ちの時間潰しとしてCから被告人両名にもちかけられ、両名がこれを了解したうえで同乗・黙認した点で、両名の態度はどちらかといえば受動的であり、実行行為たる「運転」に比肩するだけの重要な役割といえるかは疑わしい。また、被告人両名とCとの間には職場での先輩・後輩という関係はあったものの、本件走行が、共謀の存在を推認させるような指揮命令関係等のもとで行われたといった事情もない。さらに、第1審の認定によれば、被告人Bは、Cによる運転がよい時間潰しになる等と思った一方、Cによる運転の提案を、スポーツカータイプの本件車両を見せびらかす意図によるものとも受けとっていた。以上の背景からは、被告人両名は、本件車両の運転に付き合ってやろうという感覚であ

---

26)　伊藤・前掲注(25)44頁注(31)参照。

27)　伊藤嘉亮「判批」法時91巻9号（2019年）179頁参照。なお、共同正犯の成立を主張する本件第1審判決の評釈として、坂本学史「判批」神院40巻3・4号（2011年）396頁以下。

28)　小林憲太郎「危険運転致死傷罪の共同正犯」研修855号（2019年）9頁参照。また、橋爪隆「危険運転致死傷罪の解釈について」曹時69巻3号（2017年）34頁、伊藤・前掲注(25)47頁以下も参照。

り、そこに正犯意思等を認めるのは困難との指摘もある。[29]

　以上のように、本件では、共同正犯の成立を認めることは困難であったといえよう。

6　まとめ

　本決定は、被告人が運転者（正犯者）による危険運転に了解を与え、引き続いて本件車両に同乗して当該危険運転を黙認したという一連の態度を切り取ったうえで、具体的事案に即して精神的幇助の成立を認めた事例であった。

　このような事例特性に鑑みると、了解が先行しない場合（同乗者が当初眠っていて、危険運転中に目を覚まし黙認し続けた場合等）や、危険運転を了解したがその後の同乗・黙認が欠ける場合は、本決定の射程外である（ただし、本稿の理解によれば、本件事情のもとでは、了解のみで幇助犯成立を認める余地があり、黙認は副次的な役割に留まりうる。）。また、本件では、被告人両名と運転者Ｃの人的関係や、車両発進につき了解を求めるに至った経緯・状況等に言及されたうえで、本件の了解・黙認の幇助行為性が認められた。それゆえ、例えば人的関係性が薄い場合（同乗者がたまたま飲み屋で知り合った者の場合）には、結論が異なる可能性もありえよう。[30]

　犯行に対する明白な激励等を欠く等の場合、作為による幇助犯の成否を検討する際には、行為者態度が当該文脈で暗黙の奨励としての意味合いをもったのか、また、当該態度が正犯者にいかなる効果を及ぼしたのかにつき、慎重な認定を要する。本決定は、それらの基礎となる事情に一定の言及をしつつ、幇助犯の成立を認めたものといえる。

【参考文献】
本決定の解説・評釈として
　①安達光治「判批」新・判例解説 Watch 18 号（2016 年）
　②内田浩「判批」刑ジャ 38 号（2013 年）
　③奥田菜津「判批」同法 67 巻 8 号（2016 年）
　④亀井源太郎「判批」平成 25 年度重判解

---

29)　奥田③ 249-50 頁。
30)　射程につき、内田② 96 頁以下参照。

⑤亀井源太郎＝濱田新「判批」法時 86 巻 2 号（2014 年）

⑥駒田秀和「判解」最判解平成 25 年度

⑦照沼亮介「判批」上法 58 巻 3・4 号（2015 年）

⑧西貝吉晃「判批」百選 8 版

⑨深町晋也「判批」判例セレクト 2013 ［Ⅰ］

⑩保坂和人「判批」警論 67 巻 1 号（2014 年）

⑪本田稔「判批」法セ 704 号（2013 年）

⑫前田雅英「判批」捜研 765 号（2014 年）

⑬水落伸介「判批」新報 121 巻 5＝6 号（2014 年）

⑭山下裕樹「判批」関法 65 巻 6 号（2016 年）

13

承継的共犯
——だまされたふり作戦事件——

▌最高裁判所平成 29 年 12 月 11 日第三小法廷決定
▌平成 29 年（あ）第 1079 号詐欺未遂被告事件
▌刑集 71 巻 10 号 535 頁／判時 2368 号 15 頁／判タ 1448 号 62 頁

松 本 圭 史

I 事 案

　B 会社の C を名乗る氏名不詳者は、平成 27 年 3 月 16 日頃、数字選択式宝くじであるロト 6 に必ず当選する特別抽選に選ばれたことによりその当選金を受け取ることができると誤信している A から現金をだまし取ろうと考え、真実は A が特別抽選に選ばれた事実はなく、契約に違反した事実も違約金を支払う必要もないのにあるように装い、電話で、「A さんの 100 万円が間に合わなかったので、立て替えて 100 万円を私が払いました。」「A さんじゃない人が送ったことが D 銀行にばれてしまい、今回の特別抽選はなくなりました。不正があったので、D 銀行に私と A さんで 297 万円の違約金を払わないといけなくなりました。違約金を払わないと今度の抽選にも参加できないので、半分の 150 万円を準備できますか。」などとうそを言って現金 150 万円の交付方を要求し（以下「本件欺罔行為」という。）、A を誤信させ、大阪市内所在の空き部屋（以下「本件空き部屋」という。）に現金 120 万円を配送させて、被告人が受取人 E のふりをして配送業者から受け取る方法により、現金をだまし取ろうとしたが、A がうそを見破り、警察官に相談してだまされたふり作戦を開始し、現金が入っていない箱（以下「本件荷物」という。）を本件空き部屋に発送したため、その目的を遂げなかった。被告人は、同月 24 日以降、だま

されたふり作戦が開始されたことを認識せずに、氏名不詳者から報酬約束の下に荷物の受領を依頼され、それが詐欺の被害金を受け取る役割である可能性を認識しつつこれを引受け、同月 25 日、本件空き部屋で、A から発送された本件荷物を受領した（以下「本件受領行為」という。）。

第 1 審判決（福岡地判平成 28 年 9 月 12 日刑集 71 巻 10 号 551 頁参照）は、「共犯の処罰根拠は、共犯が犯罪結果に対して因果性（寄与）を持つという点に求められるべきである（因果的共犯論）ことからすると、共謀加担前の先行者の行為により既に生じた犯罪結果については、後行者の共謀やそれに基づく行為がそれに因果性を及ぼすことはありえないから、後行者が共同正犯としてそれに責任を負うことはないというべきである。一方、本件で問題となる詐欺罪については、欺罔行為、それによる被欺罔者の錯誤、その錯誤に基づく財物の交付及び交付された財物の受領という、因果関係によって結びつけられた一定の段階を経て成立する犯罪類型であるから、未だ詐欺の犯罪行為が終了していない段階で、後行者が、共謀加担前の先行者の行為の効果を利用することによって犯罪の結果に対して因果関係を持ち、その結果犯罪が成立するという場合が想定できるから、そのような場合には、承継的共同正犯の成立を認めることができると考えられる。」としたうえで、本件については、被告人の共謀加担前の本件欺罔行為によって生じた詐欺結果発生の危険性について被告人が罪責を負うことはなく、また、被告人の共謀加担後に共謀に基づく欺罔行為によって詐欺結果発生の危険性を新たに生じさせたと認めることもできないうえ、さらに、本件荷物は共犯者の欺罔行為によって生じた錯誤に基づき発送（交付）されたものではないから、被告人がそれを受け取ったとしても、詐欺の構成要件に該当する行為ではなく、実行行為に当たらない、つまり、犯人側の状況とそれに対応する被害者側の状況をも観察し得る一般人の認識を基礎とすれば、被告人による本件受領行為は、共犯者の欺罔行為やそれによる A の錯誤とは因果関係のない行為であり、詐欺罪の結果発生の危険性を有しないとして、被告人に詐欺未遂の共同正犯（いわゆる承継的共同正犯）の罪責を問うことはできないとした。

第 2 審判決（福岡高判平成 29 年 5 月 31 日刑集 71 巻 10 号 562 頁参照）は、被告人

と共犯者らとの間に事前共謀を認めることはできないが、財物交付部分のみ
への関与であっても、先行する欺罔行為と相俟って、財産的損害の発生に寄
与しうるのであり、錯誤に陥った者から財物の交付を受けるという点に認め
られる詐欺罪の本質的法益の侵害に因果性を有する以上、詐欺罪の共犯を認
めてよく、また、その役割の重要度等に照らせば正犯性も肯定でき、さらに、
本件でだまされたふり作戦が行われていることは一般人において認識し得
ず、被告人ないし共犯者らも認識していなかったことを基礎として、被告人
の本件受領行為を外形的に観察すれば、詐欺の既遂に至る現実的危険性が
あったということができるため、被告人について詐欺未遂罪の共同正犯が成
立するとした。

　これに対して、弁護人が、原判決は最決平成 24 年 11 月 6 日（刑集 66 巻 11
号 1281 頁＝**判例 1**）に反しているなどとして、上告した。

II　決定要旨

　最高裁は、上告趣意は刑訴法 405 条の上告理由に当たらないとしつつ、詐
欺未遂罪の共同正犯の成否について職権で判断した。

　「被告人は、本件詐欺につき、共犯者による本件欺罔行為がされた後、だま
されたふり作戦が開始されたことを認識せずに、共犯者らと共謀の上、本件
詐欺を完遂する上で本件欺罔行為と一体のものとして予定されていた本件受
領行為に関与している。そうすると、だまされたふり作戦の開始いかんにか
かわらず、被告人は、その加功前の本件欺罔行為の点も含めた本件詐欺につ
き、詐欺未遂罪の共同正犯としての責任を負うと解するのが相当である。」

III　解　　説

1　問題の所在

　承継的共犯の問題をめぐっては、先行行為者が犯罪の実行に着手した後に

後行行為者が犯行に加わった場合に、後行行為者がどの範囲で共犯として責任を負うかが議論されてきた。本件で問題となった詐欺罪に関していえば、先行行為者が欺罔行為を行った後に犯行に加わった後行行為者が財物等の受領のみに関与した場合に、欺罔行為に関与していない後行行為者を詐欺罪の共犯として処罰できるかが問題となる。

　本決定は、先行行為者によって欺罔行為が行われた後に犯行に加わった被告人が、嘘を見破ったＡによって発送された本件荷物の受領にのみ関与した事案について、「本件詐欺を完遂する上で本件欺罔行為と一体のものとして予定されていた本件受領行為に関与し」たことを理由に、「その加功前の本件欺罔行為の点も含めた本件詐欺につき」詐欺未遂罪の共同正犯の成立を肯定したものであるが、本決定の理由づけによれば、Ａが嘘を見破ることができず、詐欺が既遂に至っていた場合には、詐欺既遂罪の共同正犯の成立が肯定されうる[1]。そのため、本決定は、詐欺罪の承継的共犯の問題について、欺罔行為後に関与した後行行為者は、関与前の欺罔行為部分も含めて詐欺罪の共犯として罪責を負うことを明らかにしたという点にその意義が認められる。もっとも、本決定の調査官解説によれば、「本決定は、判文上、詐欺罪の承継的共同正犯を認める理論的根拠については明示しておらず、……因果的共犯論による立論を含めその具体的な理論構成は特定の立場を採ることを明らかにしたものではない[2]」。そのため、本決定が詐欺未遂罪の共同正犯の成立を認めた理論構成とその理論的根拠については検討を要する。

　承継的共犯をめぐる議論状況を踏まえると、詐欺罪の承継的共犯については、「承継」に関する２つの問題を検討する必要がある。それは、本件欺罔行為のように、後行行為者の関与前に先行行為者によって実現された犯罪事実を後行行為者に帰属することができるのかという「承継の可否」の問題と、後行行為者に詐欺罪の共犯の成立を認めるためには、欺罔行為部分の帰属が認められる必要があるのかという「承継の要否」の問題である。

---

1)　小林・理論と実務 600 頁。
2)　川田① 256 頁。

2 関与前の欺罔行為部分の「承継の可否」

(1) 従来の判例・学説と因果的共犯論

まず検討されなければならないのが、「承継の可否」の問題である。これは、詐欺罪の承継的共犯の場合だけではなく、承継的共犯一般に共通する問題であり、かつては、承継的共犯の中心的問題であった。しかし、共犯の処罰根拠に関する現在の通説的理解である因果的共犯論からは、関与前に実現された犯罪事実の帰属を認めることはできないとされている。なぜなら、「共犯は、他人によって引き起こされた法益侵害と因果性を有するがゆえに処罰される」とする因果的共犯論の理解によれば、関与前に実現された過去の事実については因果性を有しえない以上、それを後行行為者に帰属することはできないからである。

こうした考え方は、判例においても示されている。**判例1**は、Yらが共謀してAらに暴行を加えて傷害を負わせた後に、被告人がYらに共謀加担して暴行を加えたことで、被告人の関与前にYらがすでに生じさせていたAらの傷害を相当程度重篤化させた事案につき、「被告人は、共謀加担前にYらが既に生じさせていた傷害結果については、被告人の共謀及びそれに基づく行為がこれと因果関係を有することはないから、傷害罪の共同正犯としての責任を負うことはなく、共謀加担後の傷害を引き起こすに足りる暴行によってAらの傷害の発生に寄与したことについてのみ、傷害罪の共同正犯としての責任を負うと解するのが相当である。原判決の……認定は、被告人において、AらがYらの暴行を受けて負傷し、逃亡や抵抗が困難になっている状態を利用して更に暴行に及んだ趣旨をいうものと解されるが、そのような事実があったとしても、それは、被告人が共謀加担後に更に暴行を行った動機ないし契機にすぎず、共謀加担前の傷害結果について刑事責任を問い得

---

3) 西田（橋爪補訂）361頁。
4) なお、この点については、重篤化させたことについてのみ責任を負うとする見解（**判例1**の千葉勝美裁判官の補足意見など）と重篤化させた傷害全体について責任を負うとする見解（石田寿一「判解」最判解平成24年度455頁など）との間で対立がみられる。

る理由とはいえないものであって、傷害罪の共同正犯の成立範囲に関する上記判断を左右するものではない。」とした。ここでは、因果性を有する部分についてのみ傷害罪の共同正犯としての責任を負うとされており、こうした判断は、因果的共犯論を前提としたものであるということができる。

なお、**判例1**の千葉勝美裁判官の補足意見は、「いわゆる承継的共同正犯において後行者が共同正犯としての責任を負うかどうかについては、強盗、恐喝、詐欺等の罪責を負わせる場合には、共謀加担前の先行者の行為の効果を利用することによって犯罪の結果について因果関係を持ち、犯罪が成立する場合があり得るので、承継的共同正犯の成立を認め得るであろうが、少なくとも傷害罪については、このような因果関係は認め難いので（法廷意見が指摘するように、先行者による暴行・傷害が、単に、後行者の暴行の動機や契機になることがあるに過ぎない。）、承継的共同正犯の成立を認め得る場合は、容易には想定し難いところである。」として、関与前にすでに生じていた傷害結果の帰属を認める余地があることを示唆しているが、**判例1**の法廷意見によれば、そのような余地はないといえよう。

(2) 積極的利用説

これに対して、**判例1**の第1審判決（松山地判平成23年3月24日刑集66巻11号1299頁参照）および第2審判決（高松高判平成23年11月15日刑集66巻11号1324頁参照）は、「積極的利用説」の考え方に依拠して、関与前に生じていた傷害結果の帰属を肯定した。

積極的利用説は、**判例1**以前の判例・学説において有力であった。[5] 例えば、大阪高判昭和62年7月10日（高刑集40巻3号720頁）は、「先行者の犯罪遂行

---

5) 大塚295頁、323頁、福田272頁、290頁注(4)。また、川端571頁、602頁、大谷419頁、447頁は、関与前に他の共犯者によって実現された犯罪事実を後行行為者が利用して犯罪を遂行した場合には、共同正犯を基礎づける相互利用・補充関係が認められるため、当該犯罪の全体について共同正犯が成立するとし、さらに、同様のことが幇助犯の場合にも当てはまるとしている。しかし、相互利用・補充関係が要求されない幇助犯の場合も共同正犯の場合と同様に取り扱われる根拠は明らかでない。結局のところ、「積極的利用」の観点は、「正犯性」を基礎づけうるとしても、「承継」を基礎づけるものではないと思われる。この点については、山口・新判例121頁、髙橋⑦176-7頁、松宮・先端230頁、橋爪390頁参照。

の途中からこれに共謀加担した後行者に対し先行者の行為等を含む当該犯罪の全体につき共同正犯の成立を認め得る実質的根拠は、後行者において、先行者の行為等を自己の犯罪遂行の手段として積極的に利用したということにあり、これ以外には根拠はないと考えられる。従つて、いわゆる承継的共同正犯が成立するのは、後行者において、先行者の行為及びこれによつて生じた結果を認識・認容するに止まらず、これを自己の犯罪遂行の手段として積極的に利用する意思のもとに、実体法上の一罪（狭義の単純一罪に限らない。）を構成する先行者の犯罪に途中から共謀加担し、右行為等を現にそのような手段として利用した場合に限られると解するのが相当である。」としていた。

　しかし、抗拒不能状態の単なる「利用」で足りる準強制性交等罪と反抗抑圧状態の因果的な「惹起」を要求する強盗罪が区別され、被害者が自ら、あるいは第三者によって反抗抑圧状態に陥っていることを利用して財物を持ち去ったとしても強盗罪の成立は認められないとされているように[6]、一定の事実を「利用」したことをもって、その事実を因果的に「惹起」したことを代替することはできない[7]。したがって、因果的共犯論を前提とする限り、積極的利用説の観点からも、関与前にすでに生じていた犯罪事実の帰属を認めることはできない。そのため、**判例1**が、関与前に行われた他の共犯者の暴行によって被害者が負傷し、逃亡や抵抗が困難となっている状態を利用してさらに暴行を加えたという事実があったとしても、関与前にすでに生じていた傷害結果の帰属を認めることはできないとした点は正当である。積極的利用説は、恐喝罪や強盗罪、本件で問題となった詐欺罪などのように、一定の構成要件該当行為を手段として結果を発生させることが要求されている犯罪を念頭に展開されたものであるが、関与前に実現された犯罪事実である以上、詐欺罪における欺罔行為やそこから生じた詐欺結果発生の危険であっても、後行行為者に帰属することはできないことに変わりはない。

---

6)　これに対して、藤木290-1頁は、こうした場合にも強盗罪の成立を認めることができるのと同様に、財物奪取のみに関与した者に強盗罪の承継的共犯の成立を認めることができるとするが、強盗罪の成立が認められるとするその前提自体に疑問がある。藤木説の詳細な検討については、松原⑩271頁以下参照。

7)　松原⑩271頁。また、山口⑤10頁以下も参照。

(3) 全面肯定説

また、かつての判例・学説においては、関与前の犯罪事実の帰属を広範に認める「全面肯定説」と呼ばれる考え方がみられた。

この見解の論者によれば、「意志の連絡は行為の一部が行われてから後に生じても、その全体が構成要件上不可分の犯罪であるならば、そこに全体についての共犯が成立」し、「実行の途中からの関与者も当初からの関与者も、法の適用上は等しくその一罪全体について共犯となり、関与の量の多少はただ量刑上考慮を受けうるにすぎない」[8]。また、大判昭和 13 年 11 月 18 日（刑集 17 巻 839 頁 = **判例 2**）も、被告人の夫が強盗目的で被害者を殺害したことを知ったうえで、協力を求められたために現場でロウソクを照らして、夫の金品奪取を容易にした事案につき、一罪の一部に加功したことを理由に、関与前に生じていた死亡結果を被告人に帰属することを認め、強盗殺人罪の幇助犯の成立を肯定した。

このように、全面肯定説は、関与前の部分と関与した部分が「一罪」として把握される場合に関与前の犯罪事実の帰属を肯定しているが、こうした説明は、共犯の成立を認めるためには共犯者間で成立する犯罪の罪名が一致する必要があるとする「完全犯罪共同説」に基づくものであるといえる。しかし、一罪の一部に関与したためにその全体が帰属されるとする形式的な説明には疑問がある[9]。また、こうした説明は、実質的に、全体行為の一部に関与したことを理由にその全体についての帰属を肯定する団体責任を認めるものにほかならず[10]、個人責任の原則に反するだろう。そのため、現在では、個人責任の原則を貫徹する因果的共犯論を採用する限り、全面肯定説やそれを前提とする**判例 2** を支持することはできないとされている。

(4) 本決定の検討

これに対して、本決定は、「本件詐欺を完遂する上で本件欺罔行為と一体の

---

8) 植松 354 頁。また、下村康正『続犯罪論の基本的思想』（1965 年）129 頁以下も参照。

9) 橋爪 376 頁参照。

10) 照沼③ 169 頁参照。

ものとして予定されていた本件受領行為に関与し」たことを理由に、「被告人
は、その加功前の本件欺罔行為の点も含めた本件詐欺につき、詐欺未遂罪の
共同正犯としての責任を負う」として、関与前の欺罔行為部分を後行行為者
に帰属することを認めた。こうした理解に基づいて、本件欺罔行為によって
生じた詐欺結果発生の危険も被告人に帰属されるとすると、理論上は、被告
人に詐欺未遂罪の共同正犯の成立を認めるにあたって、被告人の行為が詐欺
結果発生の危険と因果性を有するかを判断する必要がなくなる。そのため、
本決定が、第1審判決および第2審判決とは異なり、被告人の行為と詐欺結
果発生の危険との間の因果性の有無について判断を行っていないことも、こ
のような観点から説明されうることになる。[11]

　本決定は、本件詐欺に関する事例判断にすぎないため、その射程は必ずし
も明らかではないが、「完遂する上で……一体のものとして予定されていた」
の解釈次第では、**判例2**の結論も正当化しうるものであると思われる。[12]この
ように、本決定は、一罪性を根拠に関与前の犯罪事実の帰属を肯定する全面
肯定説と類似の考え方を採用するものであるということができる。そのため、
全面肯定説と同様に、因果性を有さない犯罪事実の帰属を認めることは、実
体を伴わない形式的な理由づけに基づくもの、あるいは、実質的には団体責
任を認めるものであって妥当でなく、また、**判例1**とも整合しないとの批判[13]
を避けられないだろう。したがって、因果的共犯論を前提とする限り、本決
定が被告人に関与前の欺罔行為部分の帰属を認めたことを支持することはで
きないと思われる。

---

11)　松宮・先端 230-1 頁、松原⑩ 301-2 頁。
12)　上嶌一高「詐欺未遂罪と承継的共犯」日髙古稀（上）569 頁、松原⑩ 303 頁参照。
13)　承継的共同正犯の問題について、こうした団体責任に基づくアプローチの可能性
　を示すものとして、井田良「承継的共同正犯についての覚書」山中古稀（上）637 頁
　以下。また、関与者の個別行為の総体としての「全体行為」と結果との間に因果関
　係があれば各関与者が全体について共同正犯として責任を負うとする見解（橋本正
　博「『承継的共同正犯』について」川端古稀（上）594 頁以下、佐藤② 103 頁など）
　も主張されている。こうした見解の分析については、伊藤嘉亮「特殊詐欺における
　承継的共同正犯と共謀の射程」法時 91 巻 11 号（2019 年）68-9 頁、豊田⑨ 91 頁以
　下、深町④ 234 頁参照。

3　関与前の欺罔行為部分の「承継の要否」

（1）総　説

次に検討を必要とするのが、本件のように、先行行為者によって欺罔行為
が行われた後に犯行に加わって受領行為を行った後行行為者に詐欺罪の共犯
の成立を認めるためには、後行行為者が欺罔行為に関与していなければなら
ないか、つまり、後行行為者に関与前の欺罔行為部分が帰属される必要があ
るかという「承継の要否」の問題である。これは、一定の構成要件該当行為
を手段として結果を発生させることが要求されている詐欺罪、恐喝罪、強盗
罪などの承継的共犯に関して近時特に議論が行われている問題である。

（2）欺罔行為への関与を必要とする見解

詐欺罪の共犯の成立を認めるためには共犯者が欺罔行為に関与していなけ
ればならないとする見解として、従来有力に主張されてきたのが、「全面否定
説[14]」である。

この見解によれば、手段となる欺罔行為や暴行・脅迫行為とそこから生じ
る錯誤状態、畏怖状態、反抗抑圧状態は、それぞれ詐欺罪、恐喝罪、強盗罪
の成立を基礎づける不法内容であるから、これらの罪の共犯を認めるために
は、そうした手段行為について因果性を有さなければならない。したがって、
先行行為者の欺罔行為後に犯行に加わった後行行為者が受領行為のみを行っ
た詐欺罪の承継的共犯の事例においては、関与前の欺罔行為の帰属が認めら
れないと考える以上、挙動による欺罔や不作為の欺罔を含む新たな欺罔行為[15]
が後行行為者の加功後に行われたといえなければ[16]、後行行為者に詐欺罪の共

---

14)　本決定以降も一貫して、全面否定説の立場から承継的共犯について分析を加える
　　ものとして、小林・理論と実務 591 頁以下、松原⑩ 263 頁以下。

15)　山口⑤ 17 頁以下は、手段となる暴行・脅迫行為や欺罔行為によって反抗抑圧状
　　態、畏怖状態、錯誤状態を引き起こした先行行為者には、こうした状態を解消する
　　作為義務が課せられ、先行行為者の行為後に犯行に加わった後行行為者も、同様に
　　作為義務を負うと考えられることから、こうした状態を解消しなかった後行行為者
　　には、不作為の脅迫または欺罔に基づく強盗罪、恐喝罪、詐欺罪の成立が認められ
　　るとする。このように不作為を広範に認めて後行行為者に詐欺罪等の成立を認める
　　見解に対する批判については、小林憲太郎「承継的共犯・再論」研修 820 号（2016
　　年）8-9 頁、橋爪 392-3 頁など参照。

犯の成立は認められず、後行行為者は受領行為につき占有離脱物横領罪の罪責を負いうるにとどまる。本件においては、だまされたふり作戦が実施されたことにより、財産的価値を有する財物を受領しておらず、また、占有離脱物横領罪については未遂犯処罰規定がないため、後行行為者は不可罰となる[18]。

　もっとも、全面否定説に対しては、先行行為者による欺罔行為後に犯行に加功した後行行為者に詐欺罪の罪責を負わせず、占有離脱物横領罪が成立しうるにすぎないとすることは、法感覚からすれば疑問のあるものであり[19]、また、「実務上、本件のような事案における後行者の詐欺未遂罪の共同正犯としての当罰性にはさほど異論がないように思われ」[20]、本件において被告人を無罪とすることには疑問がある[21]との批判が向けられている[22]。

(3) 欺罔行為への関与を必要としない見解

　そこで、こうした場合にも詐欺罪の共犯の成立を認める見解として主張されているのが、詐欺罪の共犯の成立を認めるためには共犯者が欺罔行為に関与していなくともよいとする見解である。**判例1**の千葉勝美裁判官の補足意見において、後行行為者に関与前の犯罪事実を帰属することはできないとしても、「強盗、恐喝、詐欺等の罪責を負わせる場合には、共謀加担前の先行者

---

16)　もっとも、例えば、コインロッカーや私書箱に届けられた荷物を受領する送付型の特殊詐欺のような場合には、不作為構成によって詐欺罪の成立を認めることは困難である（小林憲太郎「いわゆる承継的共犯をめぐって」研修791号（2014年）11-2頁、橋爪392頁など参照）。

17)　特殊詐欺における受け子の罪責については、松原⑩305頁以下参照。また、詐欺罪の承継的共犯の事例において、後行行為者について詐欺罪の共同正犯の成立を否定した場合、先行行為者に詐欺既遂罪の罪責を負わせることが困難になるとの批判（橋爪393頁）に対して、松原⑩307頁は、後行行為者の受領行為について占有離脱物横領罪の成立が認められる限りで、部分的犯罪共同説または行為共同説の立場からは、先行行為者に詐欺既遂罪の共同正犯の罪責を負わせうるとする。さらに、同307頁以下は、後行行為者である受け子に詐欺罪が成立しない場合には、受領行為後の行為について盗品保管罪や盗品運搬罪が成立しうるとする。

18)　松原⑩309頁。この場合、未遂犯処罰規定のない盗品保管罪や盗品運搬罪の成立も認められない（半田靖史「受け子の故意と共謀の認定」法時92巻12号（2020年）21頁注(37)も参照）。

19)　齊藤⑧26頁。

20)　川田①257頁。

21)　河原俊也「だまされたふり作戦と詐欺未遂罪における『共同正犯』の成否」植村立郎編『刑事事実認定重要判決50選（下）〔第3版〕』（2020年）58頁など。

22)　こうした批判に対する全面否定説からの反論として、小林・理論と実務602頁。

の行為の効果を利用することによって犯罪の結果について因果関係を持ち、犯罪が成立する場合があり得る」として、同様の考え方が示されたこともあり、現在では、こうした見解が有力となっている。

欺罔行為への関与を必要としない見解として従来から主張されてきたのが「全体的評価説」と呼ばれる見解であり[23]、これは、承継的共犯を限定的に認める「限定肯定説」の１つとして位置づけられてきた。この見解によれば、先行行為者による欺罔行為や暴行・脅迫行為の後に後行行為者が行った受領行為や奪取行為は、先行行為者にとっては騙取行為、喝取行為、強取行為に該当し、全体としてみれば詐欺、恐喝、強盗に関与したといえるため、後行行為者は、欺罔行為や暴行・脅迫行為に関与していないとしても、詐欺罪、恐喝罪、強盗罪の共犯として処罰されうる[24]。しかし、なぜ、後行行為者にとっては窃取行為や占有離脱物横領行為に該当しうるにすぎない受領行為や奪取行為が、先行行為者にとっては騙取行為、喝取行為、強取行為に該当することを理由に、後行行為者が詐欺罪、恐喝罪、強盗罪の共犯として処罰されうるのかは明らかでない[25]。

そこで、現在では、欺罔行為や暴行・脅迫行為に関与していない後行行為者を詐欺罪、恐喝罪、強盗罪の共犯として処罰しうる根拠を、因果的共犯論の立場から実質的に説明する見解が有力となっている。この見解によれば、例えば、詐欺罪の単独犯の成立を認めるためには、欺罔行為によって被害者を錯誤状態に陥れることが必要となるが、「修正された構成要件」である共犯の場合には、「修正」によって因果性を有すべき対象が縮減され、先行行為者の欺罔行為やそれによって生じた被害者の錯誤状態を一種の「構成要件的状

---

23) 平野Ⅱ383頁、佐伯（仁）387頁、西田（橋爪補訂）395-6頁。

24) 積極的利用説は、先行行為者が欺罔行為や暴行・脅迫行為によって生じさせた錯誤状態、畏怖状態、反抗抑圧状態を利用して受領行為や奪取行為を行った後行行為者について、これらの罪の共犯として処罰しうるとするが、すでに述べたように、これが、関与前の欺罔行為や暴行・脅迫行為の帰属を認める趣旨であるとすれば妥当でない。しかし、先行行為者がすでに欺罔行為や暴行・脅迫行為を行った状態で受領行為や奪取行為に関与したことを理由にこれらの罪の共犯の成立を認める趣旨であるとすれば、全体的評価説の主張と大きく異ならないといえる。この点については、十河⑥139頁参照。

25) 松原⑩300頁。

況」と解しうるため、詐欺罪の共犯の成立を認めるためにこれに対して因果
性を有する必要はなく、また、後行行為者は、受領行為などによって法益侵
害またはその危険に対して因果性を有している限りで、共犯の処罰根拠を法
益侵害結果に対する因果性に求める因果的共犯論からも詐欺罪の共犯の成立
を認めることができる。

　ただし、因果性を有すべき対象の捉え方については、論者の中で見解が分
かれており、共犯の成立を認めるためには当該犯罪における最終的な法益侵
害結果に対して因果性を有していれば足りるとする「最終結果惹起説」、当該
犯罪における法益侵害として把握される構成要件的結果の発生について因果
性を有することを必要とする「構成要件的結果惹起説」、複数の保護法益を含
む犯罪に関しては、第1次的な保護法益の侵害について因果性を有すること
が必要となり、副次的な保護法益の侵害について因果性を有する必要はない
とする「第1次的法益侵害説」が主張されているが、いずれの立場からも、
詐欺罪の場合には財物等の移転について因果性を有していれば、欺罔行為に
関与していない後行行為者も詐欺罪の共犯として処罰することができるとさ
れている。

　なお、学説においては、共同正犯については全面否定説を採用し、幇助犯
については因果性を有すべき対象の縮減を認める二分説も主張されている。

---

26)　髙橋⑦ 183 頁。
27)　注釈 860 頁〔島田聡一郎〕、伊藤・前掲注(13)68-9 頁、橋爪 394 頁。
28)　注釈 860 頁〔島田聡一郎〕。また、髙橋⑦ 183-4 頁は、「後行者が自己の行為によっ
　てその進行中の犯罪に対する最終的な構成要件的評価に影響を及ぼす可能性を残
　していることが必要であ」り、「構成要件的結果を最終的に発生させる行為につい
　ての因果性は絶対に必要である」とする（齊藤⑧ 25-6 頁、松宮・先端 229-30 頁も
　参照）。
29)　橋爪 393 頁以下。なお、同 395-6 頁は、強盗罪については、奪取行為による財産
　権侵害だけでなく、暴行・脅迫による身体の安全や意思決定の自由の侵害も法益侵
　害性を有する「結果」として把握され、強盗罪の共犯の成立を認めるためにはその
　どちらについても因果性を有する必要があるため、奪取行為にのみ関与した後行行
　為者を強盗罪の共犯として処罰することはできないとする。
30)　十河⑥ 146 頁以下。なお、同 147 頁は、恐喝罪や強盗罪も財物の移転によって第
　1 次的な保護法益が侵害されるとしており、これによれば、受領行為や奪取行為に
　のみ関与した後行行為者も恐喝罪や強盗罪の共犯として処罰されうる。また、中川
　正浩「特殊詐欺対策としてのいわゆる『だまされた振り作戦』に関する法的問題と
　捜査手法の正当性について」警論 71 巻 12 号（2018 年）72 頁も参照。

こうした見解は、実行行為の途中から関与した後行行為者については正犯性が認められないため、共同正犯として処罰することはできないとするものであるが、実行行為の一部にしか関与していないことを理由として正犯性を一律に否定することはできないだろう[32]。

(4) 本決定の検討

欺罔行為への関与を必要としない見解からは、本件において、関与前の欺罔行為部分を被告人に帰属することを認めなくとも、被告人の行為が詐欺結果発生の危険に因果性を有する限りで、詐欺未遂罪の共同正犯の成立を認めることができる[33]。**判例1**の千葉勝美裁判官の補足意見において示された考え方に依拠する本件の第1審判決や、錯誤に陥った者から財物の交付を受けることで詐欺罪の本質的法益侵害に因果性を有するのであれば詐欺罪の共犯の成立を認めることができるとする第2審判決も、こうした理解を前提としている。もっとも、被告人が因果性を有すべき対象である詐欺結果発生の危険性に関して判断が分かれたために、第1審判決においては詐欺未遂罪の共同正犯の成立が否定され、第2審判決においてはこれが肯定された。これに対して、本決定は詐欺未遂罪の共同正犯の成立は認めたものの、詐欺結果発生の危険性については言及していない。欺罔行為への関与を必要としない見解からは、本件においては詐欺結果発生の危険性が当然に認められるため、危険性に関する判断が行われなかったと解することで、本決定が詐欺結果発生の危険性について判断を行うことなく被告人に詐欺未遂罪の共同正犯の成立

---

31)　斉藤誠二『特別講義刑法』(1991年) 203頁以下、照沼亮介『体系的共犯論と刑事不法論』(2005年) 244頁以下、高橋474頁、井田521-2頁など。また、共同正犯については全面否定説を、幇助犯については全面肯定説を採用する見解として、中野次雄『刑法総論概要〔第3版補訂版〕』(1997年) 149頁、165頁、小島秀夫『幇助犯の規範構造と処罰根拠』(2015年) 146頁以下など。

32)　橋爪382-3頁。

33)　川田① 256頁は、本決定が、「詐欺を完遂する上で欺罔行為と一体のものとして予定されていた受領行為への関与」を指摘したことは、「詐欺罪の保護法益は個人の財産であり、欺罔行為はこれを直接侵害するものではなく、欺罔行為を手段として錯誤に陥った者から財物の交付を受ける点に法益侵害性があるという詐欺罪の特質に着目すれば、……詐欺罪の承継的共同正犯を認める実質的根拠を示唆するものとも理解できよう。」として、欺罔行為への関与を必要としない見解に親和的な理解を示唆している。

を認めた点を説明しうることになる。[34]

　確かに、関与前の欺罔行為部分を被告人に帰属することはできないと解しながら、本決定において詐欺未遂罪の共同正犯の成立が認められた点を理論的に基礎づけようとする場合には、こうした説明をせざるをえないであろう。しかし、「加功前の本件欺罔行為の点も含めた本件詐欺につき、詐欺未遂罪の共同正犯としての責任を負う」とした本決定を、関与前の欺罔行為部分の帰属を認めることなく詐欺未遂罪の共同正犯の成立を認めたものとして理解することは、困難であるように思われる。[35]

　また、欺罔行為への関与を必要としない見解に対しては、全面否定説の立場から、「共犯構成要件は各則の基本的構成要件を修正したものであるが、それは因果性の内容の緩和、すなわち自律性のある他人の行為を媒介とした因果性で足りるとすること、および条件関係に代えて促進関係で足りるとすることを意味するのであって、因果性の対象の縮減を意味するものではない。[36]」ため、欺罔行為に関与していない後行行為者を詐欺罪の共犯として処罰することはできないとの批判が向けられている。こうした批判は正当なものと思われ、詐欺罪、恐喝罪、強盗罪は、最終的な占有侵害の点では区別すること

---

34)　橋爪400頁。川田①259頁注(39)は、「本決定が、後行者の行為の危険性判断を不要としたものであるのか、判文上必ずしも明らかではないが、本件は、承継的共同正犯論と不能犯論を根拠として詐欺未遂罪の共同正犯の成立を認める見解によっても、危険性を肯定できる事案であるように思われる。」とする。なお、詐欺未遂罪の共犯の成立を認めるために、後行行為者が受領行為を行うことが必要となるかも問題となる。この点については、深町④235-6頁参照。

35)　豊田⑨90頁は、「本決定が一体性の指摘に加え、あえて『加功前の本件欺罔行為の点も含めた』と念押ししたことからすると、このような理解〔因果性の対象を限定する見解：筆者注〕はやや苦しいようにも感じられるが、因果の遡及を認めない因果的共犯論を維持しながら本決定の判示を説明するとすれば、このように理解するほかないように思われる。」とする。これに対して、稗田雅洋「承継的共同正犯」理論と実務②41頁は、「平成29年決定により、判例が全面否定説ではなく、限定肯定説を採ることが明らかになったといえる。」とするが、本決定からそこまで読み取ることができるかについては疑問がある。

36)　松原⑩298頁。同276-7頁は、構成要件該当事実の中には、行為状況や身分といった因果性を有する必要がない「不法前提」と、実行行為、中間結果、最終結果といった因果性を有する必要のある「不法内容」があるが、不法内容については、正犯の場合と同様に、共犯も因果性を有さなければならないとする。この点については、小林・理論と実務598頁以下も参照。

ができず、手段である欺罔行為や暴行・脅迫行為とそこから生じた錯誤状態、畏怖状態、反抗抑圧状態によってはじめて区別されうるのであるから、その部分への関与を不要としながらこれらの罪の共犯の成立を認めることには疑問がある[37]。そうした解釈は、後行行為者による占有侵害行為に対する評価が、もっぱら先行行為者に関係する事情によって左右されることを認めるものにほかならず、個人責任の原則の観点からは許容できない。したがって、理論的には、全面否定説の立場が妥当であると考えられる。

4　おわりに

　本決定の意義は、詐欺罪の承継的共犯の問題について、欺罔行為後に関与した後行行為者は、関与前の欺罔行為部分も含めて詐欺罪の共犯として罪責を負うことを明らかにした点に認められるが、上述のように、「完遂する上で……一体のものとして予定されていた」という本決定の理由づけによれば、恐喝罪や強盗罪の承継的共犯の成立はもちろん、**判例2**の結論も正当化されうる。

　しかし、本決定は、関与前の犯罪事実の帰属を認める点で理論的に肯首し難いだけでなく、実務的には**判例1**との整合性が問われるものであり、また、従来主張されてきた学説と必ずしも整合せず、理論的に十分基礎づけられたものとはいえないため、あくまで本件のような事案において関与前の欺罔行為部分も含めて詐欺罪の共犯の成立を認めた事例判断として[38]、現時点では、その射程を広く解すべきではないと思われる[39]。

---

37)　詐欺罪の共犯の成立を認めるためには欺罔行為に関与していなくともよいとする見解が有力に主張される中で、本決定があえて「加功前の本件欺罔行為の点も含めた本件詐欺」について詐欺未遂罪の共同正犯の成立を認めたことは、詐欺罪の共犯の成立を認めるためには、欺罔行為部分の帰属を不要とすることはできないということを示していると解する余地もあるように思われる。

38)　川田① 258 頁は、「本決定は事例判断の形を採って」おり、「特殊詐欺については様々な行為態様のものが考えられること、本件の結論を導くに当たっては種々の理論構成が考えられること、特に、承継的共同正犯の論点を見ても平成24年判例との関係を含め多様な議論があり、不能犯の論点も見解が分かれている上、実行行為概念との関係での不能犯論の位置付けや未遂犯の終了時期の問題にも関わることなどから、現段階で最高裁として特定の法理を示すことがふさわしいものとはされなかったように思われる。」とする。

【参考文献】

本件の解説・評釈として

①川田宏一「判解」最判解平成 29 年度

②佐藤拓磨「判批」刑ジャ 55 号（2018 年）

③照沼亮介「判批」判時 2392 号（2019 年）

④深町晋也「判批」論ジュリ 36 号（2021 年）

承継的共犯について

⑤山口厚「承継的共犯論の新展開」曹時 68 巻 2 号（2016 年）

⑥十河太朗「承継的共犯論の現状と課題」理論探究⑨

⑦髙橋直哉「承継的共犯論の帰趨」理論探究⑨

⑧齊藤彰子「承継的共犯」法教 453 号（2018 年）

⑨豊田兼彦「共同正犯の構造の再検討」理論と実務②

⑩松原芳博『行為主義と刑法理論』（2020 年）

---

39)　照沼亮介「近年の共同正犯論とその問題点」理論と実務②102 頁注(15)。また、松宮・先端 231 頁は、本決定の「先例的意義は、『具体的危険説』に依拠して加担後の行為に危険があることを理由に『受け子』の罪責を認めた原審の結論を是認した事例判例という程度にとどめておいたほうがよい」とする。

14

共犯関係の解消

最高裁判所平成 21 年 6 月 30 日第三小法廷決定
平成 19 年 (あ) 第 1580 号 住居侵入、強盗致傷被告事件
刑集 63 巻 5 号 475 頁／判時 2072 号 152 頁／判タ 1318 号 108 頁

竹 内 健 互

I 事 案

　被告人 X は、本件犯行以前にも、数回にわたり、共犯者らと共に、民家に侵入して家人に暴行を加え、金品を強奪することを実行したことがあった。本件犯行に誘われた X は、犯行の前夜遅く、自動車を運転して共犯者らと合流し、同人らと共に、A 方およびその付近の下見をするなどした後、共犯者 7 名との間で、A 方の明かりが消えたら、共犯者 Y、Z が屋内に侵入し、内部から入口の鍵を開けて侵入口を確保した上で、X を含む他の共犯者らも屋内に侵入して強盗に及ぶという住居侵入・強盗の共謀を遂げた。

　本件当日午前 2 時ころ、Y、Z は、A 方の窓から地下 1 階資材置場に侵入したが、住居等につながるドアが施錠されていたため、いったん戸外に出て、別の共犯者に住居等に通じた窓の施錠を外させ、他の共犯者らのために侵入口を確保した。

　見張り役の共犯者 N は、屋内にいる共犯者 2 名が強盗に着手する前の段階において、現場付近に人が集まってきたのを見て犯行の発覚をおそれ、屋内にいる Y らに電話をかけ、「人が集まっている。早くやめて出てきた方がいい。」と言ったところ、「もう少し待って。」などと言われたので、「危ないから待てない。先に帰る。」と一方的に伝えただけで電話を切り、付近に止めてあった自動車に乗り込んだ。その車内では、X と他の共犯者 O が強盗の実

行行為に及ぶべく待機していたが、Xら3名は話し合って一緒に逃げることとし、Xが運転する自動車で現場付近から立ち去った。

　屋内にいたY、Zは、いったんA方を出て、Xら3名が立ち去ったことを知ったが、本件当日午前2時55分ころ、現場付近に残っていた共犯者P、Q、Rと共にそのまま強盗を実行し、その際に加えた暴行によってAら2名を負傷させた。

　以上の事実について、第1審の東京地八王子支判平成19年2月21日（刑集63巻5号493頁参照）は、「被告人は、共犯者らが犯行に着手した後、自らは犯行に及ぶことなく現場を離れているが、被告人が犯行をやめることについて、Yら共犯者が了承した事実はないし、共犯者らが犯行を実行するのを防止する措置を講じてもいないのであるから、被告人とYらとの共犯関係が解消されたとも認められない」として、住居侵入罪と強盗致傷罪の共同正犯の成立を肯定した。これに対して、被告人側は、共犯者らとの間で、住居侵入および強盗致傷の共謀をしていないとして事実誤認を主張して控訴した。

　控訴審の東京高判平成19年7月19日（刑集63巻5号500頁参照）は、被告人が他の共犯者らと共謀したことを否定するような事情はないとして被告人側の主張を排斥し、控訴を棄却した（なお、控訴審では、共犯関係の解消は争点となっていない。）。

　そこで、被告人側は、本件は実行の着手前の離脱であり、実行の着手後の離脱に関する判例法理を安易に適用すべきではないとしたうえで、「当初の共謀と被告人の離脱前までの加担行為は、後の強盗行為に何ら物理的ないし心理的因果的影響力を有していないことが明らかであるから、離脱後に他の共犯者らがした強盗行為について、被告人に共謀共同正犯の成立（共犯離脱の不成立）を認めることはできず、被告人に対しては、……強盗致傷罪は成立せず、離脱前に共犯者が実行した住居侵入・窃盗の限度で共謀共同正犯が成立する」などと主張して上告した。

II　決定要旨

上告棄却

　最高裁は、弁護人の上告趣意のうち、判例違反の点は、いずれも事案を異にする判例を引用するものであって、本件に適切でなく、そのほかの点については、刑訴法 405 条の上告理由にあたらないとしつつ、職権で強盗致傷罪の共同正犯の成否について以下のように判断した。

　「被告人は、共犯者数名と住居に侵入して強盗に及ぶことを共謀したところ、共犯者の一部が家人の在宅する住居に侵入した後、見張り役の共犯者が既に住居内に侵入していた共犯者に電話で『犯行をやめた方がよい、先に帰る』などと一方的に伝えただけで、被告人において格別それ以後の犯行を防止する措置を講ずることなく待機していた場所から見張り役らと共に離脱したにすぎず、残された共犯者らがそのまま強盗に及んだものと認められる。そうすると、被告人が離脱したのは強盗行為に着手する前であり、たとえ被告人も見張り役の上記電話内容を認識した上で離脱し、残された共犯者らが被告人の離脱をその後知るに至ったという事情があったとしても、当初の共謀関係が解消したということはできず、その後の共犯者らの強盗も当初の共謀に基づいて行われたものと認めるのが相当である。これと同旨の判断に立ち、被告人が住居侵入のみならず強盗致傷についても共同正犯の責任を負うとした原判断は正当である。」

III　解　説

1　問題の所在

　本件は、住居侵入・強盗の共謀を遂げたうえで、他の共犯者らにより住居侵入および窃盗がなされた後、強盗の実行に着手する前に、見張り役の共犯者らと共に現場から立ち去った場合において、いわゆる「共犯関係の解消」[1]の成否が争われた事案である。共犯関係の解消とは、共犯関係にある複数人

による犯行遂行の過程において、一部の共犯者が犯行途中で犯罪への関与を
やめ、以後、他の共犯者らによって遂行された犯罪行為について罪責が否定
される場合をいい、共同正犯のみならず、狭義の共犯としての教唆犯や幇助
犯においても問題となりうる。ただ、本件がそうであるように、実務上共犯
関係の解消が争われた事案のほとんどは（共謀）共同正犯に関するものであ
る。本件では、離脱前に他の共犯者らによってなされた住居侵入罪および窃
盗罪について被告人に共同正犯が成立することは疑いの余地がないとして
も、離脱後に他の共犯者らによって遂行された強盗（致傷）罪についても共同
正犯としての責任を負うのかが問題となっている。

　また、共犯関係の解消は、実行の着手前、実行の着手後既遂前、既遂後な
どに分けることができるが、実行の着手前については、共謀段階や予備段階
で共犯関係の解消が認められれば、たとえ他の共犯者が犯行を継続して未遂
や既遂へ至ったとしても、解消以前の犯行への関与の限度でしか刑事責任を
問いえない。

　そこで、共犯関係の解消については、まず他者と共犯関係（共謀）を形成し
た者が、その共犯関係成立後のある時点において、途中で犯行から離脱した
場合に、いかなる根拠および要件のもとで共犯関係の解消が認められるか、
また、共犯関係の解消が認められる場合、離脱者の刑事責任についてどのよ
うな効果が認められるのかが問題となってくる。

2　判例・学説

(1)　共犯関係の解消と中止犯

　かつて、共犯関係の解消は、判例上、共犯における中止犯（刑43条但書）の
問題として扱われていた。[2] 中止犯は未遂を前提とするから、離脱者が途中で
翻意して犯行を断念したとしても、中止行為として他の共犯者による犯行や

---

1)　本決定は、「離脱」を事実行為の意味でのみ用いており、法的評価を加えた場合に
　　は「共犯関係の解消」という用語を用いていることから、本稿でもこの用語法に従っ
　　ておく。
2)　大判大正12年7月2日（刑集2巻610頁）、最判昭和24年7月12日（刑集3巻
　　8号1237頁）、最判昭和24年12月17日（刑集3巻12号2028頁）など。

結果発生を阻止する措置を講じ、よって全体としての犯行を未遂にとどめない限り、実現された犯罪について当初の共謀に基づく共同正犯としての責任からも解放されえないという論理が窺われる。

しかし、現在では、共犯関係の解消と中止犯の成否とは、別個の問題であり、後者は前者を前提とする論点であって、両者は区別されるべきだと理解されている。共犯にも中止犯規定は適用されうるが、それには実行の着手後既遂前であることが必要となることから、両者の問題領域は完全にオーバーラップするわけではない。

(2) 実行着手前の離脱

従来、共犯関係解消の判断基準については、実行の着手の前後により判断基準を区別するのが一般的であり、着手前の離脱につき、離脱者が離脱の意思を表明し、これを他の共犯者らが了承すれば、共犯関係の解消を認める一連の下級審裁判例が存在する。例えば、東京高判昭和 25 年 9 月 14 日（高刑集 3 巻 3 号 407 頁）は、窃盗に誘われて同意し、他の共犯者らと共謀して犯行現場へ向かう途中で自己が執行猶予中の身であることを思い出して犯行を思いとどまり、他の共犯者に告げて単身で引き返したという事案につき、着手前に他の共謀者にも実行を中止する旨を明示して他の共謀者がこれを了承し、残余の共犯者らだけで犯罪を実行した場合には、前の共謀は全くなかったものと同一に評価すべきとして窃盗の共謀共同正犯を否定した。[3]

また、離脱意思の表明は明示的なものでなく黙示的なものでも足りるとしたものとして、福岡高判昭和 28 年 1 月 12 日（高刑集 6 巻 1 号 1 頁＝**判例 1**）がある。本件では、共犯者から強盗に入るのによいところはないかと尋ねられた被告人が被害者方を教え、他の共犯者 2 名も加わって強盗の共謀を遂げたうえ、被害者方に赴いた後、被告人が強盗の非を悟り、他の共犯者に対して明示的に離脱の表意もせずに立ち去ったところ、残りの共犯者が被告人の離脱を了知しつつも被害者方へ押し入ろうと共謀し、強盗を実行したという事案

---

3) 大阪高判昭和 41 年 6 月 24 日（高刑集 19 巻 4 号 375 頁）も、強姦の実行の着手前に犯行を断念する意思を表明して退去した事案で、離脱意思の表明と他の共犯者による了承という観点から共犯関係の解消を肯定している。

で、残余の共謀者は離脱者の離脱すべき黙示の表意を受領したとして、被告人につき当初の共謀による強盗の予備のみが認められた。

　もっとも、実行の着手前であっても、離脱者が共謀関係の形成に重大な影響を及ぼした首謀者であるような場合には、離脱を表明し、それを他の共犯者が了承するだけでは共犯関係の解消は認められないという傾向にある。例えば、松江地判昭和51年11月2日（刑月8巻11＝12号495頁）は、暴力団若頭である被告人が配下組員らと被害者の殺害を共謀したところ、当初の実行役の組員が躊躇して引き返したことから、他の組員に対して皆を連れて撤収するよう指示したものの、配下組員らが現場で協議して実行に及んだという事案で、「共謀関係の離脱といいうるためには、自己と他の共謀者との共謀関係を完全に解消することが必要であって、殊に離脱しようとするものが共謀者団体の頭にして他の共謀者を統制支配しうる立場にあるものであれば、離脱者において共謀関係がなかった状態に復元させなければ、共謀関係の解消がなされたとはいえない」として、殺人の共謀共同正犯の成立を認めている。また、旭川地判平成15年11月14日（LEX/DB28095059）も、侵入強盗を共謀し、被害者の在宅が確認できず、いったん犯行を断念した後、被告人以外の共犯者らが再度侵入強盗を実行したという事案で、「積極的に共犯関係を作り出し、犯行実現に大きな原動力を生じさせた首謀者について共犯関係からの離脱が認められるためには、単に共犯者に対し、犯行中止の意思を表明したとか、犯行中止について一部共犯者の了承を得たというだけでは足りず、成立した共謀を解消させて共謀関係がなかった状態に復元させるなどの相当な措置を取ることが必要である」と述べて、やはり共犯関係の解消を否定している。これらの下級審裁判例から、離脱者が自ら犯行計画を形成したり他の共犯者らを仲間に引き入れたりしたような首謀者の場合には、誘われて仲間に加わったに過ぎない追従者の場合と異なり、強い心理的因果性が認められることに対応して当初共謀を解消する積極的措置や残余の共犯者による実行阻止が必要とされていると考えられる。

（3）実行の着手後の離脱

　これに対して、結果発生の危険性が相対的に高まっている着手後の離脱の

場合には、単に離脱意思を表明し、それが他の共犯者らに了承されるだけでは十分ではなく、一般的には、結果発生の防止措置を積極的に講じることが必要だとされている。

　例えば、共犯者らと被害者を監禁することを共謀し、被害者を自動車内に監禁した後、途中で警察に通報されることをおそれ、「おれはさきに帰るから。」とだけ言って自動車内に監禁されている被害者をその場に残したまま立ち去った事案につき、東京高判昭和46年4月6日（東時22巻4号156頁）は、他の共犯者らによる監禁行為の継続を現実に阻止していない点を理由として解消を否定している。さらに、福岡高判昭和63年12月12日（高刑速（昭63）187頁）は、被告人と共犯者が共謀の上、被害者に対して強姦目的で暴行、脅迫を加え、その反抗を抑圧した後、第1現場に駐車中の車内で被告人と共犯者が順次同女を強姦しようとしたがいずれも未遂に終わった後、被告人が立ち去ったところ、共犯者が犯意を継続して被害者を第2現場に連行して、同所でなお反抗抑圧状態にあった被害者を強姦したという事案で、共犯関係の解消を認めるためには、被告人が共犯者にもはや共謀に基づいて犯行を継続する意思がなくなったことを告げ、共犯者の犯行を止めさせたうえ、その後は当初の共謀に基づく犯行を継続することのないような状態を作出することを要求している。これらは、解消を認めるために他の共犯者による犯行の「現実的な阻止」まで要求しているかのようにみえる。その後、着手後の離脱について最高裁として初めて明確な態度を示したのが、最決平成元年6月26日（刑集43巻6号567頁＝**判例2**）である。

　同決定は、被告人Xが共犯者Yと共謀のうえ被害者Aに暴行を加えた後（第1暴行）、「おれ帰る」と言っただけで現場を立ち去ったところ、Yがさらに暴行を加え（第2暴行）、Aが死亡した場合に、「Xが帰った時点では、Yにおいてなお制裁を加えるおそれが消滅していなかったのに、Xにおいて格別これを防止する措置を講ずることなく、成り行きに任せて現場を去ったに過ぎないのであるから、Yとの間の当初の共犯関係が右の時点で解消したということはできず、その後のYの暴行も右の共謀に基づくものと認めるのが相当である」として解消を否定し、Xに傷害致死罪の共同正犯の成立を認めた。

　同決定は、実行の着手後における共犯関係の解消に関する判断基準として、
①共犯者においてなお制裁を加えるおそれ（危険）が消滅しているか、②（①
のおそれが消滅しないていない場合）被告人において格別にこれを防止する措置
を講じたかどうかを挙げる。①は、被告人によりもたらされた物理的・心理
的効果が残され、共犯者がこれを利用して犯行を継続する危険とされ、心理
的効果自体は消滅したとはいいがたい場合でも、具体的な当該犯行遂行の現
実的危険が去れば、共犯関係の解消を認めてよいという趣旨であり、②は、
防止する措置を講じていれば、実際に阻止できなかった場合でもよいとする
趣旨であると評価されている。一方、同決定は、自らが寄与した物理的・心
理的効果が小さく、それとは別個に犯罪が遂行されるおそれが形成されてい
る場合、自らの寄与分の程度の加功の撤回があれば、共犯者がこれを利用し
て犯罪を継続するおそれ自体は解消されたとみる余地があり、因果関係の切
断の有無を実質的な判断基準として採用しているとされ、判例が因果性遮断
説に立っているという理解を促す契機となった。

（4）学　説

　学説では、共犯関係の解消を、共犯論固有の観点から議論するようになっ
ている。現在、多くの支持を得ている考え方が「共犯の因果性」に着目する
アプローチである。これは、共犯関係の解消が離脱後に遂行された他の共犯
者による犯行やその結果について共犯としての責任を否定するものである点
に鑑み、共犯処罰の根拠にまで立ち返って共犯関係の解消を根拠づけようと
するものであり、その理論的基礎は、因果的共犯論（惹起説）にあると理解さ
れている。すなわち、共犯行為を通じて法益侵害・危険を惹起すること、あ
るいは結果に対する物理的因果性・心理的因果性が共犯の処罰根拠であると
するならば、その裏面として、離脱後の結果との間の物理的因果性や心理的
因果性が遮断されたときは、結果について共犯としての責任を問われないと
いう帰結が導き出されるというのである。

　4）　原田「判解」最判解平成元年度183-4頁。
　5）　原田・前掲注(4)182頁。
　6）　先駆的には、平野Ⅱ354頁、384頁以下。

この点、因果的共犯論を前提としつつ、共犯の成立根拠は「意思の疎通」による心理的因果性に尽き、離脱の意思表示と他の共犯者による了承により共同実行の合意が解消されれば、直ちに解消を認めうるという考え方（合意解消説）[7]もあるが、少数説にとどまる。現在、共犯関係の解消を認めるためには、離脱行為により他の共犯者の行為・結果に対する物理的因果性および心理的因果性の双方の遮断が必要であるという考え方（因果性遮断説[8]）が通説となっている。

因果性遮断説によれば、解消を認めるべき判断基準は、実行の着手の前後で異なるわけではなく、従前の自己の加功によって創出された危険性、つまり心理的因果性や物理的因果性の除去という統一的基準により判断される。そうすると、着手前の離脱で言及されてきた「離脱意思の表明と了承」というものは、せいぜい因果性の遮断を判断する１つの指標にすぎず、絶対的意義をもつものとはなりえない。離脱者が当初の共謀形成に指導的役割を果たしている首謀者である場合には、実行の着手前であっても、その心理的影響の重大さに呼応して当初の共謀を解消するに相応しい措置を講じなければ因果性の遮断が否定されるし、犯行道具や情報を提供し、それを利用して他の共犯者らが犯行を遂行した場合には、心理的因果性が遮断されても、物理的因果性が残存し、共犯関係の解消は否定されうることになろう。もっとも、問題は、そこでいう因果性遮断の内実・程度にある。事実的な因果性の遮断は、事後的には不可能と考えられる場合も少なくないからである。

実際、共犯の因果性、とりわけ物理的因果性が遮断されていないとみる余地があるにもかかわらず、共犯関係の解消を認めた裁判例も少なくない。例えば、**判例 1** では、被害者方を教示したのは被告人であり、かつ犯行に用いられた匕首も被告人が携帯していたものであることから、少なくとも物理的因果性は遮断されていないと考えられるし、東京地判昭和 31 年 6 月 30 日（新

---

　　7)　町野朔「惹起説の整備・点検―共犯における違法従属と因果性―」内藤古稀 138 頁、町野 423 頁。
　　8)　例えば、西田（橋爪補訂）399 頁以下、西田⑥ 243 頁以下、山口 377 頁、井田 561 頁。

聞19号13頁）も被告人ら3名が公文書である廃車証明書の偽造・売却を共謀し、廃車証明書用紙を印刷準備した後、特定の廃車証明書の作成に着手する前に他の共犯者らの了承を得て離脱した被告人について、当初の共謀は、その後他の共犯者らによる犯行の推進力とならないとして共犯関係の解消を認めているが、被告人の加功によって作成された証明書用紙が依然として他の共犯者らによって利用されていることから、物理的因果性は否定しがたい[9]。

　さらに、名古屋高判平成14年8月29日（判時1831号158頁＝**判例3**）は、他の共犯者Bらと共謀のうえ被害者に暴行を加えて傷害を負わせた被告人が、被害者をベンチに連れて行って「大丈夫か」などと問いかけたのに対し、これに腹を立てたBが被告人を殴りつけて失神させて、その場に放置したまま、別の場所に移動してそこで再度被害者に暴行を加えて傷害を負わせたという事案で、「Bを中心とし被告人を含めて形成された共犯関係は、被告人に対する暴行とその結果失神した被告人の放置というB自身の行動によって一方的に解消され、その後の第2の暴行は被告人の意思・関与を排除してB、Cらのみによってなされたものと解するのが相当である」として解消を肯定している。しかし、本件では、第1暴行により被害者の反抗抑圧状態が生じており、第2暴行はこれを利用してなされていることから、物理的因果性は残存していると考えられ、因果性遮断説に立つ論者の間でも、本判決の結論については批判的な見方と好意的な見方が対立している[10]。

　そもそも、従前の加功行為による事実的な因果的影響を事後に完全に除去することはしばしば困難であるし、そのような要求をすれば、多くの事例で他の共犯者による犯行を防止することが必要とされ、共犯関係の解消が認められる範囲は著しく縮減することとなろう。

　そこで、現在、因果性遮断説は、離脱後の犯行を離脱者に（客観的に）帰属させるべきでないと評価できる程度に因果性を減弱させたかどうかを基準と

9）　結論に疑問を提起するものとして、西田⑥252頁。

10）　批判的なものとして、小林憲太郎「判批」判評546号（2004年）40頁、橋爪371頁。好意的なものとして、島田聡一郎「共犯からの離脱・再考」研修741号（2010年）12頁、豊田⑤85-6頁。

する考え方（規範的因果性遮断説）へと収斂している。法的因果関係の否定、共[11]
謀と共同実行の心理的・物理的な因果性からの規範的離脱[12]、法的に結果の帰
属を否定しうる程度にまで影響力を減少させることなど[13]、判断基準の定式化
にはヴァリエーションがみられるが、その根底には、行為によって創出され
た危険が結果へと実現したかという法的な因果関係判断は、規範的な判断で
あり、共犯の因果性もかかる規範的な観点から共犯処罰を根拠づけるものだ
という点において認識の一致がみられる。これによれば、一定の事実的な関
連性が認められるとしても、当初の共犯関係とは異なった意思決定に基づい
て異なった危険が創出され、それが結果の中に実現されたといえる場合には、
当初の因果的影響は否定される[14]。ただし、本説について、規範的判断は因果
性遮断説と整合するか[15]、規範的な観点から因果性が遮断されたといい切れるの
かという批判も根強い[16]。

　また、規範的な観点を前面に押し出し、いかなる離脱行為がなされたのか
に着目して結果の帰責を否定し、共犯関係の解消を認めるという考え方も主
張されている。自分の創り出した犯行寄与を帳消しにするだけの阻止の真摯
な努力を要求する見解や[17]、通常であれば行為者が生じさせた危険を消滅させ
るに足る離脱行為かどうかを判断基準とする見解がそれである[18]。いずれも離
脱者の行動や態度としての適格性それ自体を解消判断の対象とする点に特徴
がある。ただ、共犯関係の解消を認めて他の共犯者による犯行やその結果か
ら離脱者を免責する規範的根拠が必ずしも明らかでないし、離脱行為に着目
することから、時の経過や状況の変化により共犯関係が自然消滅した場合や[19]、

11)　井田 561 頁。
12)　山中 1026 頁。
13)　十河⑨ 388 頁。
14)　照沼・刑法の判例（総論）284 頁。
15)　葛原④ 180 頁、川口「判批」百選 5 版 189 頁。
16)　十河太朗「共犯関係の解消と共謀の射程」刑法 60 巻 1＝2＝3 号（2021 年）43 頁。
17)　松宮 318 頁。なお、東京地判昭和 51 年 12 月 9 日（判時 864 号 128 頁）は、塩素
　　酸カリウム等の所持の共謀関係の解消につき、薬品の返還要求の意思表示はしたも
　　のの、これを取り戻すなど共犯者の占有を喪失させるための真摯な努力をなした形
　　跡がない点などを理由に共犯関係の解消を否定している。
18)　塩見 136 頁。
19)　例えば、東京地判昭和 52 年 9 月 12 日（判時 919 号 126 頁）。

他の共犯者から一方的に排除された場合[20]にまで判断基準を一般化できるか疑問が残る。[21]

　最近では、共同正犯関係の解消を、因果性の遮断と共同正犯性の解消に区別する見解も有力に主張されている。[22]因果性の遮断のみによる場合との差異は、因果性が遮断される場合は、広義の共犯の成立が否定されるのに対し、共同正犯性が解消される場合には、なお狭義の共犯（幇助犯など）が成立する余地が残るという点にある。通常、因果性遮断説においても、一定の共犯関係が成立していることを前提に因果性の遮断が問題とされている。だとすれば、共同正犯の帰属原理や本質に立ち返りつつ「当初の共謀関係」が解消されたかどうかを検討することによって離脱者になお共同正犯性が認められうるのかについて判断するステップが論理的に先行することとなろう。その結果、離脱後も従前の加功による因果的影響が及んでいた場合でも、共同正犯性が消失しているのであれば、もはや残余者によって実現された事態を離脱者へ「共同正犯」として帰責することはできないのである。[23]

3　本決定の検討

　まず、本件では、強盗（致傷）について実行の着手前であるにもかかわらず、[24]他の共犯者が残余者に離脱を一方的に伝えただけであること、被告人において犯行を防止する措置を講じていないことを理由として共犯関係の解消を否

---

20)　**判例3**を参照。さらに、特殊詐欺事案におけるいわゆる「抜き」の事例として、東京高判平成30年5月16日（高刑速（平30）174頁）、東京高判令和元年8月8日（高刑速（令1）226頁）。

21)　離脱者側の態度と残余者側の態度の双方に着目するのは、豊田⑤85-6頁。

22)　十河⑨393頁、十河・前掲注(16)44頁以下、成瀬幸典「共犯関係からの離脱について」立教ロー7号（2014年）141頁以下など。また、因果性の遮断は因果関係に関する事実的な判断（「離脱」）であり、規範的判断は、因果性の遮断と区別して新たな共犯関係の形成（犯罪事象の同一性）の判断（「共犯関係の解消」）で考慮するものとして、原口伸夫「共犯からの離脱、共犯関係の解消」新報121巻11＝12号（2015年）213頁以下。

23)　植村立郎編『刑事事実認定重要判決50選上〔第3版〕』（2020年）406頁〔佐々木一夫〕も、共犯関係の解消が意味するところには、離脱後の共犯者の行為による犯罪結果については（一切）責任を負わないということだけではなく、共同正犯に特有の問題として「『正犯』としての責任を負わない」ということも、理論上含み得ると指摘する。

定した点が注目される。

　被告人は、これまでも強盗の実行役として各犯行に加わっているが、本件強盗を共謀する過程で首謀者的地位にあったわけではなく、また本件につきその役割も事前に下見をし、謀議に加わり、現場付近で待機していただけであるから特別な準備行為をしたわけでもなく、その意味で共謀による心理的影響がさほど強くない平均的共謀者であったと評価できよう。従前の着手前の離脱に関する下級審裁判例の傾向を形式的に当てはめれば、本件は、離脱者が犯行を主導した地位にない場合であり、解消を認める結論もありえたであろう。また、被告人は、離脱意思を表明した共犯者らとともに現場を立ち去っており、残された共犯者らもいったん被害者方を出て、被告人らの離脱を強盗の着手前に認識していたことから、少なくとも離脱について相互了解が認められ、残余者による新たな共犯関係が形成されたとみる余地もないではない。

　しかしながら、本件では、「被害者方の明かりが消えたら、共犯者２名が屋内に侵入し、内部から入口の鍵を開けて侵入口を確保した上で、被告人を含む他の共犯者らも屋内に侵入して強盗に及ぶ」という当初の共謀内容に照らせば、離脱時点において既に当初の共謀内容どおりに犯行が進行しており、かつ共犯者２名が侵入し、他の共犯者のための侵入口を確保していたことから、当初の共謀内容がそのまま現実化・客観化していたという点が重要であろう。被告人の離脱によっても当初の共謀は重要な変更を被ることなく、他の共犯者は、被告人の心理的・物理的影響のもとでかかる状況を利用して、強盗を実行する可能性が高く、既に強盗（致傷）に至る因果性・危険性が発生していたと考えられる。被告人らの離脱は、形式上、強盗の着手前であると

　　24）　第１審は、「共犯者らが犯行に着手した後」の離脱と捉えており、本決定も住居侵入・強盗という犯罪類型として実行の着手後であると解したと捉える余地もあろうが、共犯者が住居侵入行為に着手したという事実だけで実行の着手後の事案として扱っているわけではない。
　　25）　林幹人「共犯の因果性」曹時 62 巻 7 号（2010 年）1725 頁参照。
　　26）　金尚均「判批」速報判例解説 6 号（2010 年）182 頁。また、山中敬一「共謀関係からの離脱」立石古稀 578 頁も共謀関係の解消を認め、共同正犯としての正犯性を否定し、せいぜい強盗の幫助が成立すると説く。

はいえ、**判例1**の事案とは異なり、実質的には着手後の離脱に近い状況であっ[27]
たことを踏まえれば、本決定が**判例2**と同様の判断基準を用いた点も自ずから理解できよう。つまり、本決定は、着手時期による形式的区別ではなく、離脱時点において他の共犯者により犯行が継続され強盗行為に至るおそれ（危険）が存在していたことを前提として、被告人が犯行防止措置を講じなかった点を指摘して、共犯関係の解消を否定したものと解され、その意味で本決定は、いわば**判例1**の延長線上に位置づけられうるのである。

　なお、本決定は、あくまで事例判断として共犯関係の解消を否定したが、その結論に反対する意見は少ない。しかし、既に指摘されているように、因果性の遮断が認められないとしても、「共同正犯性」まで当然に認められる事案であったかについては慎重な検討を要する[28]。被告人の離脱以降に他の共犯者によって実現された強盗（致傷）について依然として「共同して犯罪を実行した」と評価できるかを問い直すことも必要であろう。

　本件で問題となっている「当初の共謀の解消」のもとでは、因果性の遮断に関わる検討と、共謀ないし共同正犯性の解消の検討とは、局面の異なる問題として区別して考察すべきであると思われる。少なくとも因果性の量的な大小によって正犯性が基礎づけられるわけではなく、因果性は、共同正犯においては、共同正犯の「共犯性」を基礎づけ、相互利用補充関係に基づく帰属を限界づける処罰の必要条件にすぎない。これに対して、共同正犯の「正犯性」を基礎づける正犯メルクマールとしていかなる要素を要求するかについては見解の対立のあるところであるが、「重要な役割」や「行為支配」、あるいは「相互利用補充関係」が離脱行為によって消失ないし解消された場合には、少なくとも共同「正犯性」を肯定するのは困難であり、離脱者は、幇助犯ないし教唆犯としての罪責を負うにとどまるというべきであろう。例えば、当初、凶器を提供して実行役を担当することになっていた者が、途中で凶器を回収せず自分はやめるとだけ伝えて離脱し、これが他の共犯者らに

---

27)　任介① 181 頁、橋爪⑦ 191 頁。
28)　松原 460 頁、照沼亮介「共同正犯の理論的基礎と成立要件」刑法 53 巻 2 号（2014年）155 頁、曲田② 196 頁。

よって了知された後、他の共犯者らで代わりの実行役を決めてその凶器を用いて犯行を実行した場合、離脱者の行為によって当初共謀の内容は実行役の交替という重大な変更を余儀なくされたのであって、このような場合には、当初の共謀が解消され、共同正犯性が消失した、あるいは残余者により新たな共謀関係が形成されたとして、その後に他の共犯者らによって遂行された犯行やその結果について、離脱者に当初の共謀に基づく共同正犯性は否定されるべきであるが、回収しなかった凶器が用いられている点で、物理的因果性が残存していることから幇助犯が別途成立する可能性が残ることになる。[29)]以上のような理解を前提とすると、共犯関係の解消を認めるための具体的な要件もまた、共同正犯の帰属原理ないし本質論をも踏まえて精緻化されるべきであって、因果性遮断説のみから一元的に導き出される理論的必然性はないといえよう。

【参考文献】

　本件の解説・評釈として
　　①任介辰哉「判解」最判解平成 21 年度
　　②曲田統「判批」百選 8 版
　　③橋爪隆「判批」百選 7 版
　　④葛原力三「判批」平成 21 年度重判解
　　⑤豊田兼彦「判批」 刑ジャ 27 号（2011 年）

　共犯関係の解消について
　　⑥西田典之『共犯理論の展開』（2010 年）
　　⑦橋爪隆「共謀の限界について」刑法 53 巻 2 号（2014 年）
　　⑧齊藤彰子「共犯からの離脱と解消」刑ジャ 44 号（2015 年）
　　⑨十河太朗「共謀の射程と共同正犯関係の解消」同法 67 巻 4 号（2015 年）
　　⑩小池信太郎「共犯関係の解消」法教 469 号（2019 年）

---

　29)　幇助犯の成否については、豊田兼彦「共犯からの離脱と幇助犯の成否」立命 375＝376 号（2017 年）245 頁。なお、小池⑩ 118 頁は、「共同正犯関係は解消されているが、幇助としての寄与は残っている」事例はなかなか生じないと指摘する。

15

中立的行為と幇助
—— ウィニー事件 ——

最高裁判所平成 23 年 12 月 19 日第三小法廷決定
平成 21 年（あ）第 1900 号 著作権法違反幇助被告事件
刑集 65 巻 9 号 1380 頁／判時 2141 号 135 頁／判タ 1366 号 103 頁

永 井 紹 裕

I 事 案

　被告人は、個々のコンピュータ同士が中央サーバを媒介することなく、対等な立場にある全体としてネットワークを構成する P2P 技術を応用した送受信用プログラムの機能を有するファイル共有ソフト（以下 Winny）を開発し、ウェブ上で公開し、不特定多数の者に提供していた。A、B の 2 名は、Winny を利用して著作物であるゲームや映画の情報を、不特定多数のインターネット利用者に対して、上記情報を自動公衆送信しうるようにし、著作権者が有する著作物の公衆送信権を侵害する著作権法違反の行為を行った。これらの犯行に先立って行われた被告人による Winny の公開・提供行為が A、B 2 名が行った著作権法違反行為の幇助に当たるとして起訴された。

　第 1 審の京都地判平成 18 年 12 月 13 日（刑集 65 巻 9 号 1609 頁参照）は、Winny のようなそれ自体「価値中立的な技術を提供すること一般が犯罪行為となりかねないような、無限定な幇助犯の成立範囲の拡大も妥当でない」とし、価値中立的な技術の「外部への提供行為自体が幇助行為として違法性を有するかどうかは、その技術の社会における現実の利用状況やそれに対する認識、さらに提供する際の主観的態様如何によると解するべきである」とした。そのうえで、Winny を含むファイル共有ソフトが著作権を侵害する態様

で広く利用されている現状において、とりわけ Winny は著作権侵害をして
も安全なソフトとして取りざたされ、効率的で便利な機能が備わったものと
して利用されており、そのことを被告人が認識し、そのような態様で利用さ
れることを認容していながら Winny ソフトを提供・公開していたとして幇
助犯の成立を肯定した。これに対して、控訴審の大阪高判平成 21 年 10 月 8
日（刑集 65 巻 9 号 1635 頁参照）は、「価値中立のソフトをインターネット上で提
供することが、正犯の実行行為を容易ならしめたといえるためには、ソフト
の提供者が不特定多数の者のうちには違法行為をする者が出る可能性・蓋然
性があると認識し、認容しているだけでは足りず、それ以上に、ソフトを違
法行為の用途のみに又はこれを主要な用途として使用させるようにインター
ネット上で勧めてソフトを提供する場合に幇助犯が成立すると解すべきであ
る」としたうえで、「被告人は、価値中立のソフトである本件 Winny をイン
ターネット上で公開、提供した際、著作権侵害をする者が出る可能性・蓋然
性があることを認識し、それを認容していたことは認められるが、それ以上
に、著作権侵害の用途のみに又はこれを主要な用途として使用させるように
インターネット上で勧めて本件 Winny を提供していたとは認められな」い
とし、第 1 審判決を破棄し、無罪を言い渡した。

II　決定要旨

上告棄却

「Winny は、1、2 審判決が価値中立ソフトと称するように、適法な用途に
も、著作権侵害という違法な用途にも利用できるソフトであり、これを著作
権侵害に利用するか、その他の用途に利用するかは、あくまで個々の利用者
の判断に委ねられている。また、被告人がしたように、開発途上のソフトを
インターネット上で不特定多数の者に対して無償で公開、提供し、利用者の
意見を聴取しながら当該ソフトの開発を進めるという方法は、ソフトの開発
方法として特異なものではなく、合理的なものと受け止められている。新た
に開発されるソフトには社会的に幅広い評価があり得る一方で、その開発に

は迅速性が要求されることも考慮すれば、かかるソフトの開発行為に対する過度の萎縮効果を生じさせないためにも、単に他人の著作権侵害に利用される一般的可能性があり、それを提供者において認識、認容しつつ当該ソフトの公開、提供をし、それを用いて著作権侵害が行われたというだけで、直ちに著作権侵害の幇助行為に当たると解すべきではない。かかるソフトの提供行為について、幇助犯が成立するためには、一般的可能性を超える具体的な侵害利用状況が必要であり、また、そのことを提供者においても認識、認容していることを要するというべきである。すなわち、ソフトの提供者において、当該ソフトを利用して現に行われようとしている具体的な著作権侵害を認識、認容しながら、その公開、提供を行い、実際に当該著作権侵害が行われた場合や、当該ソフトの性質、その客観的利用状況、提供方法などに照らし、同ソフトを入手する者のうち例外的とはいえない範囲の者が同ソフトを著作権侵害に利用する蓋然性が高いと認められる場合で、提供者もそのことを認識、認容しながら同ソフトの公開、提供を行い、実際にそれを用いて著作権侵害（正犯行為）が行われたときに限り、当該ソフトの公開、提供行為がそれらの著作権侵害の幇助行為に当たると解するのが相当である。」

「被告人による本件 Winny の公開、提供行為は、客観的に見て、例外的とはいえない範囲の者がそれを著作権侵害に利用する蓋然性が高い状況の下での公開、提供行為であったことは否定できない。

他方、この点に関する被告人の主観面をみると、被告人は、本件 Winny を公開、提供するに際し、本件 Winny を著作権侵害のために利用するであろう者がいることや、そのような者の人数が増えてきたことについては認識していたと認められるものの、いまだ、被告人において、Winny を著作権侵害のために利用する者が例外的とはいえない範囲の者にまで広がっており、本件 Winny を公開、提供した場合に、例外的とはいえない範囲の者がそれを著作権侵害に利用する蓋然性が高いことを認識、認容していたとまで認めるに足りる証拠はない。」

「以上によれば、被告人は、著作権法違反罪の幇助犯の故意を欠くといわざるを得ず、被告人につき著作権法違反罪の幇助犯の成立を否定した原判決は、

結論において正当である。」

　なお、大谷剛彦裁判官の反対意見がある。

Ⅲ　解　説

1　問題の所在

　著作権法は、著作物に関する公衆送信をする権利を著作権者が専有する旨規定している（23条）。著作権法2条1項7号の2によると、公衆送信とは、公衆に向けて無線通信又は有線電気通信の送信を行うことである。この公衆送信の権利を侵害する態様として、本件のようにインターネットを通じて不特定多数の者に著作物の情報を提供する行為があり（自動公衆送信）、著作権法は著作権者の許可のない自動公衆送信を防ぐために、ネットワークに接続しているサーバーや自己のコンピュータの共有フォルダにおいて自動公衆送信可能な状態に置くこと（送信可能化）を、公衆送信権侵害として119条で処罰の対象としている[1]。本件は、公衆送信権侵害を行った2名に対して、当該行為を容易にするファイル共有ソフトを提供した被告人に、著作権法119条の幇助犯が成立するかが争われたものである。

　多数説によれば、正犯の実行を物理的もしくは心理的に促進し、あるいは容易にすることで幇助の因果性が満たされる[2]。本件では、Winnyソフトが、中央サーバーを介することなくデータファイルを直接コピーすることを容易にした点、その痕跡が残りにくい点で、著作権侵害を生じさせるファイルのコピーに対して物理的な強化・促進を図っていると評価できる[3]。したがって、多数説によれば幇助の因果性を否定しえないこととなる。

　しかしながら、控訴審も最高裁も、本件ソフト提供行為の特殊性を考慮し

　1)　中山信弘『著作権法〔第3版〕』（2020年）316頁以下参照。
　2)　西田（橋爪補訂）367頁など。小林・理論と実務568-9頁は、幇助の因果性を「寄与の撤回が（共同）正犯による不法の実現を妨害する可能性」と「寄与が当該実現を引き起こす一般的な適性」2つの積によって与えられうる、とする。
　3)　石井⑤143-4頁。

たうえで、幇助犯の成立を否定している。控訴審と最高裁では幇助犯を否定する理論的構成は異なるが、最高裁は、「例外的とはいえない範囲の者がそれを著作権侵害に利用する蓋然性が高いこと」を認識・認容している必要があることから導いており、その前提として客観面での限定がなされている。これは、Winny のような適法な用途にも違法な用途にも使用できるソフトを、インターネットを通じて公開し、提供したことで、一定の者がそのソフトを悪用し、著作権法違反の行為をした場合に、いかなる範囲で幇助犯を成立させるべきかという、中立的行為による幇助と呼ばれる事例類型についての特殊性の考慮であると考えられる。中立的行為による幇助とは、住居侵入窃盗をしようとする者に怪しいと思いながらねじ回しを販売し、実際に住居侵入窃盗に使用された場合のように、日常的であり、通常は犯罪的意味を持たない行為によって正犯行為を促進した者を、幇助犯で処罰すべきかという問題である。そこでは、正犯行為が惹起した結果に対する促進関係が認められるとして（その認識もあるとして）もなお処罰すべきでない類型があるのではないかが議論されている。

　さらに、従来中立的行為による共犯の典型例が、先の例のように特定の行為者に対する幇助行為であったのに対して、本件においては、不特定多数者に対する幇助行為の成立という点も問題となっている。

2　不特定多数者に対する幇助

Winny ソフトの提供という幇助行為の時点では、正犯者が特定されていない点に鑑み、幇助犯の成立を否定すべきとする見解も主張されている。「『幇

---

4)　中立的行為による関与の問題は、厳密には幇助だけでなく、教唆を含む広義の共犯一般で問題となりうるが、すでに犯意を抱いている者に対する援助である幇助の場合はその処罰範囲が広範になりやすいことから特に問題となりうること、本件で問題となっているのは幇助犯であること、などから本稿では中立的行為による幇助として考察を加えることとする。

5)　豊田⑦ 150 頁。

6)　島田⑧ 47 頁。

7)　この点から本件を中立的行為による幇助の類型に含めることに反対するものとして、亀井源太郎「判批」法研 87 巻 3 号（2014 年）18 頁。

助』という文言に照らすと正犯者は幇助行為時に存在しかつ特定されている
必要があ」る、すでに明確な輪郭を失っている幇助犯の成立範囲をいっそう
無限定にしてしまう、[8] 不特定者に対する幇助は「扇動」にすぎず、この場合
に幇助を認めることは、特定の小数人に対して行われる場合に認定される教
唆や幇助と「扇動」との区別をあいまいにしてしまう、[9] などがその論拠とし
て主張されている。

　これに対して、不特定多数に対する幇助犯の成立を肯定するのが多数説で
ある。幇助は正犯の結果惹起を促進することで足りると考えられており、促
進の相手方が特定されている必要はない。[10] 故意に関しても、幇助の処罰根拠
は正犯を通じた結果惹起であり、「正犯が誰かを具体的に認識していなくと
も、何らかの正犯行為を介して結果を生じさせる認識・予見があれば十分」[11]
である、という点が根拠とされている。[12]

　判例においても、大判大正14年2月20日（刑集4巻73頁）や最決昭和44
年7月17日（刑集23巻8号1061頁）で、正犯者が特定されている必要はないこ
とが前提となっていると解されている。[13] 本件においても、全審級を通じて正
犯が特定されている必要はないとの前提に立っており、大谷裁判官の反対意
見でもこの点は肯定されている。[14][15] もっとも、後述するように不特定多数の者
に対する道具の提供という点が、中立的行為による幇助について、特別な論
理構成を必要とするのではないかという問題を生じさせうる。

---

8)　大谷447頁。
9)　園田寿「判批」刑ジャ22号（2010年）49頁。
10)　豊田兼彦「不特定者に対する幇助犯の成立」立命327＝328号（2009年）583頁。
11)　島田④63頁。
12)　石井⑤139頁も、正犯者が特定されていなくとも、共犯者が結果惹起の危険性の
　　射程範囲を認識している限り、概括的故意の考え方で故意を肯定できるとする。
13)　矢野①370-1頁。
14)　矢野①373頁。矢野は幇助犯の処罰根拠をいかに解しようが、被幇助者が特定さ
　　れていなければならないとする必然性はなく、処罰範囲の限定はこの観点による必
　　要はないとする。
15)　「具体的な正犯の特定性については、いわゆる概括的故意としての認識・認容で
　　足りよう」とされている。

3　中立的行為による幇助

(1)　判　例

　中立的行為による幇助の類型については、以下の3つの裁判例が知られている。[16] まず、大判昭和7年9月26日（刑集11巻1367頁）は、鶏販売業者である被告人が、闘鶏賭博に使用されるのを知りながら軍鶏を販売した事案で、賭博場開張等図利罪の幇助犯の成立を認めたものである。そして、高松高判昭和45年1月13日（判時596号1367頁）は、農業組合の出納事務担当者である被告人が、預金者が払戻金を横領する意図を持っていることを知りながら、払戻に応じた事案で、業務上横領罪の幇助犯の成立を認めたものである。熊本地判平成6年3月15日（判時1514号169頁）は、販売相手から軽油取引税を徴収して県に納税しなければならない者から、被告人が、その者が脱税をする意図を持っていることを知りながら、軽油を安価で購入したという事案で、軽油取引税不納入罪の幇助犯の成立を否定したものである。この裁判例では、幇助犯の成立が否定されているが、当該行為が中立的行為であることを特に考慮しているかについては争いがある。[17]

　これに対して、売春斡旋用のチラシを印刷した業者について売春斡旋罪の幇助の成立を認めた東京高判平成2年12月10日（判タ752号246頁）や、速度違反自動監視装置による自動車の登録番号の識別を困難にするナンバープレートを販売した業者に道路運送車両法違反の幇助の成立を認めた大阪高判平成12年12月14日（高刑集53巻2号97頁）などは、適法な用途で使用できるか疑わしいものの提供が問題となっており、[18] 中立的行為とは言い難い事案に関するものである。

　近時、東京高判令和元年7月12日（高刑速（令1）197頁）は、被告人が、内縁の夫Aが不法残留している事実を知りながら、被告人方にAを居住させ

---

16)　矢野①375頁、濱田⑨79頁。
17)　矢野①374頁は、ウィニー事件第1審、原審判決以前には中立的行為による幇助という概念を正面から検討した判例・裁判例はなかったとする。
18)　髙橋②181頁は「中立性」が疑わしいものとしている。

るなどし、不法残留を容易にしたとされた事案について、「本件行為は、Ａと内縁関係にある被告人が、同居して生計を共にする従来からの状態を継続していたものにすぎないと評価することができる。他方で、被告人は、一定の場所に居住し、公然とＡと共に飲食店を切り盛りし、ブログにＡとの内縁関係を前提とする記事を載せ、家族や知人に紹介するなど、Ａの存在を殊更隠そうとしていたような状況は認められないし、公務所に虚偽の文書を提出するなどして当局に不法残留の発覚を妨害するなどしたことも認められない。」としたうえで、「正犯であるＡの不法残留は、在留期間の更新又は変更を受けないで在留期間を経過して本邦に残留した、という不作為犯であるから、前記……のような実態の本件行為が、甲の正犯行為を促進する危険性を備えたものと評価することは困難というべきである。」として不法残留罪の幇助犯の成立を否定した。ともに生活するというそれ自体価値中立的な援助について、幇助行為の促進関係を認めるためには、具体的にどのような危険性を備えていなければならないかについて示した裁判例として注目される。

(2) 学 説

中立的行為による幇助における処罰の限定をどのように根拠づけるかについて、学説ではいくつかの考え方が主張されている。この事例類型特有の理論で根拠づける見解と、共犯の一般理論から根拠づける見解に大きく分けることができる。

前者の見解として、業務的にルーティン化された行為や組織の中に組み込まれた行為は、その業務や組織的規則の範囲内であれば、犯罪的意味を持たず幇助犯が成立しないとするものや[19]、日常的取引は、犯行を助長することが明確でないかぎり、郵便システムが利用されるのと同じように、社会生活上の所与の前提となるから、犯行惹起力が無視されるとするものなどがある[20]。この見解に対しては、なぜ業務的にルーティン化されているなどの事情が可罰性を否定することになるのか不明確であり、具体的な問題解決のための指針足りえないとの批判が向けられている[21][22]。

---

19) 松生光正「中立的行為による幇助（2・完）」姫路 31 ＝ 32 号（2001 年）294 頁。
20) 松宮 292 頁。

　さらに、本件のような価値中立の道具の提供については、確定的故意をもっ
て幇助行為がなされた場合に幇助犯の成立が限定されるとする見解も見られ
る。この見解によれば、教唆犯は「正犯動機を支配し、犯罪事象において決
定的な役割を果たすという『正犯類似性』」を有するのに対して、幇助犯は「正
犯類似性」を有しない。したがって、幇助犯成立には正犯不法が要求される
(制限従属形式)。もっとも、正犯不法は幇助犯成立の必要条件にすぎず、さら
にその正犯不法を従属させる適格性を有していなければならない。この適格
性の有無は、正犯不法との質的近接性で判断される。そして、この近接性を
生じさせる要素が「コミュニティにとって耐え難い悪しき手本として市民が
受け止めることになる状況」である。Winny のように価値中立的なソフトの
提供の場合に、この状況が生じるのは、相手方の犯罪計画を知った上で、そ
れに使用されることを知りつつ道具を提供したような場合、すなわち確定的
故意のある場合であると解する[23]。この見解に対しては、なぜ価値中立的技術
の道具の提供である場合に厳格な認識を要求すべきなのかが疑問である、内
心の事情だけで処罰範囲が左右されるのは主観主義的である、などの批判が
向けられている[24]。

　これに対して、多数を占めている後者の見解は、以下のように分類される。

　まず、A 説は、幇助（を含む広義の共犯一般）の因果性を満たすためには、共
犯行為が正犯行為の当該具体的結果発生の危険を高めていなければならない
とする。責任ある主体は違法行為に出ないことが強く期待されるのであるか
ら、その背後の共犯行為が正犯行為の危険を高めたといえるためには、この
ような期待が失われる状況が必要となる。正犯者において共犯者が提供した
物・情報等を犯行に利用する客観的な兆候が存在する場合（犯行を決意している
か決意を抱く客観的兆候が存在している場合）がこれに当たるとする[25]。

21)　島田⑧ 62 頁。
22)　もっとも、この見解もその可罰性の限定の理由を突き詰めると、ほかの見解のい
　　ずれかに解消されるとも考えられる。
23)　曲田⑩ 101 頁以下。同 202 頁以下で例外的な場合について言及している。
24)　佐久間修『刑法総論の基礎と応用』（2015 年）328 頁。
25)　島田⑧ 106 頁。

　B説は、客観的帰属論の考え方を共犯にも妥当させる立場から、幇助行為においても、法的に許されない危険の創出が必要だとする。金物屋が住居侵入窃盗犯にねじ回しを販売した事例においては、普通に販売されているねじ回しを販売しただけでなく、住居侵入に適した特殊なねじ回しを販売した場合には、許されない危険創出が肯定できるとする。このように、正犯の犯行計画や正犯行為に具体的に適合するように自己の行為を形成した場合にのみ、法的に許されない危険の創出が認められるとする。[26]

　C説は、許された危険の法理を援用して幇助の可罰性を判断すべきだとする。本件の Winny のようにソフトそれ自体の有用性と著作権侵害の危険性を併せ持つものの提供の場合には、有用性と危険性が衡量され、危険性が上回るときにのみ、当該幇助行為の違法性が肯定されるとする。[27]

　もっとも、これらの見解は相互排他的ではなく、従犯の限界に関するそれぞれの側面に光を当てたものであると考えられる。[28]例えば、前述の住居侵入窃盗犯にねじ回しを販売した金物屋の店主や、強盗犯人を犯行場所までタクシーで送ったタクシー運転手などは、ねじ回しやタクシーで他の手段で容易に調達できるものであり、幇助で要求される促進関係を満たさないと解することができる[29]（A説）。また、鉄道の運行について、痴漢やすりの温床になっているが、これは鉄道運行の有用性が痴漢やすりの危険性を上回るため許された危険として幇助行為の不法が否定される[30]（C説）。このように、各見解は問題となる場面により使い分けられるべきものであり、[31]1つの基準ですべてが解決できるものではないと考えられる。

　26）　豊田⑦ 174 頁。

　27）　林幹人「判批」NBL930 号（2010 年）29-30 頁。

　28）　松原 449 頁、髙橋② 181 頁。小林・理論と実務 609 頁以下は、これまで中立的行為による幇助で想定されていた事例について、不作為が問題となる場合、幇助の因果性が問題となる場合、許された危険（正当化）が問題となる場合、幇助の故意（あるいは予見可能性の否定）が問題となる場合に分けて検討されるべきとしている。

　29）　島田⑧ 94 頁。

　30）　松原 449 頁。

　31）　各論者が想定している事例の広狭が異なる点を指摘するものとして、濱田⑨ 76頁。

4　本決定の理解

　本件では、第1審判決から最高裁決定を通じて、Winnyのような「価値中立」のソフトの提供行為については、幇助行為の成立に何らかの限定を加えようとする姿勢は一貫しており[32]、事案の特殊性の考慮がなされている。とりわけ控訴審と最高裁決定とでは、Winnyソフトの特殊性の考慮の仕方が異なっている点が特徴的である。

　控訴審は、「ソフトを違法行為の用途のみに又はこれを主要な用途として使用させるようにインターネット上で勧めてソフトを提供する場合」に幇助犯の成立が限定されるとしている。この控訴審の限定については、「『勧め』たか否かと犯罪実行の危険性とは直接の関係はない[33]」というものや、教唆との区別ができなくなる[34]、犯罪的利用に適したソフトを、勧めることはないがそれと知りつつ提供する行為が不可罰となってしまう[35]、などの批判が向けられている[36]。

　これに対して、最高裁は、「一般的可能性を超える具体的な侵害利用状況」での提供行為のみが幇助行為となりうる旨判示しており、具体的には2つの場合が挙げられている。

　1つ目は、「ソフトの提供者において、当該ソフトを利用して現に行われようとしている具体的な著作権侵害を認識、認容しながら、その公開、提供を行い、実際に当該著作権侵害が行われた場合」であり、これは現に著作権侵害が行われようとしている状況でソフトを提供する行為である解される。目の前で殴り合いのけんかをしている者に包丁を販売する事例に相当する場合であって幇助犯の成立を肯定することに問題はないと考えられる。

　2つ目は、「当該ソフトの性質、その客観的利用状況、提供方法などに照ら

---

32)　佐久間修「判批」NBL979号（2012年）33頁。
33)　島田⑥65頁。
34)　岡村久道「判批」NBL916号（2009年）1頁。
35)　島田③147頁。
36)　最高裁も、「当該ソフトの性質（違法行為に使用される可能性の高さ）や客観的利用状況のいかんを問わず、提供者において外部的に違法使用を勧めて提供するという場合のみに限定することに十分な根拠があるとは認め難」いとする。

し、同ソフトを入手する者のうち例外的とはいえない範囲の者が同ソフトを著作権侵害に利用する蓋然性が高いと認められる場合」である。前述したように、これまで中立的行為による幇助の事例では、特定の者への道具や助言の提供行為が問題となっていたところ、この判示部分は、不特定多数の者への提供行為が問題となった本件特有の事情に関するものであり、先例としての重要な意義があると解される。[37]

　不特定多数の者へ物や情報を提供する場合には、一部の者によって犯罪に利用されるリスクは常につきまとう。そのようなリスクを理由に、提供された物や情報が犯罪に使用された場合に、常に幇助犯の成立を肯定することは妥当でない。[38]本決定は、例外的といえない範囲の者が違法に利用する高い蓋然性を要求することで、幇助犯の成立に一定の限界を設けている。問題はこのような限界がどのような根拠から導き出されるかである。

　この点に関して、前述のA説の論者は、本件の場合には、違法行為に利用する蓋然性とありうる正犯者の存在とを掛けあわせることで、特定の正犯者が現に違法行為を行おうとしている場合と同視しうる程度の結果発生に至る危険性を肯定できるとする。[39]この論者は最高裁が挙げる2つの要件を、「犯行に利用する客観的兆候」という観点のもとに統合するものである。しかしながら、例外的な範囲の者であっても「犯行に利用する客観的兆候」があり、そのことを認識して道具を提供した場合には、この論者の前提からして幇助犯の成立を肯定すべきであり、例外的であるか否かは問題にならないのではないかのと批判が妥当するものと考えられる。[40]

　また、前述B説の論者は、例外的な範囲の者であっても、その者が犯罪に利用する蓋然性が高ければ結果発生の危険性や因果性は否定しえないのであって、ほかに犯罪に利用しようとしている者が多いか少ないかは幇助の危険性や因果性には影響を及ぼさないはずであると指摘したうえで、ほかの利

---

37)　矢野① 406 頁、髙橋② 181 頁、島田③ 149 頁など。
38)　島田③ 150 頁、鎮目④ 54 頁。
39)　島田③ 150 頁。
40)　鎮目④ 66 頁。

用者の事情も考慮してよい理由に関して、わいせつ物頒布罪等の「他者加害的な片面的対抗犯」を手がかりとして議論を展開する。わいせつ物頒布罪では、頒布行為と受領行為がともに法益を侵害する行為であるにもかかわらず、処罰対象となるのは、頒布行為のみである。この点に関して、わいせつ物頒布罪が処罰対象とする頒布行為は、不特定多数の者を相手として繰り返し行われることを予定した、法益侵害の「危険の中心」となる行為であり、そのような要素のない受領者の行為は処罰対象から外されているとする。そして、Winny のような著作権を侵害しうる道具の多数人への一括提供も、「他者侵害的な片面的対抗犯」の場合と同様に、提供行為者が著作権侵害の「危険の中心」と判断される場合に限って、その可罰性を判断すべきであり、道具の利用状況からみて、犯罪利用の蓋然性の高い範囲の者が「例外的とはいえない」場合がこれに当たると解する。

　この論者に対しては、著作権侵害罪は、親告罪とされていることからも明らかなように、個人の財産権を保護する個人的法益に対する罪であって、それを助長する行為についても、多数人によって違法行為に用いられ、多数人の権利を侵害するような行為に処罰範囲を限定する合理性は認めがたいとの批判が向けられている。

　日常的行為に幇助犯の成立を肯定するために確定的故意を要求する見解は、この場合も確定的故意をもって行った道具提供行為が幇助犯成立に必要であるとの前提を維持し、コミュニティに危険を生じさせるとの社会的印象を量るためには、個別の行為者が犯罪に利用していたという事情ではなく、全体として例外的でない範囲の者が犯罪に利用する高い蓋然性を有しているかが問題となり、その状況を認識しながら提供行為を行う点にコミュニティは危険性の印象を持つとする。

　この見解は主観面から幇助犯の成立を限定するものであり、幇助の故意を

---

41)　豊田⑦ 106 頁
42)　豊田兼彦「幇助犯における『線引き』の問題について」立命 345＝346 号（2012年）469 頁以下。
43)　鎮目④ 68 頁。
44)　曲田⑩ 224 頁以下。

否定した最高裁決定の判示とも整合しているように見える。実際、最高裁決定が幇助の故意を否定した点について、利用者に著作権侵害のための利用をしないよう警告を与えていたことを故意否定の理由に挙げている。このことを捉えて、最高裁は積極的認容を否定したと解する論者も見られる[45]。大谷反対意見が、この点だけでは故意を否定できないとしていることからすると、最高裁は本件のような場合に特別な故意要件を課したと見ることもできる。しかしながら、最高裁決定が中心的に展開しているのは客観面での限定であると考えられることに加えて、大谷反対意見が述べるように本件の被告人の認識において故意を否定できるかは疑問である。確定的故意を要求する論者も、全体的見地から当該幇助行為の社会的印象が量られる必要があると述べている[46]点からして、客観面での限定を背後で問題にしていると解される。

　Winny については、そのソフトの特殊性からして他に代替できるものを入手するのは困難である点や著作権侵害用途に適した仕様である点、現実に数多くの著作権侵害行為が行われていた点等に鑑みれば、幇助の因果性や客観的帰属を否定することは難しいと考えられる。そうだとすれば、当該ソフトの社会的有用性を根拠に可罰性を否定できないかを問題とする見解（C説）からのアプローチが適切であると解される[47]。最高裁が、「新たに開発されるソフトには社会的に幅広い評価があり得る一方で、その開発には迅速性が要求されることも考慮すれば、かかるソフトの開発行為に対する過度の萎縮効果を生じさせないため」に幇助行為成立を限定しているのも、Winny の社会的有用性を問題にしていると考えられる。もっとも、本件においては、例外的でない範囲の者が著作権侵害に使用していたとして、Winny による著作権侵害の危険性が有用性を上回っていると判断されている。

---

45)　和田俊憲「判批」長谷部恭男ほか編『メディア判例百選〔第2版〕』（2018年）243頁。

46)　曲田⑩ 226頁。

47)　許された危険の法理を構成要件段階に位置づける立場によれば、構成要件該当性が否定されることになる。

5 まとめ

　本決定は、不特定多数の者に価値中立的なソフトを提供した行為について、故意を否定することで幇助犯の成立を否定したものであるが、その前提としての客観面における限定法理が重要であるものと解される。この点に関して、Winny のような社会的有用性をもつソフトウェアの提供について、その可罰性を、具体的な侵害利用状況がある場合および例外的でない範囲の者が侵害利用する蓋然性がある場合に限定されるとしている。本決定の射程は、不特定・多数の者に対する物や情報の提供について、その有用性が観念でき、刑事的規制によって提供行為の委縮的効果が生じうるような場合に及ぶと解すべきであり、その物や情報に全く有用性を見出すことができないような場合には、本決定の枠組みは及ばないものと解される。[48]

【参考文献】
本決定について
　①矢野直邦「判解」最判解平成 23 年度
　②髙橋直哉「判批」百選 8 版
　③島田聡一郎「判批」刑ジャ 32 号（2012 年）
　④鎮目征樹「判批」法とコンピュータ 31 号（2013 年）

控訴審判決について
　⑤石井徹哉「Winny 事件における刑法上の論点」千葉 19 巻 4 号（2005 年）
　⑥島田聡一郎「判批」刑ジャ 22 号（2010 年）

中立的行為による共犯について
　⑦豊田兼彦『共犯の処罰根拠と客観的帰属』（2009 年）
　⑧島田聡一郎「広義の共犯の一般的成立要件」立教 57 号（2001 年）
　⑨濱田新「中立的行為による共犯」刑法 60 巻 1 ＝ 2 ＝ 3 号（2021 年）
　⑩曲田統『共犯の本質と可罰性』（2019 年）

48）　この点に関して、島田③ 147 頁や鎮目④ 64 頁以下は、有用性がある場合に限られないとしているが、「適法にも」使用できるというのは、当該物や情報が一定の有用性があることを前提にしているのではないだろうか。

16

過失の共同正犯
——明石歩道橋事故——

最高裁判所平成 28 年 7 月 12 日第三小法廷決定
平成 26 年（あ）第 747 号 業務上過失致死傷被告事件
刑集 70 巻 6 号 411 頁／判時 2372 号 126 頁／判タ 1448 号 72 頁

小 島 秀 夫

Ⅰ　事　案

　平成 13 年 7 月 21 日午後 7 時 45 分頃から午後 8 時 30 分頃までの間、兵庫県明石市の公園にて花火大会が実施されたが、その際、最寄り駅と同公園とを結ぶ歩道橋に多数の観客が集中して過密な滞留状態となった。花火大会終了後、最寄り駅から同公園へ向かう観客と同公園から最寄り駅へ向かう観客が押し合ったことなどにより、強度の群衆圧力が生じ、同日午後 8 時 48 分頃、同歩道橋上で多数の観客が折り重なって転倒し、その結果、11 名が死亡し、183 名が傷害を負う事故が発生した[1]。

　事故当時、兵庫県明石警察署副署長であった X は、平成 22 年 4 月 20 日、花火大会当日の雑踏事故防止義務違反を本位的訴因とし、警備計画段階の雑踏事故防止体制構築義務違反を予備的訴因とする業務上過失致死傷罪で検察審査会により強制起訴された。本件事故については、最終の死傷結果が生じた平成 13 年 7 月 28 日から公訴時効が進行し、公訴時効停止事由がない限り、同日から 5 年の経過によって公訴時効が完成するところ、当時明石警察署地域官であった Y が平成 14 年 12 月 26 日に業務上過失致死傷罪で起訴され、平成 22 年 6 月 18 日、Y に対する有罪判決が確定していた。そのため、検察官の職務を行う指定弁護士は、共犯の 1 人に対する起訴が他の共犯について

も時効を停止させる旨規定した刑訴法254条2項に基づいて、XとYは同項にいう「共犯」に該当し、Yに対する公訴提起によってXに対する関係でも公訴時効が停止すると主張した。

第1審の神戸地判平成25年2月20日（刑集70巻6号483頁参照）は、「同項にいう『共犯』には、共同正犯、教唆犯、幇助犯などの刑法総則上の共犯のみならず、いわゆる必要的共犯も含まれるが、単に犯罪が同時に行われたというだけで、法律上も共犯の例によるとされていない場合は、たとえこれらの犯罪に密接な関係があるとしても、同項の『共犯』に含まれない」としたうえで、本位的訴因について、本件事故の予見可能性は認められず、予備的訴因についても、事故の発生は予想できたものの、抽象的な危惧感にすぎないため予見可能性は認められず、いずれにせよ業務上過失致死傷罪が成立するとはいえないことから、XとYとの共同正犯は成立せず、Xに対する公訴提起時に公訴時効が完成していたとして、Xを免訴とした。

第2審の大阪高判平成26年4月23日（刑集70巻6号544頁参照）は、本位的訴因に関する第1審の判断に誤りはなく、予備的訴因についても、結果の具体的な予見可能性がなかったということはできないものの、Xの権限などに照らせば、警備計画の策定に及ぼしうるXの影響力は限られており、刑法上の義務違反といえるほどの権限不行使があったと評価することも困難である

---

1)　なお、本件と類似の事故は諸外国でも発生しており、例えばドイツでは、2010年7月24日、野外音楽イベントの開催中、入場口とされていたトンネル出口のランプ（斜面）に東西から観客が流入し、ランプ部分に滞留して圧力が高まったため倒れる人が生じるなどして、21名が死亡し、652名が負傷したラブパレード事故が起きている。この事故では、警察官は誰も起訴されず、イベントを主催した会社の担当者4名と主催都市であるデュイスブルク市の認可担当者6名のみ起訴されたが、2019年2月6日、デュイスブルク地裁は、イベント会社の担当者1名と市の認可担当者6名について、ドイツ刑訴法153条に規定されている責任の軽微性と訴追に向けた公的利益の不存在を理由に手続打切りを決定し、当該決定を拒否したイベント会社の担当者3名についても、2020年5月4日、手続打切りを決定した。この決定に対しては、複数の行為者による複数の原因が積み重なって初めて結果が生じた場合、行為者の数に応じて責任が等分されるわけではなく、開催場所が適していないことを被告人らが認識していたことも加味すると、責任が軽微であるとはいえないのではないか、との批判が向けられている。Vgl. *Ingeborg Puppe/Thomas Grosse-Wilde*, Doppeltes Staatsversagen—Das（vorläufige）Ende des Loveparade-Verfahrens, Juristenzeitung 2019, S. 334ff.

ため、予見可能性や因果関係の有無についての判断の誤りは判決に影響を及
ぼさず、「業務上過失致死傷罪は成立しないのであるから、原判決の刑訴法
254条2項についての解釈の当否について検討するまでもなく、Yに対する
公訴の提起がXについての公訴時効の進行を停止させることはなく、Xに
ついては公訴時効が完成しているので、免訴を言い渡すべきことになる」と
して、控訴を棄却した。

　これに対して、指定弁護士は、判例違反、法令違反および事実誤認を理由
に上告した。

II　決定要旨

上告棄却

　最高裁は、指定弁護士の上告は刑訴法405条の上告理由にあたらないとし
つつ、刑訴法254条2項に基づく公訴時効の停止が認められるか否かについ
て、職権で以下のように判断した。

　「業務上過失致死傷罪の共同正犯が成立するためには、共同の業務上の注
意義務に共同して違反したことが必要であると解されるところ、……明石警
察署の職制及び職務執行状況等に照らせば、Yが本件警備計画の策定の第一
次的責任者ないし現地警備本部の指揮官という立場にあったのに対し、X
は、副署長ないし署警備本部の警備副本部長として、Z署長が同警察署の組
織全体を指揮監督するのを補佐する立場にあったもので、Y及びXがそれ
ぞれ分担する役割は基本的に異なっていた。本件事故発生の防止のために要
求され得る行為も、Yについては、本件事故当日午後8時頃の時点では、配
下警察官を指揮するとともに、Z署長を介し又は自ら直接機動隊の出動を要
請して、本件歩道橋内への流入規制等を実施すること、本件警備計画の策定
段階では、自ら又は配下警察官を指揮して本件警備計画を適切に策定するこ
とであったのに対し、Xについては、各時点を通じて、基本的にはZ署長に
進言することなどにより、Yらに対する指揮監督が適切に行われるよう補佐
することであったといえ、本件事故を回避するために両者が負うべき具体的

注意義務が共同のものであったということはできない。Xにつき、Yとの業務上過失致死傷罪の共同正犯が成立する余地はないというべきである。

　そうすると、Yに対する公訴提起によって刑訴法254条2項に基づきXに対する公訴時効が停止するものではなく、原判決がXを免訴とした第1審判決を維持したことは正当である。」

Ⅲ　解　説

1　問題の所在

　本件では、Xに対する公訴時効が完成しているかが争われている。刑訴法254条2項によれば、仮にXとYが「共犯」として認められた場合、Yに対する公訴提起がなされた時からその有罪判決が確定した時までXに対する公訴時効が停止されるため、Xが強制起訴された時点において公訴時効は完成していないことになる。そこで、指定弁護士は、XとYが刑訴法254条2項における「共犯」に該当すると主張した。その根拠として、XにはYと業務上過失致死傷罪の共同正犯が成立するか、またはYの過失と密接な関係にあるXの過失が競合して本件事故が発生しているとの点が挙げられている。

　ところで、過失の競合とは、複数の行為者による過失が積み重なって1つの構成要件的結果が発生する場合をいう[2]。本件の指定弁護士によれば、「過失の競合」は複数人それぞれが単独犯とされる過失同時犯の意味で用いられ、過失同時犯も刑訴法254条2項における「共犯」に該当すると解されているが、第1審判決によれば、過失の同時犯は同項にいう「共犯」には該当せず、公訴時効の停止はXに及ばないことが示された。それゆえ、指定弁護士が「Xに対する公訴時効は完成していない」と主張するためには、XとYに業務上過失致死傷罪の共同正犯が成立することを立証するほかない。こうして本件

　2)　大塚裕史「過失不作為犯の競合」三井古稀153頁参照。

においては、X と Y との間に業務上過失致死傷罪の共同正犯が成立するか
が問題となったのである。ここでは、そもそも「過失の共同正犯」という犯
罪形態は認められるのか、認められるとすればどのような基準でその成否が
判断されるのか、ということが問題になる。

2 過失の共同正犯は認められるか

(1) 判例の動向

　大審院時代の判例においては、過失の共同正犯という犯罪形態は認められ
ないと解されていたようである。大判明治 44 年 3 月 16 日 (刑録 17 輯 6 巻 380
頁＝**判例 1**) では、「被告等は共同的過失行為に因りて他人を死に致したるもの
なれとも共犯に関する総則は過失犯に適用すべきものに非さるを以て原判決
に於て被告等の過失致死罪を処断するに付き刑法 60 条を適用せさりしは相
当なり」としている[3]。

　しかし、戦後になると、最高裁は過失の共同正犯を正面から認めるに至っ
た。メタノール販売事件 (最判昭和 28 年 1 月 23 日刑集 7 巻 1 号 30 頁＝**判例 2**) では、
共同で飲食店を経営していた X と Y が、「ウイスキー」と称する出所の不確
かな液体を何ら検査しないまま客に販売したところ、これを飲んだ者のうち
4 名が死亡し、6 名が中毒症状を示した、という事案において、当該「飲食店
は、被告人両名の共同経営にかかるものであり、……液体の販売についても、
被告人等は、その意思を連絡して販売をしたというのであるから、此点にお
いて被告人両名の間に共犯関係の成立を認めるのを相当とする」として、被
告人両名に有毒飲食物等取締令 4 条 1 項後段の罪の共同正犯が成立するとし
た。

　この判決を契機として、下級審においても過失の共同正犯が積極的に認め
られている[4]。例えば、四条踏切事件 (京都地判昭和 40 年 5 月 10 日下刑集 7 巻 5 号

---

　3)　そのほか、大判大正 3 年 12 月 24 日 (刑録 20 輯号外 2618 頁)、大判大正 11 年 10
　　月 23 日 (法律新聞 2057 号 21 頁) など。なお、すでに大判昭和 10 年 3 月 25 日 (刑
　　集 14 巻 339 頁) では判例変更のきざしがみられると評する論者として、内海⑧ 6
　　頁以下参照。

855頁＝**判例3**）では、協力して踏切警手の業務を担当していたXとYが、列車の接近を早期に発見し、交通信号灯を切りかえて遮断機を閉鎖する措置を怠り、踏切内に進入した自動車と列車を衝突させ、自動車の運転者および同乗者を死亡させた事案について、「そもそも共同正犯を定めた刑法60条は、必ずしも故意犯のみを前提としているものとは解せられない。のみならず、共同者がそれぞれの目的とする1つの結果に到達するために、他の者の行為を利用しようとする意思を有し、または、他の者の行為に自己の行為を補充しようとする意思を有しておれば、……共同正犯の総合的意思であ」るとして、両名に業務上過失致死罪の共同正犯が成立すると結論づけた。

　また、電気溶接事件（名古屋高判昭和61年9月30日高刑集39巻4号371頁＝**判例4**）では、鉄工所従業員であるXとYが、旅館の食堂拡張工事に関連し、電気溶接機を用いて溶接して固定する作業を行う際、可燃物をあらかじめ不燃物で遮へいする措置をしないまま、1人が溶接している間に他方が火花の飛散状況を監視し、途中で交替する方法で作業を開始したところ、旅館客室に使用する建造物を焼燬した事案において、次のように述べられている。すなわち、「相互の意思連絡の下に本件溶接作業という1つの実質的危険行為を共同して（危険防止の対策上も相互に相手の動作を利用し補充しあうという共同実行意思の下に共同して）本件溶接作業を遂行したものと認められる。……このような場合、被告人両名は、共同の注意義務違反行為の所産としての本件火災について、業務上失火の同時犯ではなく、その共同正犯としての責任を負うべきものと解するのが相当である」。

　さらに、世田谷ケーブル火災事件（東京地判平成4年1月23日判時1419号133頁＝**判例5**）では、電話ケーブルの断線探索作業に従事していたXとYが、断線箇所を発見してその修理方法などを検討するため、地下洞道外に退出する

---

4)　本文中に挙げたもののほか、名古屋高判昭和31年10月22日（高刑特3巻21号1007頁）、佐世保簡略式命令昭和36年8月3日（下刑集3巻7＝8号816頁）、札幌地小樽支判平成12年3月21日（判時1727号172頁）、東京地判平成12年12月27日（判時1771号168頁）、東京地判平成16年5月14日（LEX/DB28095650）、名古屋地判平成19年7月9日（LEX/DB25421152）、奈良地判平成24年6月22日（判タ1406号363頁）など。

際、各自が使用していたトーチランプの消火を相互に確認しあうことなく、トーチランプを布製防護シートの近くに置いたまま立ち去ったため、2個のトーチランプのうち、とろ火で点火されたままの状態にあった1個のトーチランプから防護シートなどに着火させ、電話ケーブルなどに延焼させることによって、電話ケーブルや洞道壁面を焼燬させ、さらに電話局に延焼するおそれのある状態を発生させて公共の危険を生じさせた事案において、次のように説示した。「いわゆる過失犯の共同正犯の成否等に関しては議論の存するところであるが、本件のごとく、社会生活上危険かつ重大な結果の発生することが予想される場合においては、相互利用・補充による共同の注意義務を負う共同作業者が現に存在するところであり、しかもその共同作業者間において、その注意義務を怠った共同の行為があると認められる場合には、その共同作業者全員に対し過失犯の共同正犯の成立を認めた上、発生した結果全体につき共同正犯者としての刑事責任を負わしめることは、なんら刑法上の責任主義に反するものではない」。このように述べて、被告人両名に業務上失火罪の共同正犯が成立するとした。

(2) 学説の状況

学説に目を向けると、かつては、共同正犯の構造をめぐる犯罪共同説と行為共同説の対立から過失の共同正犯という犯罪形態が認められるのかが導かれるとの理解がみられた[5]。犯罪共同説によれば、「犯罪」を共同するのが共同正犯であり、同一の故意で同一の構成要件を実現していなければ「犯罪」を共同したとはいえないため、過失の共同正犯は認められない[6]。一方、行為共同説によれば、自然的な意味での「行為」を共同するのが共同正犯であり、行為さえ共同していれば共同正犯が成立するため、過失の共同正犯は認められると主張されていた[7]。

しかし、現在では、過失の共同正犯が認められるかどうかは、共同正犯の構造論から直ちに導かれるものではないと解されている。過失犯の本質につ

---

5) 中山研一『新版口述刑法総論〔補訂2版〕』（成文堂、2007年）289頁以下参照。

6) 団藤393頁、荘子邦雄『刑法総論〔第3版〕』（青林書院、1996年）449頁など。

7) 木村亀二（阿部純二増補）『刑法総論〔増補版〕』（有斐閣、1978年）405頁など。

いて、結果予見義務に違反する心理状態にあるとする旧過失論ではなく、結果の回避可能性を前提とした結果回避義務に違反する外的な態度にあるとする新過失論に基づくならば、そのような態度、すなわち行為を「犯罪」と捉えることによって、犯罪共同説からも過失の共同正犯は認められると主張しうるからである。

　もっとも、過失の共同正犯は認められないとの考え方が今もなお有力に唱えられている。各行為者の行為を個別にみて、いずれも相互的な監督過失としてそれぞれ単独で過失が認められるならば、そのような場合は過失の共同正犯ではなく、単独犯が競合する過失同時犯として処理すればよいからである[8]。また、そもそも過失犯には正犯と共犯の区別は存在せず、犯罪に関わった者をすべて正犯とする統一的正犯概念が妥当するため、構成要件の修正形式である刑法 60 条の適用の余地はないとの主張もみられる[9]。

　確かに、故意犯については、刑法各則の規定が単独正犯としての正犯を想定した立法形式であるとして、正犯の概念を狭く捉える制限的正犯概念が妥当する一方、過失犯については、各行為者が過失結果の認識を共有することは考えられないため、正犯と共犯を区別することはできず、統一的正犯概念が妥当するように思われるかもしれない[10]。しかし、共同正犯が規定されている 60 条は、複数人が協力しながら実行行為の一部を分担して犯罪が実現すれば、1 人で実行行為の全部を完遂しなくても、その複数人全員に正犯としての（全部の）責任を問うことを可能にする規定である。このような法律効果をもたらす一部実行全部責任の法理は、各則に設けられている過失犯規定にも及びうると考えられる[11]。そうであるならば、過失の共同正犯が認められる

---

8)　西田典之『共犯理論の展開』（成文堂、2010 年）211 頁以下、曽根・原論 587 頁以下、井田・構造 373 頁以下、前田 372 頁以下など。

9)　高橋 484 頁、山中 418 頁など。

10)　このような理解が日本の判例や通説の立場であると指摘する論者として、谷井悟司「過失共同正犯の必要性に関する一考察」比較法雑誌 54 巻 3 号（2020 年）125 頁。なお、ドイツでもこうした理解が有力である。詳細については、小島秀夫『幇助犯の規範構造と処罰根拠』（成文堂、2015 年）24 頁以下、ルイス・グレコ（佐藤拓磨訳）「過失の共同正犯？――一つの批判―」法研 92 巻 4 号（2019 年）57 頁以下参照。

11)　小島・前掲注(10)100 頁参照。

余地はあるだろう。

3 「共同義務の共同違反」とは

　本決定の意義は、**判例2**で示された過失の共同正犯を肯定する立場を維持
したうえで、業務上過失致死傷罪の共同正犯が成立する要件として、「共同の
業務上の注意義務に共同して違反したこと」と述べて、その成立要件を明らか
にした点にある。過失の共同正犯の成立要件として「共同の注意義務に共
同して違反したこと」を求める考え方は、共同義務の共同違反説と呼ばれて
おり、本決定以前に出された下級審判例でも同様に考えていたと思われるも
のが散見される。先に紹介した**判例4**や**判例5**では、共同義務の共同違反が
認められる基準として、相互に相手の行為を利用し補充しあう共同実行の意
思が存在することが前提とされている。

　もっとも、本決定では、「共同義務の共同違反」とは何なのか、具体的な説
明は示されていない。「共同義務」がどのような場合に認められるのか、その
判断基準は学説においても確立されておらず、議論が続いている。

　共同義務の共同違反説は、義務犯論を契機に発展してきた。義務犯とは、
特定の身分や地位にある者に認められる特別の義務違反を構成要件要素とす
る犯罪を指し、その提唱者であったドイツのクラウス・ロクシンは、かつて
過失犯を義務犯の一種として捉えていた。共同義務の共同違反説を提唱した
藤木英雄は、「危険の予想される状態において、相互利用、補充という関係に
立ちつつ結果回避のための共通の注意義務を負う者の共同作業の落度が認め
られるときが、過失犯における共同実行である」と述べている。

---

12)　北川佳世子「過失共同正犯論の動向」理論探究⑧ 198頁以下参照。
13)　古川⑨5頁参照。
14)　義務犯については、平山幹子『不作為犯と正犯原理』（成文堂、2005年）117頁以
　　下参照。
15)　*Claus Roxin*, Täterschaft und Tatherrschaft, 2. Aufl., 1967, S. 531ff. しかし、その
　　後ロクシンは、そのような捉え方を撤回するに至っている。*ders.*, Zum Schutz-
　　zweck der Norm bei fahrlässigen Delikten, in；Festschrift für Wilhelm Gallas zum 70.
　　Geburtstag, 1973, S. 241.
16)　藤木英雄「過失犯の共同正犯」研修263号（1970年）13頁。内田文昭『刑法にお
　　ける過失共働の理論』（有斐閣、1973年）60頁以下も参照。

こうした経緯を踏まえ、「共同義務」とは、各行為者に課せられる義務内容の共通性を意味し、その義務とは条理に基づく注意義務であるとの見解が出された[17]。今日でも、客観的・社会的観点から共同義務の有無を判断する考え方が主張されている[18]。この考え方は、義務内容を限定すべく特定の「義務」を先に導き出したうえで、その「義務」が各行為者に共通しているかどうかを検討することによって共同義務の有無を判断する点に特徴がある。

確かに、行為者に課せられる義務内容の限定は必要だろう。しかし、それは過失の共同正犯に固有の問題ではなく、単に客観的・社会的観点のみから決定されるものでもない。そもそも、過失犯に向けられる行動規範は、「不注意な行為をしてはならない」というものであって、何らかの特殊な注意義務に違反する行動が規範内容なのではない。こうした点を踏まえると、過失の共同正犯においては、「2人以上共同して不注意な行為をしてはならない」という行動規範が向けられ、どのような場合に「共同」性や「不注意」性が認められるかが問題となる。それゆえ、まずはどのような場合に「共同」性が認められるかを検討すべきであろう。

近年では、共犯の処罰根拠に立ち返り、共犯も因果的な影響力を及ぼして結果を惹き起こしたことを理由に処罰されるとする因果的共犯論に基づいて共同性を判断すべきであるとの考え方が有力に主張されている。この考え方は、双方向的な因果的影響力[19]、すなわち不注意な行為に対して相互に影響力を与えあう相互促進性が存在する場合に共同性が認められ、各行為者相互の意思連絡は共同正犯に固有の現象ではないとして不可欠の要件とされていない点に特徴がある[21]。

そもそも、共犯は、正犯を通じて正犯とともに法益侵害結果を惹起する犯罪形態である。その限りでは、共犯の処罰根拠に立ち返って共同性を判断す

---

17)　大塚仁「過失犯の共同正犯の成立要件」曹時43巻6号（1991年）6頁以下。
18)　金子博「過失犯の共同正犯について―『共同性』の規定を中心に―」立命326号（2010年）166頁以下、松宮孝明「『過失の共同正犯』の理論的基礎について―大塚裕史教授の見解に寄せて―」立命339＝340号（2011年）509頁以下。
19)　嶋矢貴之「過失犯の共同正犯論」刑法45巻2号（2005年）178頁。
20)　大塚⑦22頁参照。
21)　嶋矢・前掲注(19)177頁、大塚⑦21頁以下参照。

る考え方は、賛同すべき根拠を有しているといえよう。もっとも、各行為者相互の意思連絡を不要と解している点については、慎重な検討を要する。本来、共犯の因果性は、各行為者の間にコミュニケーション関係が認められることによって、リレー競争のような形で連携されるものであるならば、故意であれ過失であれ、共同正犯が成立するためには、各行為者の間に意思連絡が存在しなければならないと思われる[22)]。

　共同義務の共同違反説を支持する論者からも、意思連絡は、人間のコミュニケーション能力により、単独で行動したときと比べて結果発生の偶然性を減少させ、法益侵害への危険を増加させる基礎となるものであるとして、法益侵害結果が発生する危険を共同で惹起したかどうかを重視する考え方が主張されている[23)]。「人の死」といったような無価値な結果が発生する現実的危険性を各行為者が認識していないものの、そうした結果発生の危険性が認められる行為や危険防止行為を分担しながら、一定の価値ある結果の実現に向けて行動する意思を各行為者が相互に有することは想定されよう[24)]。そうであるならば、共同性が認められるためには、各行為者が一定の結果の実現に向けて相互に拘束しあう、ある種の連帯関係ないしコミュニケーション関係が構築されていなければならないのではないだろうか。むろん、コミュニケーション関係が構築されているかどうかを判断するためには、各行為者の立場や役割のみならず、それぞれの言動などにも着目する必要があろう。

　こうした観点から本決定を振り返ってみると、Ｘの立場や役割は、副署長ないし署警備本部の警備副本部長として、事故発生当時であれ警備計画段階であれ、基本的にはＺ署長に進言することなどを通じて、Ｙらに対するＺの指揮監督が適切に行われるよう補佐するものであった。一方、Ｙの立場や役割は、警備計画策定の第一次的責任者ないし現地警備本部の指揮官として、事故発生当時、配下警察官を指揮するとともにＺを介するなどして歩道橋内

22)　増田豊『規範論による責任刑法の再構築』（勁草書房、2009年）383頁以下。
23)　内海⑧140頁以下。
24)　照沼亮介「過失共同正犯の理論的基礎と成立要件」上法63巻2号（2019年）34頁。

への流入規制等を実施し、警備計画段階では、自らまたは配下警察官を指揮して警備計画を適切に策定するものであった。また、Xの言動に着目すると、Xは、花火大会当日、署警備本部内で現場の警察官との電話などから情報を収集し、Zに報告したり進言したりしていた。一方、警備計画段階では、いずれもZの指示を受けて、Yの指揮下で警備計画を作成していた警察官に助言したり、警備などに関する明石市側との検討会にYに代わって出席したり、警察署の幹部連絡会で警備計画の問題点を指摘したりしていたことが認定されている。このような事実認定を踏まえると、XとYとの間において、相互に拘束しあうコミュニケーション関係は認め難い。最高裁が本件でXに業務上過失致死傷罪の共同正犯の成立を認めなかった理由は、このコミュニケーション関係の欠如にあったのではないだろうか。

【参考文献】

本件の主な解説・評釈として
　①松宮孝明「判批」法セ743号（2016年）
　②金子博「判批」速判解20号（2017年）
　③成瀬幸典「判批」法教435号（2016年）
　④三上潤「判解」最判解平成28年度
　⑤嶋矢貴之「判批」百選8版

過失の共同正犯について
　⑥嶋矢貴之「過失犯の共同正犯論（1）、（2・完）─共同正犯論序説─」法協121巻1号、10号（2004年）
　⑦大塚裕史「過失犯の共同正犯の成立範囲」神戸62巻1＝2号（2012年）
　⑧内海朋子『過失共同正犯について』（2013年）
　⑨古川伸彦「過失犯はいかにして『共同して』『実行』されうるか─明石歩道橋事件を機縁として検討の道筋を洗い直す─」刑ジャ51号（2017年）

17

包括一罪
——街頭募金詐欺事件——

最高裁判所平成 22 年 3 月 17 日第二小法廷決定
平成 21 年（あ）第 178 号 職業安定法違反、詐欺、組織的な犯罪の処罰及び
犯罪収益の規制等に関する法律違反被告事件
刑集 64 巻 2 号 111 頁／判時 2081 号 157 頁／判タ 1325 号 86 頁

新 谷 一 朗

I 事 案

　X は、難病の子供たちの支援活動を装って、街頭募金の名のもとに通行人等から金を騙し取ろうと企て、平成 16 年 10 月 21 日ころから 12 月 22 日ころまでの間、大阪市、堺市、京都市、神戸市、奈良市の各市内及びその周辺部各所の路上において、真実は、募金の名のもとに集めた金について経費や人件費等を控除した残金の大半を自己の用途に費消する意思であるのに、これを隠して、週刊求人情報誌への虚偽広告等の手段によりアルバイトとして雇用した、事情を知らない募金活動員らを上記各場所に配置したうえ、概ね午前 10 時ころから午後 9 時ころまでの間、上記募金活動員らに、「幼い命を救おう！」「特定非営利団体 NPO 緊急支援グループ」などと大書した立看板を立てさせたうえ、黄緑の蛍光色ジャンパーを着用させるとともに 1 箱ずつ募金箱を持たせ、「難病の子供たちを救うために募金に協力をお願いします。」などと連呼させるなどして、不特定多数の通行人等に対し、NPO による難病の子供たちへの支援を装った募金を呼び掛けさせ、募金が被告人らの個人的用途に費消されることなく難病の子供たちへの支援金に充てられるものと誤信した多数の通行人等に、それぞれ現金 1 円から 1 万円までの現金を募金さ

せて、多数の通行人から総額約 2480 万円の現金を騙し取った。

　以上の事実について、第 1 審の大阪地判平成 19 年 11 月 30 日（刑集 64 巻 2 号 167 頁参照）は、これを包括一罪として、個々の詐欺行為の日時、場所、被害者、被害金額を特定することなく以上の事実（ただし被害総額は 2493 万 9999 円とされている。）を認定し、これらは包括して 1 つの詐欺罪を構成する旨判示して、X に詐欺罪の成立を認めた。

　第 2 審の大阪高判平成 20 年 12 月 11 日（刑集 64 巻 2 号 208 頁参照）も、被害総額を約 2480 万円と改めた以外は、第 1 審の判断を是認し、控訴を棄却した。

　これに対して、X から、詐欺罪は個人法益に対する罪であり、本件街頭募金詐欺については、募金に応じた者ごとに犯罪が成立し、これらを併合罪とすべきであって、それぞれの詐欺に対する訴因が不特定であるし、募金の主催者の個人的な用途に使用されることを容認し、錯誤に基づくことなく募金に応じた者が存在する可能性もあること等を理由に上告がなされた。

Ⅱ　決定要旨

上告棄却

　最高裁は、上告趣意は刑訴法 405 条の上告理由に当たらないとしつつ、職権で本件詐欺の罪数関係及びその罪となるべき事実の特定方法について判断した。

　「本件においては、個々の被害者、被害額は特定できないものの、現に募金に応じた者が多数存在し、それらの者との関係で詐欺罪が成立していることは明らかである。弁護人は、募金に応じた者の動機は様々であり、錯誤に陥っていない者もいる旨主張するが、正当な募金活動であることを前提として実際にこれに応じるきっかけとなった事情をいうにすぎず、被告人の真意を知っていれば募金に応じることはなかったものと推認されるのであり、募金に応じた者が被告人の欺もう行為により錯誤に陥って寄付をしたことに変わりはないというべきである。」

　「この犯行は、偽装の募金活動を主宰する被告人が、約 2 か月間にわたり、

アルバイトとして雇用した事情を知らない多数の募金活動員を関西一円の通行人の多い場所に配置し、募金の趣旨を立看板で掲示させるとともに、募金箱を持たせて寄付を勧誘する発言を連呼させ、これに応じた通行人から現金をだまし取ったというものであって、個々の被害者ごとに区別して個別に欺もう行為を行うものではなく、不特定多数の通行人一般に対し、一括して、適宜の日、場所において、連日のように、同一内容の定型的な働き掛けを行って寄付を募るという態様のものであり、かつ、被告人の1個の意思、企図に基づき継続して行われた活動であったと認められる。加えて、このような街頭募金においては、これに応じる被害者は、比較的少額の現金を募金箱に投入すると、そのまま名前も告げずに立ち去ってしまうのが通例であり、募金箱に投入された現金は直ちに他の被害者が投入したものと混和して特定性を失うものであって、個々に区別して受領するものではない。以上のような本件街頭募金詐欺の特徴にかんがみると、これを一体のものと評価して包括一罪と解した原判断は是認できる。そして、その罪となるべき事実は、募金に応じた多数人を被害者とした上、被告人の行った募金の方法、その方法により募金を行った期間、場所及びこれにより得た総金額を摘示することをもってその特定に欠けるところはないというべきである。」

Ⅲ　解　説

1　問題の所在

　犯罪の個数を決する基準としては、構成要件的評価の回数によるとする構成要件標準説が通説とされてきた[1]。これによると、詐欺罪は個人法益に対する罪であるため、複数の欺罔行為がなされ交付行為を行った者も複数であれば、それぞれの被害者について詐欺罪が成立し、それらは通常であれば併合罪の関係に立つと考えられる。それゆえ、街頭募金詐欺については被害者が

---

1)　大コンメ（4）173頁〔中山善房〕参照。

不特定多数にのぼることに加えて、個々の被害額の特定が困難であることから、詐欺罪としての立件が見送られてきた経緯が指摘されている。[2]もっとも、街頭募金詐欺が不特定かつ多数の通行人に対して行われるものであり、また被害者1人ごとの被害額も比較的少額であることに鑑みると、これを包括一罪と理解することにより、全体として1個の詐欺行為とみて被害額を募金総額とする構成も考えられる。

　ここで、複数の行為を包括一罪として処理することは、併合罪加重を免れ一事不再理効が全体に及ぶという意味では被告人の（被疑者段階では一罪一逮捕勾留の原則の観点からも）利益になりうるが、個々の行為において詐欺罪の構成要件がそれぞれ充足されていることが具体的に立証されていなくても全体として概括的に認定されていれば足りるとされ、公訴時効が完成している事実についても包括一罪に含まれることで処罰の対象にされうるという意味では被告人の不利益になりうる。[3]

2　包括一罪

（1）連続犯規定の削除

　刑法55条は「連続シタル数個ノ行為ニシテ同一ノ罪名ニ触ルルトキハ一罪トシテ之ヲ処断ス」とする連続犯の規定を置いていた。[4]そしてこの法的性質については、本来的数罪であるが、観念的競合や牽連犯と同様に、処罰の点において一罪として扱われる科刑上一罪として理解されていた。[5]判例は当初「単一の意思をもって同種の行為を反復して単一の法益を侵害するにおいては連続犯の一罪として処分すべき」としていたが、[6]その後「その法益はたとい数個にして数多の被害者に属する場合といえども連続犯たるを妨ぐべき理由なし」として、複数の者から預かり保管中の金員を横領した事案につい

2)　丸山② 130 頁参照。
3)　このような実体法上、手続法上の利益・不利益の「ねじれ」につき、橋爪 451-2 頁参照。
4)　連続犯については、虫明③ 155 頁以下参照。
5)　例えば、大場茂馬『刑法総論下巻』（1914 年）920-1 頁、滝川幸辰『犯罪論序説〔改訂版〕』（1947 年）270 頁。
6)　大判明治 42 年 6 月 3 日（刑録 15 輯 689 頁）。

て連続犯を肯定し、さらに、3名の者に対する殺意をもって、斧でその3名に切りつけ、うち1名を死亡させ2名に重傷を負わせた事案についても、「数人の生命に関する法益が侵害の目的たるときといえども単一意思の発動による数個の行為の結果なる以上」55条の適用の範囲内だとして、生命のような一身専属的法益について被害者が異なる場合にも連続犯の規定を適用するに至った。連続犯に関するこのような理解のもとでは、本件のような街頭募金詐欺も連続犯として包摂されうる。しかしこの規定は、新憲法の施行によって被疑者の身柄を長期間拘束することができなくなり、さらに予審も廃止されたので余罪の発見が困難になり、犯人を不当に有利に扱う結果になるおそれがあることに加えて、被告人に不利益な再審が廃止されたことで裁判後に重大な犯罪が発覚しても再審により是正することができなくなったことを理由に昭和22年改正によって削除された。

(2) 判例・学説

連続犯規定が削除された後も、最高裁は、構成要件に該当する行為が連続して存在する場合に、併合罪ではなく一罪となりうる旨を判示した。最判昭和24年7月23日（刑集3巻8号1373頁）は、被告人が長男Xと共謀のうえ、約2時間の間に1つの倉庫から同倉庫係保管の4斗入米3俵を3回にわたり合計9俵を窃取した事案について原審が3回の窃取行為を併合罪にあたるとしたのに対して、「これを一罪と認定するのが相当であ」るとした。接続犯と呼ばれるこの類型は、接続して行われた数個の行為により、同一の被害者に対して、数個の同じ法益侵害を惹起した場合に、全体を包括一罪として評価するものとして定義されている。ただし、同事案が接続犯の限界事例であるとの指摘もある。事実、同事案よりも連続する行為が長期にわたる場合、例えば、同じ場所において2日間で7回行われた公然わいせつ行為（ストリップ公演）や虚偽内容の食糧配給通帳を示して約5か月間で10数回にわたって食

---

7) 大判明治45年2月9日（刑録18輯107頁）。
8) 大判大正元年11月5日（刑録18輯1335頁）。
9) 虫明③174頁以下参照。
10) 注釈720頁〔山口厚〕参照。
11) 只木誠「包括一罪の現状と課題」刑ジャ48号（2016年）6頁注(9)。

料を騙取した行為について、最高裁はこれらを併合罪にあたるとしてきた。

　ところが、最判昭和 31 年 8 月 3 日（刑集 10 巻 8 号 1202 頁 = **判例 1**）は、約 3 か月半の間に同一の麻薬患者に対して 54 回麻薬を施用した麻薬取締法違反の事案について「いずれも同一の犯罪構成要件に該当し、その向けられている被害法益も同一であるから、単一の犯意にもとづくものと認められる」として、包括一罪であると判示した。そして、本決定以後の事案ではあるが、最決平成 26 年 3 月 17 日（刑集 68 巻 3 号 368 頁 = **判例 2**）は、A に対して約 3 か月にわたり暴行を加え傷害を負わせ、E に対しては約 1 か月の間暴行を加え傷害を負わせた事案について、それぞれ傷害罪の包括一罪の成立を認めた。なお、**判例 1** の事案については犯罪の一部について公訴時効が成立している関係で、**判例 2** の事案については訴因の特定の観点から、弁護側はむしろ併合罪を求めている点で、これらを包括一罪とすることは被告人にとって不利であった。このように、ある程度の期間にわたって連続して行われた複数の行為を連続的包括一罪と呼ぶ。この連続的包括一罪および接続犯の法的性質は本来的一罪に分類されるのが一般的である。

　ここで、連続的包括一罪と併合罪とを区別するために決定的な役割を担ってきた要素が「被害法益の同一性」であり、これが否定される事案では、連続的包括一罪は認められてこなかった。例えば、本決定の上告趣意において引用されている名古屋高判昭和 34 年 4 月 22 日（高刑集 12 巻 6 号 565 頁 = **判例 3**）は、昭和 28 年 7 月 1 日ごろから昭和 29 年 1 月 19 日ごろまでの間、合計 3751 回にわたり、虚偽誇大の宣伝によって 1348 名を欺罔し、現金約 1 億

---

12)　最判昭和 25 年 12 月 19 日（刑集 4 巻 12 号 2577 頁）。
13)　最判昭和 26 年 5 月 8 日（刑集 5 巻 6 号 1012 頁）。
14)　佐伯④ 24 頁参照。
15)　接続犯と連続的包括一罪についての分析とその関係については、青木⑤ 11 頁以下を参照。
16)　包括一罪のなかでも、数個の行為がそれぞれ異なる構成要件に該当する混合的包括一罪の法的性質については議論があるが、最決昭和 61 年 11 月 18 日（刑集 40 巻 7 号 523 頁）は、窃盗罪または詐欺罪と 2 項強盗による強盗殺人未遂について「包括一罪として重い後者の刑で処断すべきものと解するのが相当である。」として、これを科刑上一罪とする理解を示している。これについては、只木⑥ 169 頁以下参照。

8300万円、株券約5600枚及び投資信託証券約300枚を騙取したという事実を原審が認定しながらも、これを単一意思に基づいた一行為であるとして包括一罪としたのに対して、連続犯的数個の犯罪を包括一罪として処断すべき最小限度の要件として、①犯意が同一であるかまたは継続すること、②行為が同一犯罪の特別構成要件を1回ごと充足すること、③被害法益が同一性または単一性を有することの3つが必要であるとした。同じく上告趣意に引用されている東京高判昭和63年11月17日（判時1295号43頁）は、投資ジャーナルグループに属する被告人らが、他の同グループの者らと共謀のうえ、昭和58年3月末ころから昭和59年8月中旬ころまでの間、113回にわたり被害者33名に対して、種々の虚言を用いて欺罔し、株式買付資金またはその融資保証金等の名目で現金、株券等合計約18億3000万円を騙取したという事案につき、被告人がこれらを併合罪とした第1審判決の法令適用の誤りを主張したのに対して「詐欺罪のような個人の財産を保護法益とする罪にあっては、共同の財産を対象としたような場合を除き、被害者の数と、構成要件を充足する行為及び結果が社会通念上同一と目されるか否かを基準にして決するのが相当であって、この観点からすると、原判決のした罪数区分に誤りとすべきところは見当たらない。」とした。

(3) 本決定の検討

　本決定は「事案を異にする判例」と述べているが、**判例3**が掲げた要件と本決定が包括一罪性を認めるために考慮した要素との比較はなお有益であると思われる。これに照らせば、①犯意の同一性・継続性について、本決定は「1個の意思、企図に基づき」と犯意の同一性に言及しつつ、「約2か月間にわたり」、「連日のように」として犯意の継続性に関わる事実も摘示している。そして②「同一内容の定型的な働き掛けを行って寄付を募るという態様」であることを指摘し、行為が同一犯罪の構成要件を1回ごとに充足する点につ

---

17) 同判決が総合考察した「学説」において、財産犯においてまで法益帰属主体の同一性を要求するのが一般的だという理解は誤りだと指摘するものとして、島田聡一郎「判批」ジュリ1429号（2011年）147頁。

18) 過去の判例との比較について詳細は、青木⑤77頁以下参照。

いても言及がみられる。ここで、要件として欠けるのが③の「被害法益の同一性」であるが、本決定は「被害者は、比較的少額の現金を募金箱に投入すると、そのまま名前も告げずに立ち去ってしまうのが通例」として被害者の特定不能性を挙げ、そして「募金箱に投入された現金は直ちに他の被害者が投入したものと混和して特定性を失う」として被害額の特定不能性にも言及し、これらを「被害法益の同一性」に代置しているようにも見える。千葉補足意見が「このような犯罪（出資詐欺：筆者注）は、欺もう行為が不特定多数に対してされたとしても、被害者は、通常は、その出資金額（多くの場合、多額に及ぶものであろう。）を認識しており、その点で、被害者を一人一人特定してとらえ、一つ一つの犯罪の成立を認めて全体を併合罪として処理することが可能であるし、そうすべきものである。」述べていることからも、この被害者・被害額の特定不能性は、包括一罪性を認めるにあたっての重要な考慮要素であることが窺える。

　学説の多くも本決定の結論を支持しているが、その根拠としてはやはり「被害法益の個性が著しく希薄であ」[19]るとか、「被害者の没個性、匿名性に着目して詐欺罪の客体を新しい視点で捉え」[20]るとして、被害者・被害額の特定不能性に重きをおいている[21]。そうであれば、被害法益の軽微性、本決定における被害額の少額性はあくまで被害者がその額を正確に覚えていない、という特定不能性に関わるものであり[22]、インターネットバンキングを利用した、例えばクラウドファンディング詐欺のように、少額であってもその履歴から被害者と被害額が容易に特定できる場合には、やはり併合罪として処理すべきことになるであろう[23]。

---

19)　古江頼隆「判批」刑ジャ25号（2010年）86頁。

20)　渡辺咲子「判批」平成22年度重判解207頁。

21)　なお、本件が間接正犯の事案であることを重視するものとして、小野晃正「街頭募金詐欺の包括一罪性」京都学園大学総合研究所所報15号（2014年）21頁、佐久間修「第三者を利用した詐欺」研修750号（2010年）3頁。

22)　内田幸隆「財産犯における罪数について」法論88巻6号（2016年）47-8頁は、「被害法益の軽微性を強調すると、生命・身体に対する罪において、法益の一身専属性に基づき、被害者ごとに一罪が認められるとする前提も絶対的なものではなくなる」と指摘する。

23)　橋爪454頁参照。

　「被害法益の同一性」に「被害者・被害額の特定不能性」が代替可能かという論点は、包括一罪を認めるための積極的な要件論というよりも、むしろ包括一罪として処理せざるを得ない、という消極的な必要・許容論の色彩が濃い。事実、本決定を支持する見解は、「本件が多数の併合罪となり、各個の詐欺罪について被害額を明示しなければならないとすることが妥当でないことも異論のない[24)]」ことを前提として、あるいは「例えば数万円分の被害者しか特定できなかった場合に、妥当な量刑ができるかは疑問であり、それを現行法の限界と言って済ませることはできないように思われる[25)]」として、被害総額に応じた量刑を求める公益的要請[26)]をその根拠に据えているのである[27)]。量刑面はもちろんのこと、本件では被害者・被害金額として特定されたのはわずかに9名・2万1120円にすぎないとされるところ[28)]、この種の事案を包括一罪として処理することを認めなければ、もし具体的な被害者・被害金額が1人も特定できなかった場合には無罪とせざるをえない、という結論に鑑みると、この公益的要請という理由づけはより説得力を増す。

　ただし、須藤補足意見が「不特定多数であるにせよ、個々の寄付者それぞれに錯誤による金員の交付の事実が合理的な疑いを差し挟まない程度に証明された場合にのみ、その交付された金員の額が被害金額として認定されるというべきである。」と指摘するとおり、これが認められるのは、当然のことながら被告人の防御権を害しない限度であることが求められる。この点、「募金に応じた者の動機は様々であり、錯誤に陥っていない者もいる」との弁護人の主張に対して、最高裁が「被告人の真意を知っていれば募金に応じることはなかったものと推認される」と判断したことは首肯できる。

　しかしながら、募金活動員らがした自腹募金について、最高裁は何も述べていないものの、原審の「不適切かつ不明朗な募金管理を経て被告人の個人

24)　前田雅英「判批」警論63巻11号（2010年）159頁。
25)　佐伯④48頁。
26)　この点につき、只木誠・百選8版207頁参照。
27)　量刑を前提とした罪数判断が、罪数処理を恣意的・便宜的なものにする危険があるという指摘として、玄守道「判批」速報判例解説9号（2011年）162頁。
28)　橋爪449頁参照。

的用途に充てられる部分があり得ることまで知って、なお自腹募金をする者がいるとはまず考えることができない」とする判断には疑問が残る。これについて、原々審認定の「動かし難い事実関係」部分には詳細な記述がある。すなわち「『遅刻、約束した日に欠席、勝手な欠席、辞職は認めない。』『遅刻、約束した日の欠席は理由があろうと平等にするために完全なペナルティです。』『最低募金は10日以上とする。』『目上の人に反抗的な態度や口答えや大声をあげない。これは活動妨害であり、一番悪質で刑事問題ですので給料を一切支払いません。』『約束を破った場合は直ちに帰宅し半日以上の金銭のペナルティを受けます。』などと記載された誓約書に必ず署名させて、これを守らせ」、「募金アルバイトに対し、1時間に千円札を1枚以上募金してもらうようにノルマを課するとともに、集めた募金額の多い募金アルバイトに対しては『チップ』と称して給料とは別にその都度1万〜3万円程度の特別の報奨金を交付してやる一方、募金額が少なく、ことに千円札の枚数が時給額に満たない募金アルバイトに対しては、『給料割れ』などと称して、携帯電話を通じ又は直接面会して叱りつけたりしていた。そのため、上記夜の集合時等に、千円札の不足分を自らの財布から募金するアルバイトも少なからずいた。」と。そうであれば、本件のような詐欺罪の間接正犯において、その道具たる募金アルバイトが背後者からの叱責を逃れるために、あるいは単に報奨金を得るために行った自腹募金が、元々の欺罔行為との因果関係を有するのかについて、つまり被告人の真意を知っていても、なお自腹募金をしていた者がいたのではないかという争点については、個別具体的な検討が必要であったように思われる。それゆえ、本決定においても被害者が異なる事案で包括一罪を認める危うさ、すなわち犯罪とすべきではない事実、あるいは別罪として議論すべき行為が、概括的な認定によって包括一罪として取り込まれてしまう危険性をなお内包しているように思われる。したがって「被害者・被害額の特定不能性」が認められる特殊事案であっても、これを「被害法益の同一性」に代替することは差し控えるべきであり、被害法益が異なる場合には、やはり併合罪として処理することが妥当である。[29]

3 まとめ

旧55条の連続犯の規定のもとでは、殺人罪のような一身専属的法益について異なる被害者に対する侵害が数個の行為によって行われた事案も一罪として処理される運用がなされてきた。このような規定が存在しているならば、本件のような街頭募金詐欺についても一罪として処理することが許容されよう。そして、昭和22年改正によって同条が削除された後も、行為が反復・継続する場合には、接続犯（2時間で3個の窃取行為）、そして連続的包括一罪（約3か月半で54回の麻薬施用行為）として、その一罪性を肯定してきた。ここで、一罪性の要件として決定的な役割を担ってきたのが「被害法益の同一性」であった。

本件は、「被害法益の同一性」は欠けるものの、「被害者・被害額の特定不能性」が認められる事案であり、これを根拠として最高裁は、およそ2か月にわたって行われ、総額約2480万円の被害に及んだ街頭募金詐欺の包括一罪性を認めたものである。もっとも、調査官解説が「2名の裁判官により付された補足意見が、いずれも本件事案の特殊性を強調していることに照らせば、本決定は、本件のような特殊な形態の詐欺について限定的に包括一罪の成立を認めたものであり、従来の議論の妥当性を否定するものではないと思われる」としていることからも、本決定の判断は「被害者・被害額の特定不能性」が認められる事案に一般的に妥当するものではなく、あくまで街頭募金詐欺固有の事情に基づくものというべきであろう。換言すれば、本決定の論理は「本来は、理論的に、ほぼ正当化することができない決定であ」り、「寄付金詐欺という特殊な形態に限って創設されてしまった極めて特殊な連続的包括一罪」とも評することができる。

すでに述べたように、複数の行為を包括一罪として処理することは、個々

---

29) 被害者等が特定できたケースを個別に訴因としたうえで、不特定多数者への侵害を訴因外の余罪として量刑上考慮する方法を示唆するものとして、亀井源太郎「判批」判例セレクト2010〔Ⅰ〕33頁。
30) 家令①41頁。
31) 松澤伸「判批」判例評論679号（2015年）250頁。

の行為において詐欺罪の構成要件がそれぞれ充足されていることが具体的に立証されていなくても概括的な認定によって足りるとされるという意味で被告人に不利益に作用しうる。そして先の検討で触れたとおり、募金アルバイトの自腹募金という点では、本決定にも、本来その構成要件該当性が議論されるべき争点が概括的な認定により見逃されてしまっている点においてこの不利益が顕在化しているように思われ、やはり被害法益を異にする事案を包括一罪とすることについては否定的に考えるべきであるように思われる。

　もっとも、本決定に批判的な見解もまた、その処罰の必要性については認めており、「街頭募金詐欺罪という不特定かつ多数の被害者を対象とする集合的な詐欺危険犯を立法すべき根拠[32]」となることは否定していないのである。それゆえ、本件については被害者と被害額が特定できたものについて併合罪とするべきであり[33]、詐欺罪の罰条が本来予定していない街頭募金詐欺全体としての処罰の必要性については、立法論として議論されるべき問題であったと思われる。

【参考文献】

本件の解説・評釈として
　①家令和典「判解」最判解平成22年度
　②丸山雅夫『刑法の論点と解釈』（2014年）

包括一罪について
　③虫明満『包括一罪の研究』（1992年）
　④佐伯仁志「連続的包括一罪について」植村退官（1）
　⑤青木陽介『包括一罪の研究』（2021年）

罪数論一般について
　⑥只木誠『罪数論の研究（補訂版）』（2009年）

---

32)　松宮孝明「詐欺罪の罪数について」立命329号（2010年）25頁。
33)　高橋530頁。松原521-2頁も参照。

判例索引

編者・執筆者一覧（掲載順）

松 原 芳 博（まつばら　よしひろ）　　早稲田大学大学院法務研究科教授

滝 谷 英 幸（たきや　ひでゆき）　　　名城大学法学部准教授

伊 藤 嘉 亮（いとう　よしすけ）　　　広島修道大学法学部准教授

小 池 直 希（こいけ　なおき）　　　　島根大学法文学部講師

大 庭 沙 織（おおば　さおり）　　　　福岡大学法科大学院准教授

天 田 　 悠（あまだ　ゆう）　　　　　香川大学法学部准教授

大 関 龍 一（おおぜき　りゅういち）　早稲田大学大学院法務研究科講師（任期付）

坂 下 陽 輔（さかした　ようすけ）　　慶應義塾大学大学院法務研究科准教授

鈴 木 一 永（すずき　かずひさ）　　　名古屋学院大学法学部准教授

竹 川 俊 也（たけかわ　としや）　　　慶應義塾大学大学院法務研究科専任講師

蔡 　 芸 琦（さい　ゆんち）　　　　　筑波大学人文社会系助教

今 井 康 介（いまい　こうすけ）　　　東北大学大学院法務研究科助教

横 濱 和 弥（よこはま　かずや）　　　信州大学経法学部准教授

松 本 圭 史（まつもと　よしふみ）　　愛媛大学法文学部講師

竹 内 健 互（たけうち　けんご）　　　甲南大学法学部准教授

永 井 紹 裕（ながい　あきひろ）　　　宇都宮共和大学シティライフ学部専任講師

小 島 秀 夫（こじま　ひでお）　　　　明治学院大学法学部教授

新 谷 一 朗（しんたに　かずあき）　　海上保安大学校海上警察学講座准教授

続・刑法の判例〔総論〕

2022 年 11 月 20 日　初版第 1 刷発行

編　者　松　原　芳　博

発　行　者　阿　部　成　一

〒 162-0041　東京都新宿区早稲田鶴巻町514番地
発　行　所　株式会社　成　文　堂

電話 03(3203)9201(代)　FAX 03(3203)9206
http://www.seibundoh.co.jp

製版・印刷　三報社印刷　　　　　　製本　弘伸製本
© 2022　Y. Matsubara　　　Printed in Japan
☆落丁本・乱丁本はおとりかえいたします☆
ISBN978-4-7923-5379-7 C3032　　検印省略

定価(本体 2800 円＋税)